都市生产性服务业发展研究

Dushi Shengchanxing Fuwuye Fazhan Yanjiu

刘晓博 著

 西南财经大学出版社

图书在版编目(CIP)数据

都市生产性服务业发展研究/刘晓博著. —成都:西南财经大学出版社,2013.10
ISBN 978-7-5504-1071-8

Ⅰ.①都… Ⅱ.①刘… Ⅲ.①城市—服务业—经济发展—研究—中国 Ⅳ.①F719

中国版本图书馆 CIP 数据核字(2013)第 120300 号

都市生产性服务业发展研究

刘晓博　著

责任编辑:张　岚
助理编辑:王　珏
封面设计:杨红鹰
责任印制:封俊川

出版发行	西南财经大学出版社(四川省成都市光华村街 55 号)
网　　址	http://www.bookcj.com
电子邮件	bookcj@foxmail.com
邮政编码	610074
电　　话	028-87353785　87352368
照　　排	四川胜翔数码印务设计有限公司
印　　刷	郫县犀浦印刷厂
成品尺寸	170mm×240mm
印　　张	14
字　　数	250 千字
版　　次	2013 年 10 月第 1 版
印　　次	2013 年 10 月第 1 次印刷
书　　号	ISBN 978-7-5504-1071-8
定　　价	45.00 元

1. 版权所有,翻印必究。
2. 如有印刷、装订等差错,可向本社营销部调换。

序一

党的十六大报告、十七大报告以及十八大报告都特别提到要加快我国生产性服务业的发展。重视包括生产性服务业在内的服务业的发展是对经济发展规律认识深化的结果，也是我国经济持续健康发展的现实需要。

世界经济发展史告诉我们，随着一个国家或地区经济社会的发展，服务业在三次产业中所占比例呈现出逐渐增加的趋势。从三次产业结构演变趋势看，服务业所占比重未来还将进一步增加，这就是学界所说的产业结构的"软化"。从服务业内部结构看，生产性服务业在服务业中所占的比例随着一个国家工业化的推进而不断提高。一个国家工业的持续发展更是离不开生产性服务业的支持，西方发达国家的传统工业体系正是借助于生产性服务业而获得新生的，并且催生了西方国家的再工业化浪潮。正因为如此，生产性服务业占一个国家国内生产总值（GDP）的比重已经成为衡量一个国家或地区现代化程度的重要指标。

党的十六大报告指出，新型工业化是后起国家现代化进程的重要战略选择。中国是一个人口基数巨大、人均资源贫乏的发展中国家，走新型工业化道路是我国经济持续健康发展的需要。要走新型工业化道路，就意味着我们需要减少自然资源消耗、减少环境污染，同时也意味着我们需要增加知识技术和信息要素的投入。大力发展生产性服务业是走新型工业化道路的内在要求，有了强大的生产性服务业才能为新兴工业化道路提供强有力的支撑。

生产性服务业在空间分布上具有明显的非均衡性，城市特别是都市，是生产性服务业生长发展的最重要空间载体。西方国家产业发展历史也表明，都市是生产性服务业主要集聚空间。随着中国城镇化进程的推进，都市在中国经济社会发展中的地位与作用将更加突出，我们应当将都市生产性服务业发展作为我国生产性服务业理论研究的重要方向和领域。

2008年发生世界金融危机以来，传统产业增长放缓，发展生产性服务业成为不少地方政府寻求经济增长的突破口,各大都市甚至中小城市纷纷制定了雄心勃勃的生产性服务业发展规划。随着我国经济增长方式的转变和产业结构调整的深入,我国都市生产性服务业正处于蓬勃发展阶段。由于多方面的原因,在我国都市生产性服务业发展过程中出现了大而全、盲目发展、重复建设等问题。因此加强都市生产性服务业的理论研究,及时解决和消除我国都市生产性服务业发展过程中存在的各种问题,将有助于我国都市生产性服务业的科学发展,因而具有非常重要的现实意义。

刘晓博同志在工作和学习中一直重视对都市生产性服务业的实践经验总结和理论研究。在本书中,作者以都市生产性服务业发展作为研究的切入点,对都市生产性服务业发展进行了比较系统的研究。和其他生产性服务业著述比较,我认为本书主要有以下几个方面的新意:

首先,作者对都市生产性服务业研究文献进行了多角度的回顾与概括,这有助于读者对生产性服务业的研究现状有一个全面系统的了解。一方面,透过该部分,我们可以看出都市生产性服务业是从传统产业的一个生产环节逐渐分离出来而成为一个独立的产业。透过该部分,我们还可以看出生产性服务业具有明显的都市集聚特征,都市与生产性服务业二者之间存在明显的相互依赖、共同发展关系。在现代经济中,都市只有大力发展生产性服务业才能保持自身的活力,才能成为地域经济增长极,才能成为地方经济发展的引擎。另一方面,都市也为生产性服务业提供了适宜的生长发展环境。都市为生产性服务业提供了广阔的市场需求。都市是一个地方工业相对集中的地方,而工业则是生产性服务业的主要需求主体,都市内所存在的各种服务业也成为生产性服务业重要的需求者。都市还是知识信息汇聚之处,是人才汇聚之所,这些都是生产性服务业发展的必备要素。都市经济所具有的明显溢出效应也有助于生产性服务业的发展。

其次,作者从地域产业结构差异的角度分析了不同都市生产性服务业的差异化。不同的产业对不同生产性服务业行业的需求是有差异的,不同生产性服务业行业所提供的生产性服务业服务对象也存在明显的行业差异。都市在进行生产性服务业选择时应当充分考虑都市所辐射范围内其他产业发展的生产性服务需求的特殊性,应当充分考虑未来产业演变对生产性服务业需求的特殊性,应当将地域支柱产业和主导产业的生产性服务需求作为都市生产性服务业发展的重点。

最后,作者对不同层级都市生产性服务业选择作了比较详细的阐述。作者将都市分为国际性都市、全国性都市、地域核心城市、地域二级城市等四个层级。不同层级城市的生产性服务业选择存在明显的差异，这种差异主要体现在生产性服务业辐射范围、服务对象、生产性服务业的综合性与专业性、在生产性服务业中所处环节等方面。生产性服务业也可以分为高级生产性服务业和一般生产性服务业。高级生产性服务业倾向于在国际性都市和全国性都市集聚，而一般生产性服务业则会向地域核心城市和地域二级城市汇集，同一生产性服务业产业链的不同环节也会因此存在于不同层级的都市。

  总体上来看，作者在本书中对都市生产性服务业发展的内生机制、都市生产性服务业发展的主要领域及发展模式、都市生产性服务业发展模型构建等基本理论问题进行了颇有见地的探索。相信本书的付梓将对当前我国正在大力推进的城镇化建设产生有益的影响。

2013 年 5 月 25 日于光华园

序二

刘晓博同志在西南财经大学工商管理学院在职攻读博士学位期间，结合工作实际，对生产性服务业的发展给予了较多的关注和研究。本书正是刘晓博同志在其博士学位论文主要研究内容与成果的基础上修改完成的。作为他的博士生导师，其学术著作成果即将出版，我很高兴为其作序。

在全球产业服务化的大背景下，服务业得到了前所未有的迅猛发展。在欧美等服务业主导的发达国家，生产性服务业发展尤为突出，其增长已超过服务业平均增长水平。我国正经历经济社会转型，处于工业化中期阶段，生产性服务业发展存在国民总产出占比小、知识密集型程度不高、中间投入率低、对其他产业带动性弱等突出问题。晓博同志将服务业高度集聚的大都市作为研究对象，将都市生产性服务业的发展机制、都市生产性服务业外向化发展等问题作为重点研究内容，是很好的视角与切入点。

刘晓博硕士阶段学的是公共管理专业，对生产性服务业这一经济学新领域展开研究，应该说有一定难度。但晓博同志视野开阔、思路清晰、富有开拓创新精神，且虚心好学、舍得下苦功夫，较好地解决了学科跨度问题。在五年的博士求学期间，他根据选题及研究需要，完成了经济学基础理论和专业知识的系统深入学习。加之其经济管理的工作实践及相关数据资料收集的便利性，较好地完成了对都市生产性服务业发展的内在机制以及都市生产性服务业外向化发展的影响因素等问题的研究。

该书在综述国内外研究文献基础上，从影响因素、发展动力等维度阐述了都市生产性服务业发展的内生机制。从经济因素、空间可达性、科学技术、人文制度等方面论述了对都市生产性服务业的影响。研究得出结论：市场需求是都市生产性服务业发展的拉动力，科学技术使服务外包成为可能性是都市生产性服务业的推动力，政府政策支持则是都市生产性服务业的重要支撑力。

书中构建了都市生产性服务业外向化发展的理论模型，并选取了我国城市级别相当的 15 个副省级城市进行实证研究，得出了一些较有价值的结论。一是代表制度因素的对外开放度对生产性服务业外向发展产生重要影响。这表明，适度加大、加深对生产性服务业领域的开放广度与深度，将会支撑都市生产性服务业的外向化发展水平。二是城市发展水平是都市生产性服务业发展的基础因素。超越当前城市水平人为地过度发展生产性服务业，并不能提高生产性服务业的外向化水平。三是代表本地需求的第二产业发展规模对生产性服务业发展的影响非常有限。这表明我国大都市发展生产性服务业不能仅关注本地需求，应将关注点放在提升本地生产性服务业对周边省市甚至国外的辐射和影响力上。此外，都市生产性服务业发展不能过度关注就业人员的集聚化程度，应该关注生产性服务企业内部效率的提高。

书中以比较分析法考察了国外典型大都市（纽约、伦敦、东京等）生产性服务业的发展历程，并对法律法规体系的建立健全、产业发展规划的制定、人力资源开发与培养、基础配套设施的完善、行业协会的作用发挥等方面的发展经验和促进政策进行归纳与总结。这对我国都市生产性服务业的发展具有较强的借鉴意义。书中还对成都市进行了个案研究，对生产性服务业的发展现状、存在问题及原因进行了深入分析，并提出了生产性服务业集聚区规划建设、要素支持、市场准入、与城市化和工业化的互动发展等具体措施。这些研究对促进成都市生产性服务业在全球竞争中获得健康、快速发展，使生产性服务业成为城市经济新引擎具有一定的指导作用。

都市生产性服务业发展是涉及产业经济、区域经济、城市经济等多学科交叉、融合的复杂问题。刘晓博同志主要从影响因素、发展动力等方面研究了都市生产性服务业发展的内在机理、外向化发展等问题，但仍有未涉及或虽有涉及但研究深度有限的领域。书中某些论述和提出的观点还属于初步认识，有待进一步深入探讨和实践的检验。但总体来说，本书仍是一部具有较高学术水平和现实指导意义的论著。

刘晓博同志长期以来在工作中认真负责，取得了一定的成绩。希望晓博同志今后继续努力，不断探索新的课题，获得更多更好的既有理论创新、又有实践价值的研究成果。

2013 年 6 月 2 日于光华园

内容摘要

　　生产性服务业是服务业的重要组成部分，它作为生产或其他服务的中间投入，对降低生产成本、提高专业化、改进生产效率、促进区域经济发展发挥着重要作用。我国正处在产业结构调整、经济发展方式转变的关键时期，迫切需要生产性服务业的快速发展。2008年发生全球金融危机后，大量的服务业跨国投资和服务外包向中国转移，更是为我国生产性服务业发展创造了机遇。自党的十六大以来，党和国家对我国生产性服务业的发展就十分重视。党的十六届五中全会审议通过的《中共中央关于制定国民经济和社会发展第十一个五年规划的建议》，就明确提出要将"提高服务业比重"作为我国产业结构调整的三大重要任务之一，要求"大城市要把发展服务业放在优先位置，有条件的要逐步形成服务经济为主的产业结构"，要大力发展"金融、保险、物流、信息和法律服务等生产性服务业"。党的十八大报告进一步指出，我国经济的发展要更多地依靠现代服务业，要推动服务业特别是现代服务业的发展壮大。党的十八大报告还明确指出：推进经济结构战略性调整是加快转变经济发展方式的主攻方向。要依靠现代服务业等行业的发展壮大，进而不断增强经济长期发展的后劲。

　　当前，学术界对生产性服务业增长和集聚的研究已取得了大量成果，但对都市生产性服务业发展的内在动因及其相互作用机理的研究还不够系统、深入。研究对象更多地集中在整体区域（如国家、省份）生产性服务业发展及空间布局上，却忽略了区域内大城市与小城市的差异因素，缺乏对都市生产性服务业发展所依赖的市场需求、专业化分工、投资强度、支撑条件等因素、机制的研究。这凸显了对都市生产性服务业进一步研究的必要性。

　　本书将在文献回顾与评述基础上，梳理都市生产性服务业发展的影响因素、内在机理，构建都市生产性服务业发展的研究框架。内容安排上包括导论、都市生产性服务业文献回顾、国内外都市生产性服务业发展现状、都市生产性服务业发展的内生机制、都市生产性服务业发展模式、都市生产性服务业外向发展模型构建与实证、成都市生产性服务业发展个案分析七个部分。

第一章：绪论。该部分主要介绍本书研究背景、研究思路、研究方法等内容。该部分指出本书将借鉴产业经济、区域经济、服务经济等学科理论，深化对都市生产性服务业问题的研究。研究方法主要有比较分析法、计量分析法以及个案分析法。本章还将对全书结构安排和可能的创新点进行概括性介绍。

第二章：都市生产性服务业文献回顾。该部分将对都市经济的概念、生产性服务业的内涵与外延进行界定；对生产性服务业向都市集聚及其在都市内部的动态调整、生产性服务业与城市经济的互动关系、生产性服务业与制造业的互动关系、生产性服务业外包等文献进行梳理。结果发现，现有的研究对象多是国外大都市、发达的城市型国家或地区，对国内都市生产性服务业发展理论与实践的系统研究相对较少；且研究多以描述性、比较研究为主，对都市生产性服务业发展的影响因素、内生机制、主导产业选择等方面的理论研究和计量分析不足。

第三章：国内外都市生产性服务业发展现状。本章首先对国外都市生产性服务业发展历程进行考察，并对其发展经验和促进政策进行总结。发现建立完备的法律法规体系、制定产业发展规划、完善基础配套、加大人力资源开发与培养、发挥行业协会的作用是国外生产性服务业快速发展的主要政策着力点。然后，对纽约、伦敦、东京、首尔等国外典型大都市的生产性服务业的空间布局进行比较。最后是对我国生产性服务业的政策演变、都市生产性服务业发展现状及存在的问题进行分析。

第四章：都市生产性服务业发展的内生机制。根据文献梳理结果，将影响都市生产性服务业的因素分为经济、空间、科技、人文制度四大类。其中，经济因素又分为市场因素和集聚因素；空间因素主要是易达性的考察；科技因素又分为信息技术因素和创新因素两类；人文因素包括制度因素和历史文化因素。接着，从动力机制角度，分析了都市生产性服务业发展的拉动力、推动力、支撑力等动力源泉。最后，讨论了生产性服务业主导产业选择基准问题。

第五章：都市生产性服务业发展的主要领域、发展模式及区位选择。该部分首先指出都市生产性服务业发展领域可以设定在科学研究、技术服务、金融、交通运输、仓储和邮政、信息传输及服务、商务服务等行业。接着，从不同视角对生产性服务业的发展模式进行研究。基于生产性服务业与制造业关系的角度，探讨了制造业企业"内生"型的生产性服务业发展模式、制造业企业"外包"型的发展模式、生产性服务业与制造业"共生"型的发展模式三种模式。基于生产性服务供给来源，探讨了外向型服务外包、内需型服务外包两种模式的成长路径。基于空间组织状况，比较分析了东京周边新产业区模式、曼哈顿商务区的轮轴式集聚模式、南苏格兰区的卫星平台式集聚模式、政府主导型集聚模式之间的区域内组织关系演化过程。基于生产性服务业投资主体角度，分析了内资拉动和外资拉动两种模式。都市生产性服务业的区位选择部分则主要讨论生产性服务业区位选择的影响因素、都市生产性服务业的集中布局、生产性服务业的郊区化发展、不同生产性服务业行业的区位布局差异等几方面的问题。

第六章：都市生产性服务业外向发展模型构建与实证。通过对生产性服务业发展动因的论证，该部分构建了都市生产性服务业外向发展的理论模型。模型中，生产性服务业外向度（用生产性服务业的进出口总额指标来度量）作为被解释变量；生产性服务业市场需求（用第二产业产值规模替代）、生产性服务业投资总额、生产性服务业专业化率（就业区位商）、城市化水平、经济发展水平（用人均 GDP 替代）、制度因素作为解释变量。考虑到进出口额度、投资额度以及第二产业产值规模的数值较大，为了提高模型估计的精确度，分别对其做了对数化处理。研究中将建立个体固定效应模型，利用 Eviews6.0 软件对面板数据进行回归分析，检验都市生产性服务业外向发展的影响因素，深入分析作用机理，并提出了促进生产性服务业外向发展的一些建议。

第七章：成都市生产性服务业发展个案分析。首先，对成都市服务业发展总体状况进行扫描。然后，深入分析成都市生产性服务业发展情况，发现交通运输、仓储和邮政、信息传输、计算机服务和软件业、金融业、科学研究、科技服务与地质勘探、教育已成为成都生产性服务业中的主导行业，年增均速达到 19.4%。从生产性服务业内部各行业劳动生产率比较看，金融业的劳动生产率最高，达到 43.98 万元/人；其次是信息传输、计算机服务和软件业、科学研究、技术服务和地质勘探业；最低为租赁与商务服务业，2.30 万元/人。另外，与北京、上海、广州等一线城市相比，成都生产性服务业发展存在较多不足，该部分也相应地提出了成都发展生产性服务业的相关政策措施。

本书力图在以下四个方面有所创新：

（1）从影响因素、发展动力等维度阐述了都市生产性服务业的内生机制。本书将影响都市生产性服务业的因素分为经济、空间、科技、人文四个方面。其中，经济因素又分为市场因素与集聚因素，具体包含市场需求、潜力与范围因素，市场集聚因素，空间竞争因素等。空间因素分为交通通信和空间环境的可达性因素，它影响都市生产性服务业的辐射范围和腹地发展。科技因素分为信息技术因素和创新因素两类。人文因素主要从制度角度进行分析。在此基础上，分析了生产性服务业发展的动力机制，市场需求是都市生产性服务业发展的拉动力，科学技术使服务外包成为可能性是都市生产性服务业的推动力，政府政策支持则是都市生产性服务业的重要支撑力。

（2）构建了都市生产性服务业外向发展的理论模型，并进行了面板数据的实证分析。在对动因、发展机理的分析与探讨基础上，构建了以市场需求、投资额度、专业化、城市化、经济发展水平、制度因素等为影响因子的都市生产性服务业外向发展的理论模型。本书选择了城市级别相当的哈尔滨、长春、沈阳、济南、南京、杭州、广州、武汉、成都、西安、大连、青岛、宁波、厦门、深圳15个副省级城市1999—2008年共150个样本构成的面板数据进行实证分析，得出以下结论：代表制度因素的对外开放度是生产性服务业外向发展的最大影响因子；城市化率和代表都市发展水平的人均地区生产总值这两个因子的影响次之；代表本地需求的第二产业发展规模及代表生产性服务业供给投入的投资额度这两个因素的影响则非常有限，特别是第二产业发展规模的影响不明显；而包含了生活性服务业的第三产业就业人员区位商指数并不代表都市生产性服务业的专业化程度。

（3）比较分析了都市生产性服务业主导行业选择基准问题，并进行实证应用。一般来说，通过要素基准选择区域主导产业时，考虑更多的是本区域的地理、自然资源、劳动力成本等优势。对于生产性服务业而言，由于其具有知识、资本的高密集性，在要素基准中主要考虑的是城市的人才、技术、信息以及资本优势。此外，都市生产性服务业主导行业选择还需从产业结构演化规律、都市中心城市的具体经济发展水平、生产技术结构、政策因素及其瓶颈因素等综合考虑。本书提出都市生产性服务业主导产业选择应包括需求基准、产业关联基准、高级要素基准、竞争基准、技术进步基准、政府导向基准等。

（4）都市生产性服务业的个案研究。本书以成都市为例，对都市生产性服务业的发展现状、存在问题及原因进行了深入分析。结果发现交通运输、仓储和邮政业占服务业、租赁和商务服务业、金融业占服务业的比重过低，生产性服务业大企业少、带动效应弱，公共服务平台建设滞后、集聚的扩散效应尚未形成等问题。并提出了发展生产性服务业的相关促进措施，包括推进生产性服务业集聚区规划建设、通过城市化和工业化促进生产性服务业的发展、构建与制造业的互动发展机制、加强生产性服务业要素支持、建立公开透明平等规范的市场准入制度、加大政策扶持力度等。

生产性服务业发展是都市经济结构形成与演变过程中的复杂问题，书中主要从影响因素、发展动力等方面阐述都市生产性服务业发展的内在机理、发展模式等问题，在此基础上尝试性地构建了都市生产性服务业外向发展的理论模型。但书中计量实证的城市对象只是副省级城市，样本数据相对较少，这使得研究发现带有一定的局限性，期望以后能将研究城市及样本容量扩大，获得更多有价值的研究成果。另外，由于个人知识、能力有限，文中对生产性服务业的空间结构演变、国内大都市与国际大都市的互动关系、都市生产性服务业发展中市场和政府的关系处理等问题尚未较多涉及，这些也成为了本人今后继续努力深入研究的内容。

关键词： 都市经济　生产性服务业　内生机制　外向发展　成都

目　录

1　导论 / 1
  1.1　问题提出的背景 / 1
    1.1.1　理论背景 / 1
    1.1.2　现实背景 / 2
  1.2　研究思路及研究方法 / 3
    1.2.1　研究思路 / 3
    1.2.2　研究方法 / 5
  1.3　创新点 / 6

2　都市生产性服务业文献回顾 / 8
  2.1　概念界定 / 8
    2.1.1　都市经济 / 8
    2.1.2　服务业 / 11
    2.1.3　现代服务业 / 12
    2.1.4　生产性服务业 / 13
  2.2　生产性服务业外部化研究 / 16
    2.2.1　分工理论角度的研究 / 16
    2.2.2　企业竞争角度的研究 / 17
    2.2.3　外向发展研究 / 18

2.3 生产性服务业向都市集聚研究 / 21
 2.3.1 生产性服务业区位布局的影响因素 / 21
 2.3.2 生产性服务业向都市集聚的态势 / 22
 2.3.3 生产性服务业向都市集聚的成因 / 23
 2.3.4 不同生产性服务业在都市内的空间布局研究 / 25
 2.3.5 生产性服务业在都市内的分散化研究 / 26

2.4 都市生产性服务业功能研究 / 29
 2.4.1 对生产性服务业功能的总体研究 / 29
 2.4.2 生产性服务业对制造业的带动作用 / 32
 2.4.3 生产性服务业对其他产业的作用 / 34
 2.4.4 生产性服务业对中心城市功能提升的作用 / 36
 2.4.5 生产性服务业对城郊一体化发展的带动作用 / 37
 2.4.6 生产性服务业对分工和创新的影响 / 37

2.5 对都市生产性服务业理论研究的简单评述 / 39

3 国内外都市生产性服务业发展现状 / 40

3.1 国外都市生产性服务业发展现状 / 40
 3.1.1 国外都市生产性服务业的历史考察 / 40
 3.1.2 发达国家或地区都市生产性服务业发展对策 / 41

3.2 国外典型都市生产性服务业集群空间布局 / 44
 3.2.1 美国纽约生产性服务业布局特点 / 44
 3.2.2 英国伦敦生产性服务业空间布局特点 / 46
 3.2.3 日本东京生产性服务业空间布局特点 / 48
 3.2.4 韩国首尔金融业和研发产业空间布局特点 / 49

3.3 国外都市生产性服务业的动态演进 / 50
 3.3.1 发达国家都市生产性服务业逐渐向国外转移 / 50
 3.3.2 生产性服务业和制造业融合互动发展态势明显 / 52

3.3.3　生产性服务业发展的集群化趋势 / 54

3.4　**我国都市生产性服务业发展态势** / 54

　　3.4.1　我国生产性服务业的统计分类 / 54

　　3.4.2　我国都市生产性服务业的政策演变 / 57

　　3.4.3　我国生产性服务业的发展现状 / 62

　　3.4.4　我国副省级城市生产性服务业的发展 / 71

　　3.4.5　我国都市生产性服务业发展中存在的制度性障碍 / 79

　　3.4.6　我国都市生产性服务业发展中存在的问题 / 89

4　都市生产性服务业发展的内生机制 / 96

4.1　**影响都市生产性服务业发展的因素** / 96

　　4.1.1　经济因素 / 96

　　4.1.2　空间因素 / 97

　　4.1.3　科技因素 / 98

　　4.1.4　人文制度因素 / 98

　　4.1.5　高附加值特性对都市生产性服务业的影响 / 98

4.2　**都市生产性服务业发展的动力机制** / 99

　　4.2.1　市场需求的增加是都市生产性服务业发展的源动力 / 100

　　4.2.2　科技信息技术的发展推动了都市生产性服务业的发展 / 100

　　4.2.3　政府部门的支持为生产性服务业的发展创造了良好的政策环境 / 101

4.3　**生产性服务业的发展及其影响因素之间的作用关系** / 102

　　4.3.1　三大因素对生产性服务业发展的作用 / 102

　　4.3.2　三因素之间的相互作用关系 / 103

4.4　**都市生产性服务业的产业选择** / 103

　　4.4.1　主导产业的基本特征 / 103

　　4.4.2　区域生产性服务业主导产业选择基准 / 104

5 都市生产性服务业发展的主要领域、发展模式及区位选择 / 125

5.1 都市生产性服务业发展的主要领域 / 125
5.1.1 科学研究、技术服务业 / 125
5.1.2 金融业 / 126
5.1.3 交通运输、仓储和邮政业 / 126
5.1.4 信息传输、计算机服务和软件业 / 127
5.1.5 商务服务业 / 128

5.2 都市生产性服务业的发展模式 / 129
5.2.1 基于生产性服务业与制造业关系的角度分析 / 129
5.2.2 基于生产性服务需求来源的角度分析 / 130
5.2.3 基于空间组织状况的角度分析 / 132
5.2.4 基于生产性服务业投资主体的角度分析 / 133

5.3 都市生产性服务业的区位选择 / 134
5.3.1 生产性服务业区位选择的影响因素 / 134
5.3.2 都市生产性服务业的集中布局 / 141
5.3.3 生产性服务业的郊区化发展 / 144
5.3.4 不同生产性服务业行业的区位布局差异 / 147

6 都市生产性服务业外向发展模型构建与实证 / 149

6.1 城市生产性服务业发展的影响因子 / 149
6.1.1 市场需求 / 149
6.1.2 投资额度 / 150
6.1.3 城市化水平 / 151
6.1.4 专业化 / 151
6.1.5 经济发展水平 / 151
6.1.6 制度因素 / 152

6.2 大城市生产性服务业外向发展模型构建与实证 / 153

- 6.2.1 模型设计 / 153
- 6.2.2 数据选取 / 155
- 6.2.3 模型修正与数据回归 / 155
- 6.2.4 结果分析 / 157

6.3 政策建议 / 159

- 6.3.1 优化生产性服务业外部环境，扩大对外开放度 / 159
- 6.3.2 加快推进城市化进程，促进生产性服务业的合理布局 / 161
- 6.3.3 促进第二次产业的服务外包及转型升级，提高生产性服务流向其他服务部门的比例 / 162
- 6.3.4 引导生产性服务业的合理投资，优化服务业内部结构 / 164
- 6.3.5 深化专业化与分工水平，提高竞争力 / 164

7 成都市生产性服务业发展个案分析 / 167

7.1 成都市服务业的总体状况 / 168

7.2 成都市生产性服务业的发展现状 / 170

- 7.2.1 产值结构 / 170
- 7.2.2 产值增长率 / 171
- 7.2.3 就业结构 / 173
- 7.2.4 行业生产能力分析 / 174

7.3 成都市生产性服务业存在的问题 / 175

- 7.3.1 总量较小 / 175
- 7.3.2 结构水平不高 / 176
- 7.3.3 龙头企业少 / 177
- 7.3.4 本地供给有限 / 178
- 7.3.5 集群效应尚未形成 / 178
- 7.3.6 基础设施与公共服务平台建设滞后 / 179

7.4 成都市生产性服务业发展的机遇 / 180

7.4.1 需求结构升级带动产业结构升级 / 180
7.4.2 资源不断集聚，比较优势逐渐形成 / 181
7.4.3 国家和省内的区域功能定位 / 182

7.5 成都市生产性服务业的关键制约因素 / 182

7.5.1 区位上的劣势 / 182
7.5.2 城市间竞争的加剧 / 183
7.5.3 政策上的制约 / 183
7.5.4 融资上的制约 / 184
7.5.5 市场准入的制约 / 185
7.5.6 体制的制约 / 186

7.6 发展生产性服务业的主要措施 / 187

7.6.1 推进生产性服务业集聚区规划建设 / 187
7.6.2 通过城市化和工业化促进生产性服务业的发展 / 188
7.6.3 构建与制造业的互动发展机制 / 189
7.6.4 建立公开透明、平等规范的市场准入制度 / 190
7.6.5 加强生产性服务业要素支持 / 191
7.6.6 加大政策扶持力度 / 192

参考文献 / 194

后　记 / 202

1 导论

1.1 问题提出的背景

1.1.1 理论背景

生产性服务业又称生产者服务业，是指用于进一步生产而非最终消费的中间投入性服务，它是供给各种专业知识服务的产业。它具有以人力资本、知识、信息等高级要素为投入品，规模报酬递增，行业高成长性等特征。它也是三次产业融合的连接剂，与农业、工业和其他服务业均具有极高的相关性，将其他产业链条上的研发设计、采购、加工制造、物流、销售及售后服务等各个环节进行有机地联结，并使其高效运作。

目前，生产性服务业研究的广度和深度已逐步推进，其领域包括生产性服务业对国民经济与区域经济发展的影响［丹尼尔斯（Daniels），1985；哈林顿（Harrington），1995；刘志彪，2001；等］、生产性服务业与制造业的互动关系［埃斯瓦瑞和克特威（Eswaran & Kotwal），2002；吕政、刘勇，2006；顾乃华、毕斗斗，2006；等］、生产性服务业与大城市圈的互动发展关系（谷永芬，2008）、生产性服务业发展水平与结构变化的测量（程大中，2008；李江帆、朱胜勇，2008；等）等方面。但通过对文献的梳理，发现生产性服务业的研究仍有可进一步拓展之处，特别是现有研究多为国家层面或是单个城市（群）的研究，对国内都市生产性服务业的内生机制、外向发展的研究相对不多。本书将在生产性服务业发展的影响因素、发展动力等分析基础上，探索都市生产性服务业发展的内在机理，构建都市生产性服务业外向发展模型。期望本书能对都市生产性服务业的发展起一定的促进作用。

1.1.2 现实背景

现实中,生产性服务业已越来越成为影响都市经济发展的重要因素。大力发展都市生产性服务业对我国经济社会的健康发展具有十分重要的意义。

(1) 转变经济增长方式、优化经济结构的需要

20世纪80年代,产业服务化理论初步形成,服务提供被认为将代替工业生产,即作为中间投入、为工业提供知识与技术支持的服务,融入到工业品生产的上游、中游和下游各个阶段的比重都会不断提高,工业品的制造成本和交易成本也将不断降低[①]。我国当前的工业化仍是一个高消耗、高污染的重化工业高速发展的过程,工业转型和升级、经济的可持续发展都迫切需要生产性服务业的支持。只有通过生产性服务业的发展,才能有效促进从以资源投入为主向以知识技术投入为主的经济结构转变,否则,我国的工业化就只能长期滞留在粗放阶段。

党的十六大提出走新型工业化道路,党的十七大提出加快经济发展方式转变,这些都对服务业特别是生产性服务业的发展提出了迫切要求。目前,我国服务业的供给主要是在商业、餐饮、居民服务等领域,而对研发、金融、咨询、物流、租赁、商务等生产性服务业的投入比例还较小,难以满足经济进一步发展与提升的需要。服务业结构不合理,不仅影响服务业本身的发展,更将制约整体经济结构的调整。

(2) 提高区域产业竞争力的迫切需要

在全球化竞争体系中,生产性服务业是高附加值产生的重要源泉之一,它将成为全球产业竞争的焦点。工业企业的价值链关注点将不再局限于加工制造环节,而是会扩散到产品设计、用户方案提供、售后增值服务等环节上。

我国大都市的生产性服务业发展相对落后,在全球价值链主要处于劳动力资源密集、附加值低的加工制造环节。只有通过加快生产性服务业的发展,降低"三来一补"(即来料加工、来样加工、来件装配和贸易补偿)、贴牌生产、代工的比例,才能改变与扭转我国在全球竞争中的不利地位。如果生产性服务业不发展或发展缓慢,我国产业在全球价值链中的地位将进一步弱化。因为全球还有不少具有劳动力优势的国家和地区正窥视着准备将全球的制造业重心转

---

① 冯泰文. 生产性服务业的发展对制造业效率的影响[J]. 数量经济技术经济研究, 2009 (3): 56-65.

移过去。

（3）加快城市化进程、提升城市能级水平的需要

当前我国正处于快速城市化阶段，从农村转移出来的大量剩余劳动力需要通过城市新产业的发展来吸纳，而寻找到适合城市发展的产业是支撑大都市持续成长的前提条件。生产性服务业大规模发展，成为继制造业之后驱动中心城市经济可持续增长的重要支撑产业，为中心城市能级水平的提升提供了支撑（郑吉昌，2005）。在许多国家特别是发达国家，目前生产性服务业增加值在服务业增加值中的比重已超过40%。因此，生产性服务业是大都市吸纳劳动力、解决就业的重要落脚点。

生产性服务业还有助于城市产业结构和空间组织优化。一方面，作为知识和技术密集型的生产性服务业出现向发达中心地区集聚的趋势，加速了传统产业部门梯度转移的速度，促进城市产业结构优化。另一方面，生产性服务业的发展将促进中心商务区功能升级和形态的转变，提升中心城市能级水平，加快国际化大都市的构造步伐。国内外大城市发展实践表明，生产性服务在打造大都市与世界性城市方面处于不可或缺的地位。

（4）实现高素质人力资本向现实生产力转化的桥梁

生产性服务业是专业化的人力资本、知识资本进入现实生产力的重要渠道。我国面临着高校大学生就业难和人力资本、知识资本不足两方面的严峻形势。发展生产性服务业既可避免教育资源浪费、促进高等教育良性发展，又可有效弥补人力资本和知识资本开发不足的现实问题。

基于以上背景，本书选择都市生产性服务业作为研究对象，专注于分析影响都市生产性服务业的因素及动力、都市生产性服务业的产业领域、都市生产性服务业发展模式、都市生产性服务业的内生发展机制以及相应的政策建议等。希冀本书的研究对促进我国大都市生产性服务业的健康、快速发展并在全球竞争中占据有利地位能有一些借鉴作用。

1.2 研究思路及研究方法

1.2.1 研究思路

城市特别是大都市是生产性服务业的主要空间存在形式，都市生产性服务业是生产性服务业空间体系中最具动力和活力的部分。对都市生产性服务业的

形成和发展有一个系统、清晰的认识无疑对都市区域经济发展、对整个国家经济规划和经济安全都具有重要意义。本书的研究思路如下：

首先，对都市生产性服务业的相关理论进行回顾和梳理，提出了本书对都市生产性服务业发展的理论分析框架。其次，对国内外大都市生产性服务业的发展历程进行总结。再次，研究都市生产性服务业发展的内生机制，主要研究都市生产性服务业的影响因素、动力机制、都市生产性服务业的主导产业选择等内容。随后，通过对都市生产性服务业外向发展模型的构建与实证，探索都市生产性服务业外向发展的影响因子。最后，以成都市为实例，对都市生产性服务业的发展问题进行分析，提出发展生产性服务业可以选择的产业及相关促进措施。

从篇章结构上看，本书共分为七章：

第一章：导论。主要介绍本书研究背景、研究思路、研究方法等内容。本书将主要借鉴产业经济、区域经济、服务经济等学科理论，深化对都市生产性服务业问题的研究。

第二章：都市生产性服务业文献回顾。该部分对都市经济的概念、生产性服务业的内涵与外延进行界定，对生产性服务业向都市集聚及其在都市内部的动态调整、生产性服务业与城市经济的互动关系、生产性服务业与制造业的互动关系、生产性服务业外包等进行文献梳理，进而提出本书对都市生产性服务业发展的理论分析框架。

第三章：国内外都市生产性服务业发展现状。本章首先对国外都市生产性服务业发展历程进行考察，并对其发展经验及促进政策进行总结。重点对纽约、伦敦、东京、首尔等国外典型大都市的生产性服务业的发展特征、空间布局特点等进行比较分析。接着对我国生产性服务业的统计分类、政策演变、我国都市生产性服务业发展状况及存在的问题进行介绍与分析。

第四章：都市生产性服务业发展的内生机制。第一节，都市生产性服务业的影响因素分析，具体包括经济、空间、科技、人文制度等四大类。第二节，都市生产性服务业的动力机制，包括拉力、推动力、支持力等。第三节，生产性服务业的发展及其影响因素之间的作用关系，即不同动力因素之间的作用关系分析。第四节，都市生产性服务业的产业选择，主要介绍生产性服务业主导产业选择的相关理论及基准。

第五章：都市生产性服务业发展的主要领域、发展模式及区位选择。第一节，适合都市生产性服务业发展的主要领域分析。第二节，都市生产性服务业的发展模式探讨，分别从生产性服务业与制造业的关系、生产性服务需求来源、生产性服务业空间组织状况、生产性服务业投资主体等视角对都市生产性服务业的发展模式进行分析与研究。第三节，都市生产性服务业的区位选择，本部分主要讨论生产性服务业区位选择的影响因素、都市生产性服务业的集中布局、生产性服务业的郊区化发展、不同生产性服务业行业的区位布局差异等问题。

第六章：都市生产性服务业外向发展模型构建与实证。前两节，主要是构建了以市场需求、投资额度、专业化、城市化、经济发展水平、制度因素等为影响因子的都市生产性服务业外向发展的理论模型。第三节，计量模型设计及实证。该部分选取了我国 15 个副省级城市 1999—2008 年度共 150 个样本构成的面板数据进行实证分析，检验都市生产性服务业外向发展的各影响因子的方向与强度。

第七章：成都市生产性服务业发展个案分析。本章对成都市服务业发展总体状况及结构数据进行扫描，深入分析成都市生产性服务业发展中存在的问题、关键制约因素、有利因素等，进而提出成都市生产性服务业发展的定位选择及相关政策措施。

1.2.2 研究方法

本书采用了多样化的研究方法。

一是历史的研究方法。首先对现有的生产性服务业理论研究进行了回顾和综述，然后对生产性服务业在世界范围内，特别是在发达国家的发展历程进行了概述。对世界范围内一些重要城市的生产性服务业也进行了历史考察。

二是比较分析法。通过对不同理论体系的观点进行比较分析，探析现有理论的分析角度和重要观点，并在此基础上了解各理论的不足之处，为本书的研究进行定位。

三是定性分析和定量分析相结合的研究方法。本书在描述现状、基本理论阐述方面采用了定性分析，在我国城市发展现状方面则采用了定量分析。

四是实证分析和规范分析相结合的研究方法。首先对生产性服务业进行实证分析，分析了生产性服务业的成因、影响因素、发展机理和主要模式。在实证分析的基础上，本书也分析了都市生产性服务业的地位和作用，提出了相应的促进生产性服务业发展的具体建议。

1.3　创新点

本书可能在以下方面有所创新：

（1）从影响因素、发展动力等维度阐述了都市生产性服务业的内生机制。

本书将影响都市生产性服务业的因素分为经济、空间、科技、人文等四个方面。其中，经济因素又分为市场因素与集聚因素两大类。空间因素主要是交通通信和空间环境等因素的可达性。科技因素包括科技创新因素和创新环境因素。人文因素包括政治因素和历史文化因素。在此基础上，分析了生产性服务业发展的动力机制。市场需求是都市生产性服务业发展的拉动力，科学技术使服务外包成为可能是都市生产性服务业的推动力，政府政策支持则是都市生产性服务业的重要支撑力。

（2）都市生产性服务业外向发展的理论模型构建与计量实证分析。

在对动因、发展机理的分析与探讨基础上，构建了以市场需求、投资额度、专业化、城市化、经济发展水平、制度因素等为影响因子的都市生产性服务业外向发展的理论模型。本书选择了城市级别相当的哈尔滨、长春、沈阳、济南、南京、杭州、广州、武汉、成都、西安、大连、青岛、宁波、厦门、深圳15个副省级城市1999—2008年共150个样本构成的面板数据进行实证分析，得出以下结论：代表制度因素的对外开放度是生产性服务业外向发展的最大影响因子，城市化率和代表都市发展水平的人均地区生产总值这两个因子的影响次之；代表本地需求的第二产业发展规模及代表生产性服务业供给投入的投资额度这两个因素的影响则非常有限，特别是第二产业发展规模的影响不明显；而包含了生活性服务业的第三产业就业人员区位商指数并不代表都市生产性服务业的专业化程度。具体来看，对外开放度是最大的影响因素。对外开放度每增加1%，生产性服务业外向发展规模提高0.793 8%；人均地区生产总值每增加1%，生产性服务业外向发展规模将提高0.639 7%；城市化率每提高1%，生产性服务业外向发展规模将提高0.601 6%。对本地生产性服务业的投资和本地第二产业发展规模的作用则明显小于对外开放度、地区发展水平、城市化率等因素的作用。投资每增加1%，生产性服务业外向度仅提高0.139 2%；本地第二产业发展规模的弹性系数则更低，仅为0.061 7%。

（3）比较分析了都市生产性服务业主导产业的选择基准，并进行实证应用。

一般来说，通过要素基准选择区域主导产业时，更多的是考虑本区域的地理、自然资源、劳动力成本等优势。对于生产性服务业而言，由于其具有知识、资本的高密集性，在要素基准中主要考虑的是城市的人才、技术、信息以及资本优势。此外，都市生产性服务业主导行业选择还需从产业结构演化规律、都市中心城市的具体经济发展水平、生产技术结构、政策因素及其瓶颈因素等综合考虑。文中提出都市生产性服务业主导产业选择应包括需求基准、产业关联基准、高级要素基准、竞争基准、技术进步基准、政府导向基准等。

(4) 都市生产性服务业的个案研究。

本书以成都市为例，对都市生产性服务业的发展现状、存在问题及原因进行了深入分析后，发现交通运输、仓储和邮政业占服务业、租赁和商务服务业、金融业占服务业的比重过低，生产性服务业大企业过少、带动效应弱，公共服务平台建设滞后、集聚的扩散效应尚未形成等问题。针对这些问题，提出了发展生产性服务业的相关促进措施，包括推进生产性服务业集聚区规划建设、通过城市化和工业化促进生产性服务业的发展、构建与制造业的互动发展机制、加强生产性服务业要素支持、建立公开透明平等规范的市场准入制度和加大政策扶持力度等。

2 都市生产性服务业文献回顾

20世纪80年代以来，随着城市的发展和服务业的壮大，都市生产性服务业逐渐成为了研究的热点领域，理论研究也不断扩展与深化，本章将对生产性服务业概念界定、生产性服务业独立化、生产性服务业集聚等方面的研究进行回顾与梳理。

2.1 概念界定

2.1.1 都市经济

(1) 都市的含义、演进及分类

随着人类社会的发展，都市的含义也在不断演变。在人类社会的早期阶段，都市是城市的泛称，其主要功能在于统治阶级实现政治统治或是军事目的，即都市是为了统治的需要或是抵御外敌的入侵而建立起来的。近现代社会，经济逐渐成为社会发展的主线，都市被赋予了新的功能——经济中心。因而，随着商品经济与工业化的发展，都市逐渐发展与壮大。现代社会中的都市概念，在内涵和外延上又发生了变化，它既有政治、经济的功能，但更多是专指大城市或者是特大城市。出于不同研究目的，学者们分别从都市的起源、功能、类型等不同角度对都市展开了研究。

从都市的形成和演进来看，都市是指以非农业产业和非农业人口为主要集聚点的地域范围，它是从早期的乡村演化而来。但从乡村向都市转化需要一定的条件，比如便利的交通、丰富的自然资源、有利的地形等。乡村在这些有利因素的作用下，人口不断集聚，经济的空间密度不断上升，当该地区的人口达到一定规模，而且集聚在该地域的产业形态也转变为以第二产业和第三产业为主要产业形态的时候，早期的都市就形成了。

从人类研究历史来看，都市是它所处时代的先进生产力的主要存在空间，是先进生产力的空间载体。这里具有它所处时代最先进的技术、最先进的文化，也是那个时代先进生活方式的样板。

从现代市场经济和市场机制的发展历程上看，都市可以说是早期人类社会市场机制发挥作用的主要地域空间。早期的契约社会和民主政治也主要存在和延续于都市。正是在这个意义上，我们可以说，都市是一个历史现象，是人类社会经济、政治和文化发展到一定阶段的产物。从社会形态看，社会生产力是都市形成和发展的主要推动力，而社会生产力的巨大进步是近代社会才出现的，所以，近代社会是都市大量出现的时期。随着近代资本主义和市场经济的发展，各国和地区的都市不断涌现，都市的规模也不断扩大。随着社会经济从第一产业不断向第二产业演进，以及第三产业在三次产业中的比重不断上升，都市数量和规模都在大幅度上升。

从都市的功能来看，都市具有多方面的功能。随着都市的演进，都市的功能也在相应增加。都市不仅是政治中心、经济中心，也是文化中心、信息中心、交通中心、技术中心以及创新中心等，都市对它所处地区的辐射力和影响力也不断增强。都市还是社会分工深化的助推剂。随着都市的发展，社会分工也因此进一步深化和加速。都市还是知识技术进步的助推剂，都市为知识技术的积累和进步提供了最适宜的地理空间，都市也是新思想新观念的主要发育场所。除此之外，都市也是信息集聚、信息交流、信息储藏的重要载体，还是一个国家或者地区重要的交通枢纽……总之，都市在人类社会发展和进步中扮演着十分重要的角色。在现代社会中，金融业在社会经济中扮演着重要角色，而都市恰恰是金融业的主要存在空间。

都市的分类可以从其功能、辐射范围来划分。从都市功能角度，可以将都市分为政治都市、经济都市、文化都市、交通枢纽等。从都市辐射范围，可以将其分为地区性都市、国家性都市、国际性都市以及世界性都市。我们还可以根据都市人口规模对都市进行分类。不过，不同国家从人口规模角度对都市的分类口径有较大差异。在中国，人口规模在20万人以下的，称为小都市；人口规模在20万~50万人的，称为中等都市；人口规模在50万~100万人的，称为大都市；人口规模在100万人以上的，称为特大都市。[①]

---

① 本部分对都市含义、演进及分类的阐述参照了"百度百科"中的"都市"条目，具体参见 http://baike.baidu.com/view/63171.htm。

2 都市生产性服务业文献回顾 | 9

综合来说，都市既可以指一个国家的主要城市，也可以指某地区内的大城市。本书研究的都市主要是人口规模较大、功能较为完善的地区中心大城市的范畴。

(2) 都市经济的含义

从经济学角度来说，都市是经济社会发展的产物。它是社会分工形成后为了便于商品交换而形成的场所。都市一旦形成，就会产生集聚力，将相关的交易行为吸引过来，逐渐转变成都市自我发展的强大动力。在集聚过程中，都市的规模经济效应产生，并对周边地区产生极化效应，逐渐成为大区域的增长极。因此，从经济职能看，都市的成长过程就是工商业经济活动发展的过程。

在都市发展的不同历史阶段，各种产业对其发展与壮大所起的作用也会发生变化。在前工业化及工业化早期阶段，农业对城市发展起到支撑作用；进入到工业化中期阶段，第二产业（包括工业）比重的不断上升是推动城市化的核心动力；在工业化后期及后工业化阶段，服务业成为了都市发展的主导力量。有与都市不同发展阶段相对应的产业发展支持是城市生存与发展的需要。否则，都市将逐渐走向衰落，甚至消亡。

(3) 都市经济的特点

总结国内外都市的发展历程，可以发现现代都市经济主要有以下特征：

一是第三产业在都市经济中居于主导地位，服务业就业比重不断上升。现代都市经济中，第一产业在都市生产总值中所占比重维持在较低的位置。以制造业为主的第二产业在都市经济中所占的比重也在逐渐下降，且第二产业中主要是以装备制造、生物医药、电子信息等高新技术制造业为主。第三产业则是现代都市的基本经济形态。都市往往是各种服务业集聚地，它一般是所在区域的交通中心、商贸中心、金融中心、教育中心、政府公共服务中心。另外，都市对所在区域的第三产业具有很强的聚集能力，会导致周边地区的部分第三产业向都市转移和集中，然后再通过自身的辐射功能向周边地区提供相应的服务。尤其近年来，都市作为信息中心，各种信息技术、通信技术迅速普及，被广泛地应用于商贸业、金融业、旅游业、文化产业、都市工业、都市农业等领域之中，使得都市经济获得了更为广阔的发展空间。随着服务业成为都市的主要产业，服务业也逐渐成为就业的主要领域。服务业的白领和蓝领职业群体将会替代传统意义上的产业工人，成为城市经济的主要劳动者。

二是空间、土地高度集约化。因为土地级差地租的存在，相比农村和都市周边地区，都市中心区的土地价格昂贵得多，甚至都市区不同区块的土地价格也存在较大的差别。只有那些生产效率、附加值较高的经济行为、经济组织才能在地租高昂的都市区中出现和发展。因此，都市区逐渐成为高端产业的集聚地——现代中央商务区（Central Business District，简称 CBD）。不同的商务区，其具体产业形态、产业组织或许会有所差异，但高附加值的服务业成为主导产业，是其共同的特征。

三是要素投入以人力资本、知识、信息为主。不同于普通区域经济发展过程中以土地、资本等要素投入为主，都市经济发展中人力资本、知识、信息等高级要素的密集投入更为重要。可以说，都市经济的发展更多是依靠劳动者的素质、科学技术的进步等方面。从另一个层面来说，都市经济发展是以人力资本、科技技术来替代土地、资本、简单劳动力等传统生产要素的过程。另外，由于都市经济的主导产业是服务业，其提供的产品存在一定程度的无形性，因而，都市经济发展也逐步呈现出虚拟化、货币化的趋势。

四是都市中心区生活人口居住率下降、中心区主要以生产型消费为主。生产活动的集聚，使得现代都市的主要功能是生产功能。且由于其集聚作用，使得中心城区的生产性功能越来越强大。随着城市土地价格的上升，城市生活成本也随之上升，生活活动逐渐被生产活动挤占，中心区生活人口数量将不断下降（向郊区县转移）。都市中心区的消费形态也相应发生着变化，服务于生产的商务、会议、娱乐等生产性消费逐渐取代传统的居民消费形态。

五是都市工业逐步替代传统工业。都市工业，是指依托于都市特有的便捷交通、及时的信息获取、优秀的人力资本和资金获取途径等有利条件而生存与发展的工业。这种工业具有环境污染小、所占空间小、单位产出投入比小等特征，也符合都市发展规划要求，如信息产品制造业、旅游纪念品加工制造业、印刷与包装业等轻工业和高新技术工业。而那些环境污染严重的重化工业将禁止在都市中发展，只能迁移到周边地区。

六是都市经济将对周边区域经济产生强大的辐射作用。都市经济受到周边地区经济的影响，但它本身同样也会对周边地区经济产生影响。在某种意义上，科学、合理的都市经济，应当能对周围地区经济发展产生强大的积极作用。这种积极作用主要来源于都市经济合理的产业结构，能够释放辐射作用，而不是挤占周边区域的资源、替代其经济发展。

2.1.2 服务业

1935年，经济学家费希尔（Allen Fisher）在《文明与安全的冲突》一书中提出第三产业概念，他根据社会生产活动历史发展顺序和劳动对象加工顺序,将国民经济部门划分为第一(次)产业、第二(次)产业、第三(次)产业。之后,学者们提出了"服务业"的概念,人们常以"服务业"来代替"第三产业"。

美国经济学家希尔(Hill,1977)将服务业定义为人或物(隶属于某一经济单位)状态的改变,这一改变则是由事先约定的其他经济单位的提供而产生。①这一定义并不能完全将服务同商品区别开来。之后,希尔对上述定义进行了补充,他强调了服务过程中生产者与消费者所具有的接触性。瑞琦(Drechs)②、格鲁伯(Grubel)③等进一步将服务业的特点归纳为非实物性、非生产性、不可储存性、不可贸易性、即时性、发展的停滞性等。

在高新技术迅猛发展的背景下,早期关于服务业概念及特征的界定已难以适应现实情况,服务业的上述传统特性也受到了挑战。特别是信息技术的发展,使得服务的生产与消费开始分离,服务内容变得可存贮,同时服务在不同国家和地区间产生了大量的贸易。另外,服务业与生产领域呈现出融合的趋势。因而,服务业可界定为:生产或提供各种服务的企业或经济部门的集合,其最基本的特征是以服务形式提供并满足生产和消费的各种使用价值。

2.1.3 现代服务业

20世纪90年代以来,国际上进行过传统服务业和知识密集型服务业的划分。知识密集型服务业是指向社会和用户提供以专业性知识为核心服务的企业或组织(迈尔斯,1995)。知识密集型服务业又分为面向新技术集中使用者的传统专业服务和以新技术为基础的知识密集型服务两大类。在经合组织(Organization for Economic Co-operation and Development,简称OECD)国家的知识密集型服务业往往包括金融、信息服务、教育、专业服务和健康保健服务等五大类。

随着经济的发展,对于现代服务业的研究越来越受到重视,但对现代服务业内涵的准确界定到目前仍未达成一致。综合来看,以下几种观点值得关注:

---

① Hill T. P., 1977. On goods and services. The Review of Income and Wealth, Series 23, Vol. 23, P315-338.

② Laszlo Drechs, 1990. A note on the concept of services. Review of income and wealth, series 36, Number 3.

③ Herbert G. Grubel, Michael A. Walker: Service Industry Growth: Cause and Effects. Fraser Institute, 1989: 279.

一是通过强调与传统服务业的区别来界定其内涵。如胡启恒（2004）[①]、李志平和白庆华（2006）[②] 等认为，现代服务业是相对于传统服务业而言的，现代服务业的发展，本质上来讲是科学技术进步、经济发展和社会分工不断细化的结果，是服务业内部结构高级化的实现形式和重要标志。

二是通过强调生产性特点来界定。如李江帆（2005）[③] 认为现代服务业是指为企业生产、政府管理提供非最终消费的服务业形态，主要包括金融、房地产、科技开发、技术服务、信息咨询、法律、教育培训等行业。

三是通过强调现代化特性来界定。即服务业的现代生产和消费方式，保持了现代性的生活性服务业和现代性的生产性服务业，只是在我国当前工业化进程中，生产性服务业是现代服务业的主体。

四是综合论观点。此种观点认为现代服务业是第三产业的发展和延伸。传统服务业和现代服务业共同形成了第三产业，而现代服务业又有狭义和广义之分，狭义角度说主要是知识、技能、信息等密集的服务业，广义角度说，还包括传统服务业升级的内容。

本书认为，现代服务业是一个动态的历史范畴，随着信息技术、经济社会的发展，其包含的内容也会不断更新、深化。

2.1.4 生产性服务业

（1）生产性服务业的内涵

从起源来看，英国古典政治经济学创始人威廉·配第（William Petty）在分析不同行业的收入差异时指出的一些商业性行业，就是现在的生产性服务业。英国经济学家克拉克（Colin G. Clark，1940）在揭示经济进步过程中劳动力结构的演进规律时，所指的第三产业也包括生产性服务业。从某种意义上说，以上学者的观点都可以算作是生产服务业范畴的理论渊源。

马克卢普（Machlup，1962）是较早对生产性服务业进行探讨的学者之一，但当时用的是"生产服务"的概念，它是生产性服务业范畴的前身。美国经济学家格林菲尔德（Greenfield，1966）使用了和生产性服务业十分相近的概念——生产者服务业，将其定义为从市场采购而不是由自己提供，不是用于最

[①] 访现代服务业发展科技问题研究组组长胡启恒 [OL]. http://www.gmw.cn/content/2005-08/18/content_291496.htm.
[②] 李志平，白庆华. 论现代服务业的内涵及发展趋势 [J]. 经济论坛，2006（22）.
[③] 李江帆. 中国第三产业经济分析 [M]. 广州：广东人民出版社，2005.

终消费而是用于商品和服务的要素投入及服务活动。该定义不仅强调了生产性服务业的独立化，也强调了生产性服务业的中间投入品属性。布朗宁和辛格尔曼（Browning and Singelman，1975）也是较早使用和生产性服务业相近概念的学者，他们从功能性分类角度提出了生产者服务业概念[1]。丹尼尔斯（Daniels，1985）从使用者角度，将服务业分为生产者服务业和消费者服务业，即消费性服务业以外的服务领域都属于生产性服务业[2]。

英国经济学家希利（M. J. Healy）和依伯利（B. W. Ilbery）进一步将生产性服务业明确为：为其他产业提供服务的产业，如研发、市场研究等；而消费性服务，是直接为消费者或家庭提供服务的产业，如闲暇服务等[3]。

苏敬勤、喻国伟（2008）从多学科视角来定义生产性服务业，能较好综合了上述学者的观点。生产性服务业，就是那些为满足外部企业和其他组织生产经营的中间需求，用于商业运作和更进一步的生产而非用于满足最终消费和个人需要的行业[4]。

（2）生产性服务业的外延

学者们也对生产性服务业外延也进行了界定。Browning & Singelman（1975）指出生产服务业应当包括保险、金融、商务、经纪和法律等知识密集型专业服务。学者马昆德（Marquand，1982）、格莱斯皮和格林（Gillespie and Green，1987）指出，生产性服务业还应该包括部分交通、批发活动，以及为企业提供保洁的服务[5]。

马沙尔（Marshall，1987）将生产性服务业分为三类，一是以信息处理为目的的服务业，如研发、市场研究、广告、流程处理、摄影、传媒等；二是以实物为客体的服务业，如商品储存与销售、设备安装、维护和修理、废旧物品处理等；三是为提高个人素质而出现的服务业。

马蒂内利（Martinelli，1991）则将生产性服务业分为五大类，一是银行、证券、就业服务、工程服务等以资源分配与流动为目的的服务活动；二是技术研发、产品设计、工程建设等以工程技术为服务对象的服务活动；三是信息咨

---

[1] Browning H, J Singelman: The Emergence of a Service Society [M]. Springfield, 1975.
[2] Daniels. P. W. Service Industries: a Geographical Appraisal [M]. Methuen. London, 1985.
[3] M. J. Healey, B. W. Ilbery: Location & Change: Perspectives of Economic Geography [M]. Oxford University Press, 1990.
[4] 苏敬勤，喻国伟. 多学科视角中的生产性服务业研究述评 [J]. 工业技术经济，2008（5）：37-39.
[5] 杨杰，宋马林，叶小榕. 生产性服务业与区域竞争力提升关系研究 [J]. 理论建设，2010（3）：29-32.

询、信息处理、财务管理、法律服务等为生产活动提供信息、管理服务的活动;四是质量控制、维修服务及后勤保障等保持生产活动正常进行的生产性服务;五是产品运输、产品市场拓展等以产品销售为目的的服务活动①。

中国香港贸易发展局认为,生产者服务应当包括金融保险、信息和中介、专业服务以及与贸易相关服务等。学者霍威尔斯(Howells,1986)和格林(Gveen,1986)认为,生产者服务业包括银行、证券、保险、研究与开发、市场研究、法律服务、会计以及广告等商业服务业②。科菲和贝利(Coffey and Bailly,1991)认为,生产性服务业包括工程服务、企业管理咨询、会计、设计、广告等行业③。汉森(Hansen,1994)没有明确回答生产性服务业的范围,但他将经济活动分为三段,而生产性服务业既包括为生产货物或其他服务的上游活动也包含其下游活动④。

从生产性服务业产生和发展进程看,一种是传统生产性服务业(简称为FIRE),包括金融保险、房地产业、商务服务等,主要是为生产活动提供资本、产品运输与营销方面的服务。另一种是现代生产性服务业,也称为高级生产性服务业(Advanced Producer Services,简称APS),包括研发、信息服务、管理咨询服务、法律和财会等专业服务等,它们以知识为投入要素,进行的是脑力活动。

在我国,生产性服务业在20世纪90年代末才被提出,生产性服务业一般包括金融保险、不动产、设备租赁、信息、研发、产品设计、工程技术服务、工业装备服务、仓储运输、会计、法律、广告、管理咨询、营销服务、市场调查、人力资源配置、会展、教育培训服务等门类(夏铸九,1996;边泰明,1997;刘重,2006)。

下表是部分国内外机构和学者对生产性服务业范围的界定。

表2-1　　国内外部分机构及学者对生产性服务业范围的界定

分类者	包括的范围
美国商务部(BEA)	金融保险业、信息通信业、法律服务、广告及会计服务、教育业、工程服务、政府服务

---

① Dilek Cetindament Karaomerioglu and Bo Carlaaon: Manufacturing in Decline A Matter of Definition [J]. Econ. Innov. NewTechn., 1999 (8): 175 – 196.

② Howells, Green: Location, Technology and Industrial Organization in UK Services [J]. Progress in Planning, 1986 (2).

③ W. J. Coffey, A. S. Baily: producer servces and Flexible Production: An Exploratory Analysis [J]. Growth and Change, 1991 (1).

④ N. Hansen: The Strategic Role of Producer Services in Regional Development [J]. International Regional Science Review, 1994 (1~2).

表2-1(续)

分类者	包括的范围
英国标准产业分类（SIC）	金融保险、专业服务、批发分配业、法律服务、废弃物处理业、货运业、会员组织
香港贸易发展局	金融保险、信息和中介服务、法律专业服务、贸易服务、工商服务
科菲和贝利	设计、会计、管理咨询、工程服务

注：转引自：北京市规划委员会网站2009年7月24日的《北京市生产性服务业发展策略研究报告》[OL]，网址：http://www.bjghw.gov.cn/web/static/articles/catalog_18/article_ff80808122a8e5730122aac2f1ff000d/ff80808122a8e5730122aac2f1ff000d.html。

2.2 生产性服务业外部化研究

2.2.1 分工理论角度的研究

从分工理论看，生产性服务业的独立化，即生产性服务业外包化，是分工不断深化、各种经营活动专业化程度不断提高的结果。社会分工越细，就越是需要产业分工的重新组合，其中一个趋势就是企业将原来存在于内部、由自身来供给的生产性服务活动外部化，这种新组合将降低交易成本［巴格沃蒂（Bhagwati），1984］[1]。Daniels（1985）和Goe（1990）等进一步指出：为了节约经营成本，企业等组织将其生产性服务向外部承包，可以以更低价格获得更加专业化的生产服务。Coffey（1991）等人认为，在物质生产部门中，生产性服务活动的发展以劳动分工的深化为标志。当企业提供的服务范围越来越多样化、科技进步要求的专门技术更加精密和深奥时，生产性服务企业变得越来越专业化。

此外，大多数生产性服务业的发展由不同类型的服务消费的基本变化所导致，而不仅仅是生产性服务服务功能的简单外部化。Grubel和Walker（1989）通过对1961—1986年间加拿大生产性服务业发展状况的实证研究，发现生产活动复杂性提高、通信信息技术成本下降、政府立法等是促进生产性服务业外部化的重要因素。另外，生产性服务业的发展，使得生产活动变得更加迂回，

---

[1] Bhagwati. Splintering and Disembodiment of Services and Developing Countries [J]. The World Economy, 1984 (17).

生产链条延伸，促进了生产的专业化和资本深化，又为进一步的社会劳动分工创造了条件，提高了劳动生产率以及其他要素的生产率[1]。

所以，可以说，使生产的迂回过程进一步延伸和深化是生产性服务业发展的重要功能。

2.2.2 企业竞争角度的研究

另外，学者们从企业竞争的角度对生产性服务业外部化现象进行了分析。他们指出，生产性服务业外部化与经济活动不确定性增加有密切关系。在经济环境不确定的情况下，将生产性服务活动外包，降低需要面对的经营风险，有助于企业将其有限的精力和资源集中在其具有竞争优势的环节，从而实现企业竞争力的增强。而联盟、分包等非完全市场化的形式是较好的选择。

科菲和贝利（1991）指出，因为国内外环境的复杂多变，制造业企业更多采取弹性生产方式，为生产性服务业独立化发展提供了适合的土壤[2]。汉森（Hansen, 1994）通过对北欧制造业企业的实地调研，证实了生产性服务业的独立化和外部化有利于制造业企业降低生产经营风险和满足预见外需求的能力，也有助于企业专注于制造核心技术[3]。乔（Goe, 1996）则指出：制造业企业自身的技术缺陷使得它们必须通过外部购买的方式才能满足自身的生产性服务业需求，特别是具有自身技术缺陷的中小企业的不断增加，催生了生产性服务业的独立化[4]。2002年，乔进一步补充：生产性服务业的外部化是制造业自身和生产性服务业两方面因素同时变化的结果。从制造业看，它已逐渐由批量生产转变为向定制生产和服务转型；从生产性服务业方面看，知识经济的发展，促使服务业在生产活动中重要性提高，进而逐渐从制造业内部分离[5]。

---

[1] Herbert G. Grubel, Michael A. Walker: Service Industry Growth: Cause and Effects. Fraser Institute 1989: 279.

[2] W. J. Coffey, A. S. Baily: Producer Services and Flexible Production: An Exploratory Analysis [J]. Growth and Change, 1991 (1).

[3] N. Hansen: The Strategic Role of Producer Services in Regional Development [J]. International Regional ScienceReview, 1994 (1-2).

[4] W. R. Goe: Producer Services, Trade and the Social Division of Labour [J]. Regional Studies, 1996 (4).

[5] W. Richard Goe: Factors Associated with the Development of Nonmet ropolitan Growth Nodes in Producer Services Indust ries [J]. Rural Sociology, 2002, 67 (3): 416-441.

2.2.3 外向发展研究

外向发展从其现象来看，类似于国际贸易中的"服务贸易"，但是本书中的外向发展更多的是从地理经济学的角度来看，相对于国际贸易学将服务贸易视作一种交易，地理学者更多地将其视为一种非物质要素的流动，即作为城市的一种经济活动产品的向外输出过程。无论一国内部或跨国境的服务流动，均是针对作为基本经济活动的生产性服务从产出地到目的地流动过程的研究。

(1) 外向理论演进

尼可莱德斯（Nicolaides，1990）提出生产者服务业并不受限于空间因素，服务本身跨越国界、服务消费者跨越国界以及服务业生产者跨越国界是生产者服务业的三种形态[1]。生产者服务业可在世界任何空间区位，通过信息技术很容易向生产者提供所需的各种服务，信息技术进步使得可分性得以实现。布鲁门菲德（Blumenfeld，1995）指出，本地生产性服务极为重要，它可以颠覆整个经济基础模型[2]。作为基本经济活动部分的生产性服务活动，通过产品出口——即生产性服务贸易的形式，向城市外部输出服务，由此为地区带来经济收益，并创造了新的就业机会。在西方发达国家，向城市外部输出的生产性服务的50%一般在20~30千米半径范围内销售，1/3则会销售到50~100千米以外［伊列雷斯（Illeris），1996］[3]。闫小培，钟韵（2005）通过对广州市的调查研究也发现：生产性服务业各行业的服务对象中，制造业企业所占的比例均不超过客户总量的30%，而服务业企业和机构所占的比例都超过了客户总量的60%[4]。

在本地的层面，生产性服务通常都具有基本经济活动的作用，会向外地的一定区域销售服务（Grubel，Walker，1993）。据对城市间的生产性服务贸易研究显示，大部分商业和金融服务都不仅仅服务于企业所处的地区，而且还能够并且也已经在长距离内扩散。

---

[1] 转引自：高春亮. 文献综述：生产者服务业概念、特征与区位 [J]. 上海经济研究，2005 (1).

[2] Illeris S. The role of services in regional and urban development: A reappraisal of our understanding [J]. The Service Industries Journal, 2005, 25 (4): 447-460.

[3] 转引自：钟韵. 生产性服务贸易的地理学探讨 [J]. 地理科学，2009 (1): 45.

[4] 参见：闫小培，钟韵. 区域中心城市生产性服务业的外向功能特征研究：以广州市为例 [J]. 地理科学，2005 (10): 537-543.

Drennan et al. (1989) 指出在跨国企业分散化生产布局过程中会产生对分散化生产统筹规划、管理的需求，因而对生产者专业服务需求日益增加。克鲁格曼（Krugman，1991）假定消费者有多样化偏好、产品市场垄断竞争、生产收益递增，建立模型表明在封闭市场中，市场规模太小限制生产规模且无法满足消费者多样化偏好，基于此提出了市场规模可能是产业内贸易的原因之一，而产品水平差异也是重要因素。弗尔维（Falvey）和基尔茨科夫斯科（Kierzkowski）[①]建立两部门模型说明产品的垂直差异。假设一部门生产同质性产品而另一部门生产不同质量产品，随着产品质量的不同，资本运用也有所不同，高质量产品的资本/劳动比率较高且两国消费者偏好相同，最终结果表明每个国家都有对不同质量产品的需求。20 世纪 90 年代以来，随着生产性服务业研究趋势的变化，地理学者对生产性服务贸易的研究视角开始转向经济一体化、自由贸易协定背景下生产性服务业在区域之间乃至国家之间的贸易发展问题。

我国一些学者对生产性服务业的外向发展作出了实证研究，高春亮等（2009）以 2005 年苏浙沪三地投入产出数据为基础分析了长三角地区生产性服务业空间分布特征，得出两个主要结论：一是生产性服务业与制造业空间可分，形成了上海—服务业中心、苏浙—制造基地的空间模式；二是由于服务业产品差异化形成了较为复杂的服务业产业内贸易。由此认为基于产品差别化的生产性服务业产业内贸易为地区内城市生产性服务业错位发展奠定了理论基础。甄峰等（2008）从全球、国家及区域背景出发，分析了南京城市生产性服务业的空间变化及其所带来的空间结构的转型。闫小培等（2005）根据广州生产性服务业目前的发展水平，以及对珠三角地区制造业企业市场的抽样问卷调查，从供给水平和市场需求两个角度对广州生产性服务的外向功能特征进行了阐释。

就贸易开展的形式而言，在服务贸易发展之初，有学者指出，大部分国际性服务都是附属于货物贸易之上的，或是有意无意地假设服务是跟随制造业出口的，一些公司甚至自己在进行货物贸易时也提供服务贸易活动。但也有基于知识在服务生产中的作用的观点认为，知识密集型的服务本身即可创造贸易的机会。科菲（Coffey，1987）等认为生产性服务贸易开展的具体渠道有三个：直接出口、生产性服务企业内部出口、制造业企业内部出口，其中后两种"不可见"的渠道，对企业区位决策有着重要的影响。格鲁伯（Grubel）认为，

[①] 转引自：Byun Jae Jin. Horizontal and Vertical Intra-industry Trade of Korea: A Cross-country and Industry Analysis, University of Havaii, 2001.

通过个人和商品的移动或将服务物化在实物之中是生产性服务贸易实现的两种途径。丹尼尔斯（Daniels,2000）则指出，生产性服务传递到国际市场有两种主要模式（渠道），分别是跨境执行和通过跨国企业的分支机构销售，但是，服务贸易开展的具体模式最终要视其所提供的服务而定。埃斯帕萨（Esparza,1994）等对芝加哥的调查显示，商务服务业中各行业的贸易形式各有不同，贸易强度也存在差异，会计服务与其他世界城市的联系最弱，计算机服务与其他世界城市联系最强。就行业之间的相互作用而言，芝加哥的商务服务销售给商务服务内部的比例最大。

（2）外向发展与空间布局

生产性服务业的空间分布呈现出以集中为主、向周边地区扩散的特征，生产性服务业在不同地区向各大城市的集聚产生了跨国界的贸易，城市内部也存在城市中心区和郊区之间的扩散，产生了一国内部地区间的贸易。

丹尼尔斯（Daniels,1985）将生产性服务业在空间上的演变划分为四个阶段，并概括出了一个理论模型：第一阶段表现为生产性服务业在 CBD 的高度集聚；第二阶段开始出现了生产性服务业在郊区试探性的随意分散；第三阶段生产性服务业的郊区分散开始在空间上较为明确，同时出于对集聚经济的需求，在郊区的主要交通节点上开始集聚；第四阶段伴随郊区化的推进，生产性服务业在郊区形成的集聚进一步巩固，与中心城形成一定的功能分工，同时中心城的生产者服务业得到进一步发展[1]。

对于空间集聚的理论研究有很多。传统理论认为，在公共交通基本垄断市内交通系统的时期，CBD 一方面拥有最好的交通通达性以及充分的劳动力市场，能够获得最大的外部效益；另一方面能够降低面对面交流的费用，进而更好地获取信息。丹尼尔斯（Daniels,1985）指出，以往显著的面对面联系方式现在已经较少采用，但许多其他因素（如传统和威望等人为因素，以及劳动力、工资和房价等经济发展因素）导致生产服务业办公场所依然集聚在大城市的中心商务区。

扩散理论也有发展，霍伍德和伯依斯（Horwood and Boyce）在 1959 年提出的 CBD 内核—外框空间结构模型的理论假设[2]与斯科特和戴维斯（Scott and Davies）1960 年建立 CBD 亚区功能簇群理论，论证了核心区的办公功能可能向边缘地区过渡和扩散。贝利（Bailly）认为城市通过多级城市扩散生产性服

---

[1] Daniels. P. W. Service Industries: A Geographical Appraisal [M]. Methuen. London, 1985.
[2] Horwood. E. M., Boyce. R. R. Studies of the Central Business District and Urban freeway Development [M]. Seattle, University of Washington Press, 1959.

务业，总部功能和高水平生产性服务业集聚或邻近于主要的城市核心附近，而将区域市场留给了较小城市（分支厂家和小公司），并指出在区域间的不平衡产生于日益增加的生产性服务业在世界城市集中而其他生产性服务业呈现一个更均衡的空间分布模式间的差异。扩散理论比较有代表性的观点是产业生命周期理论：生产性服务业的地域扩散会遵循生产周期模型规律，尽管生产性服务业仍在原有区域内扩张，但很快会按照标准化的生产周期过程去寻求低成本的布局（Storper & Walker，1989）。因此，斯科特（Scott）进一步指出，生产性服务业从城市中心区域向边缘区域扩散的现象源于经济发展的需要和弹性生产服务方式的出现。产业生命周期的扩散模式是在相对封闭条件下提出的，不能完全解释生产性服务业在哪一特定区域获得成功。

集聚与扩散的行业是有差异的，城市拥有社会和文化氛围，稠密信息联系和声望能够支撑先进的生产性服务，而郊区生产性服务活动更倾向于诸如数据处理等常规的办公活动。胡佛（Hoover）和弗农（Vernon）依据是否需要面对面交流问题，形成了前台办公和后台办公两分法（front-office and back-office），两分法也成为研究大都市内部生产性服务区位的范式。同时，一些层次较低的生产性服务业会随着CBD的空间不断扩大和调整向CBD之外的地区扩散。

从检索到的文献资料看，有关我国生产性服务业外向发展的研究较少，一方面是关于生产性服务业外向发展的理论基础涉及不足，现有资料多为对国家和城市产业发展的实证研究；另一方面是现有的实证研究对象多为上海、深圳等沿海城市，缺少对我国中西部城市实践的系统研究。

2.3　生产性服务业向都市集聚研究

2.3.1　生产性服务业区位布局的影响因素

学者们从特定城市出发，对生产性服务业区位布局问题进行实证研究，总结了影响都市生产性服务业区位选择的一般因素。一是地理上的可接近性因素，如在地理上与劳动力市场、信息源、顾客的可接近性等；二是通达性因素，如交通运输的便捷性、信息通信设施的完备性；三是环境因素，如区位的知名度、市场环境的良好性、办公设施的完善性、居住环境的适宜性等；四是个人特性因素，即不同的决策者在个人工作习惯、生活环境等方面的差异，对组织办公区位的选择会有较大差别。

科菲（Coffey）等学者基于这些影响因素构建了一个生产性服务业企业办公区位选择的定量分析和决策模型。该模型强调了区位选择要尽可能满足三方面费用的最小化条件：一是劳动力成本支出最小化；二是通信和市场交流等信息费用的支出最小化；三是各种销售费用最小化。如表2-2所示。

表2-2 不同学者对生产性服务业区位选择影响因素的归纳

时间	学者	影响区位抉择因素
1989	贝耶（Beyers）	客户可接近性，交通和通信通达性，供水供电等基础设施可获得性，办公场所成本可承受性，公司决策者个人特质的可满足性
1989	丁特伦（Dinteren）	交通通达性，整体商务环境是否良好，区位知名度和影响力，办公设施的完备性
1990	伊列雷斯（Illeris）	高素质劳动力可获得性，信息源的接近性，整体商务环境是否良好，办公成本的可承受性，交通通信基础设施的完备性
1993	雅各布森（Akobsen）	
1992	克里斯蒂安森（Kristiansen）	客户和本地市场的可接近性，劳动者素质的高低，决策者个人爱好的可满足性
1995	佩塞尔（Peser）	客户的可接近性，交通设施的便利性，工作人员的可获得性，信息通信设施的完备性，办公费用可接受性，办公环境的舒适性，区位的知名度

部分资料转引自：赵群毅，周一星. 西方生产性服务业的地理学研究进展 [J]. 地理与地理信息科学，2005（6）：52.

应该说，对于特定区域而言，在不同阶段进行区位选择所需考虑的因素也不尽相同。初始阶段，首先应当考虑的是宏观层面，即客户市场的可接近性、专用人力资源的可获取性、信息源的可接近性等因素。接着才是特定区域范围内的空间选择，这是区位选择的微观层面，此时考虑的重要因素是交通的方便性、区块的社会影响力、办公成本等因素。

2.3.2 生产性服务业向都市集聚的态势

经济学里所说的集聚，也称为空间聚集（Spatial Agglomeration）。"集聚"在《简明牛津地理学词典》中的解释是："产业、资本和人口向特定空间集中。"由于不同区域在资源、区位、市场、人文等方面存在天然的差异性，生产性服务业在空间分布上会出现明显的不平衡性。无论是绝对产值规模还是总产值比重，城市的生产性服务业发展都要远远大于和好于农村地区。另外，从城市规模比较看，生产性服务业更多集聚于大都市区内，小城市、小城镇的集聚能力均要小于大都市。可以说，生产性服务业与都市是相生相伴、共同促进的天然朋友关系。从世界范围看，生产性服务业将向国际性大都市集聚。从国家范围看，生产性服务业则表现出向少数发达都市集聚的趋势。

贝耶（Beyers）对20世纪80年代美国的生产性服务业空间集聚走势进行了实证研究，结果表明：1985年的美国都市集聚了全美90%的生产性服务业，在都市工作的生产性服务业从业人员占都市全部从业人数的83%。汤普森（Thompson）对美国生产性服务业就业情况的研究也表明，都市生产性服务业从业人员数是非都市区从业人员数的两倍以上。伊列雷斯（Illeris，1991）等学者发现北欧国家生产性服务业企业的70%集聚在各国政治中心所在城市（都市）。乔（Goe）、科菲（Coffey）、格莱斯皮（Gillespie）、艾伯斯（Eberts）和兰德尔（Randal）等人的研究基本上也证实了这一观点。通过对发达国家都市生产性服务业与制造业比较研究后发现，生产性服务是国家服务业的最主要构成部分，是经济增长最快的产业，而制造业的促进作用则非常有限（Grube & Walker，1989；Karaomerioglu & Carlaaon，1999[①]）。

在全球化背景下，生产性服务业向少数国际性大城市集聚，将会导致空间经济（包括产值、信息流和从业人员规模等）的极化，促使国际都市结构体系发生变化。

2.3.3 生产性服务业向都市集聚的成因

都市的特征促使生产性服务业的成长与壮大，即只有都市才能满足生产性服务业大规模集聚发展的需要。因此，一个国家或地区的城市化水平直接影响着生产性服务业的发展规模与质量。海格（Haig，1926）指出，生产性服务业企业只有通过面对面接触才能获得更多的辅助服务，这样才能为自己的客户提供更好的服务。此后，较多学者接受了他的观点，面对面接触成为了都市生产性服务业集聚的最基本因素。从服务内容看，生产性服务业企业以文字、图

---

① Dilek Cetindament Karaomerioglu and Bo Carlaaon. Manufacturing in Decline A Matter of Definition [J]. Econ., Innov., NewTechn., 1999 (8): 175-196.

形、数据等形式为其他企业进行信息的传输与服务。但个人所特有的行为、经验、技能等隐性信息却无法通过传统媒介进行传输，只能以面对面接触的方式来完成。这些隐性信息将有助于生产性服务业企业与客户更好地沟通交流，更有效地提供服务业务。因此这些默会信息已经成为企业核心竞争力的重要组成部分。

勒纳克和莫诺亚（Lentnek and Monnoyer，1992）通过研究指出，都市与生产性服务业的共生现象是生产性服务业企业与客户接近的天然属性所致。服务业企业与客户之间的接触需要以及信息不确定性促使生产性服务业在地理空间上的集中趋势进一步加剧，法律咨询、会计、广告等行业天然地表现为在都市中心区域集聚[戈达德（Goddard），1973]。

不过，随着信息技术的发展，对于金融等通过电子计算机进行信息传递的生产性服务业而言，服务业企业与顾客之间面对面接触的需求逐渐下降。即使需要面对面接触，人员接触频率、费用等也大幅下降。这些因素使都市生产性服务业出现扩散化的现象，但学者们还是为生产性服务业的集聚寻找新的支撑点。他们认为，技术越是发达，生产性服务业越需要向都市集聚，因为这样可以提升技术创新的能力、行业控制能力等。现实也大概如此，生产性服务业并没有随着制造业的分散而分散，相反高端生产性服务业进一步集聚到国际性大都市。

萨森·库伯（Sassen-Koob，1985）指出，虽然商务服务企业在空间上不一定需要靠近客户，但是提供商务服务的各企业之间则需要在空间上靠近。其他学者也认为生产性服务业在都市的集聚是行业企业间信息交流和创新发展的需要。波特解释说，由于市场信息、技术信息以及竞争者信息多存在于都市，从而使得企业集聚在都市更容易获得所需的信息与知识，从而更好地适应市场。生产性服务业企业通过在都市形成集聚，能把握行业变化方向，进而减少不确定性，降低企业经营风险。

另外，企业间的投入产出关系、社会资本、威望声誉、与政府的关系等都是促使生产性服务业向都市集聚的因素。科菲（Coffey，1995）指出在弹性生产组织体系下，更需要生产性服务业与其他行业之间紧密合作，而合作的展开主要是基于生产性服务企业与其他行业企业之间的投入—产出网络关联，进而形成的活动联合体。斯坦（Stein）认为，生产性服务业企业在空间上的集聚会形成共同的价值观、行为方式和相互之间的默契，即形成文化资本。进入拥有文化资本的集聚区，企业便能得利（Daniels，1985）。亚历山大（Alexander，1970）的研究发现，为了与政府保持密切联系，获得经济利益，也是生产性服务企业集聚产生的原因。

可以说,生产性服务业在都市集聚除了能使行业企业与客户之间建立良好关系外,还有其他以下优势:一是通过共用基础设施,服务企业可以降低基础设施使用成本;二是因为集聚,服务企业能进行规模化经营;三是更容易获得高素质人力资源;四是有助于行业企业自身的学习和创新。科伯尔(Keeble)等学者将伦敦市的122家工程咨询和管理服务企业与英格兰南部178家分散布局的同类企业作了对比分析后得出,都市中的生产服务企业能够以非正式的社会关系网络、正式的企业间合作及员工流动的学习效应等途径获得更多的信息与知识,从而获得竞争优势。

经济全球化使一些经济活动在空间上更加分散,而另外一些活动则是更加集中。随着全球化的进一步深入,更加集中的经济活动促使都市逐渐形成对全球经济的控制,具体包括国际贸易中心、国际金融中心、国际专业服务中心、主导产业的创新基地等方式[萨森(Sassen),1985]。而这些更加集中的经济活动,其实都属于生产性服务业。

2.3.4 不同生产性服务业在都市内的空间布局研究

国外学者艾罗迪(Airoldi)等对意大利城市米兰的生产性服务业的空间集中情况进行了考察,并提出了生产性服务业不同行业在都市内的集聚地域存在明显的布局差异。不同行业的生产性服务常常集中在城市不同地域,其中的金融证券服务和会计服务主要集聚在中央商务区。其次,三环线是重要集聚地。在三环线以外的生产性服务业明显沿交通轴线布局。

博德·奥兰(Boiteux - Orain)等对巴黎市的生产性服务业进行了考察,他们的实证研究指出,在巴黎市中心城区集聚的主要是传统生产性服务业,商务服务业集聚密度较小;在中心城区外围则是信息技术、数据处理以及咨询等生产性服务业集聚区域;再往外则是技术研发以及工程服务业的集中地域,而且上述生产性服务业集中分布在几个地方。在中央商务区则主要集聚着金融保险业、法律和会计等专业服务业,还有广告业。在英国伦敦市,金融城和金丝雀码头(Canary Whart)是金融产业主要集聚地域。

学者塞尔(Searle)对澳大利亚悉尼市的主要生产性服务业的区位分布进行了考察。在20世纪80~90年代,悉尼市的中央商务区集聚的全市生产性服务业企业比例为37%,而整个生产性服务业企业的80%都集聚在城市内城区域范围内。在城市内城区范围内的生产性服务企业主要从事金融证券、商务服务和房地产业,而且以大企业和跨国公司为主。在城市外城区从事生产性服务活动的一般是小企业。

现实中,在美国纽约市,曼哈顿城区是战略性服务业最集中的地方,而中央商务区是高级服务业最集中的地方。不过那些新近出现的战略性生产服务企业也呈现出向郊区扩散的态势。在加拿大的温哥华市,生产性服务业在空间布局上长期以来没有发生明显变化,中央商务区和过去一样还是生产性服务业最主要的集聚地方,城市其他地方的生产性服务业密度较低。在蒙特利尔市,管理咨询、计算机和广告行业是增长最快的生产性服务行业,这些行业在空间布局上也呈现出集聚趋势。其中,中央商务区主要集聚的是法律和金融证券业。

国内对都市生产性服务业的研究主要集中在北京、上海、广州等大城市。其中,对上海市生产性服务业的研究相对较多。如周振华(2003)提出生产服务业是今后上海最适合发展的产业部门[1];厉无畏和王慧敏(2005)从世界产业服务化趋势对上海现代服务业发展的战略规划进行了分析[2];何建民探讨了生产者服务业在上海建设"四个中心"过程中的地位和作用;谷永芬等探讨了长三角城市群生产性服务业一体化发展问题;赵露璐对上海市生产性服务业的空间布局特点及演变趋势进行了研究;陶纪明从行业的空间视角对上海不同生产性服务行业空间集聚特点进行了研究。珠江三角洲城市群的生产性服务业也是学者关注的重点之一。如段杰、闫小培对粤港两地生产者服务业的协作与合作问题进行了研究;闫小培和许学强(1999)探讨了广州市基本和非基本经济活动变化[3]。北京市的生产性服务业也是学者关注的重点之一。如梁进社等(2005)对北京市经济职能演变进行了探讨,提出了产业的服务化观点[4];赵群毅、刘惠敏、邱灵、邵辉和申玉铭等对北京生产性服务业主要行业进行了实证研究。因而从总体上看,国内学者对西部地区都市生产性服务业的研究比较少。

2.3.5 生产性服务业在都市内的分散化研究

生产性服务业在空间布局集聚的同时也呈现出一定的扩散化趋势。从20

---

[1] 周振华. 信息化与产业融合 [M]. 上海:上海三联书店,上海人民出版社,2003.
[2] 厉无畏,王慧敏. 世界产业服务化与发展上海现代服务业的战略思考 [J]. 世界经济研究,2005 (1).
[3] 闫小培,许学强. 广州城市基本/非基本经济活动的变化分析——兼释城市发展的经济基础理论 [J]. 地理学报,1999 (4): 299-308.
[4] 梁进社,等. 近10年北京经济职能的发展变化 [J]. 地理学报,2005 (4): 577-586.

世纪 70 年代开始，西方国家中的法国和美国，其生产性服务业就开始呈现出分散化趋势。对该问题的关注始于 20 世纪 80 年代，当时一些西方学者注意到生产性服务业布局出现了郊区化扩散的新动向[1]，生产性服务业向都市郊区的分散化也使得郊区产业逐渐走向非农业化[2]。尼尔森（Nelson，1986）、摩斯（Moss，1987）和多瑙（Dunau，1986）都对生产性服务业扩散化现象进行了研究。他们指出，不同的生产性服务业对集聚还是分散其实是各有所需的，有些生产性服务业确实需要集聚，而另外一些生产性服务业则因为环境的变化需要逐渐走向分散。那些在功能上属于前台性的服务业，包括管理服务、法律服务、公共关系服务和金融证券服务，现在仍然需要面对面的接触，它们仍然需要空间集聚。另外一些只具有后台功能的生产性服务业在新的环境下已经不再需要面对面的接触了，因此，这些服务业可以向城市外围和周边地区迁移，以寻求低成本优势。这些后台功能服务业是扩散化、分散化的主体。

斯科特（Scott）在 1988 年和 1993 年的研究文献认为，生产服务业的扩散化趋势是社会经济发展需要，特别是生产活动的弹性化，网络信息技术的实质性进步更是导致服务业分散化的重要因素。斯多波（Storper）和沃克（Walker）在 1989 年的研究中指出，生产服务业空间分散化与产业发展周期有密切关联。产业的生命周期是指产业发展历程可以分为初始期、成长期、成熟期、饱和期还有衰退期。生产服务业也不能走出这一宿命，它们会在成熟阶段探寻低成本的生存空间。加特莱尔（Gatrell）进一步认为，中心城区土地租金过度上涨也导致不少生产性服务业企业难以承受，进而驱动它们向郊区转移。[3]

政府对城市经济空间布局的行政性规划，各种商业服务需求总量不断增长，交通运输和信息通信技术的进步，房地产业的不断发展，生产性服务业的行业细分和专业化发展也是导致部分生产性服务业走向空间分散化的影响因素。

更多学者的研究都证实了都市里的生产性服务业企业逐渐向外围和郊区扩散的趋势。社会的不断进步以及科学技术的不断创新是导致都市功能区在空间上变化的根本动力。都市中心区域由于各种设施的老化，交通的拥堵，环境污

---

[1] James W. Harrington, Harrison S. Campbell: The Suburbanization of Producer Service Employment [J]. Growth and Change, 1997 (28): 335-359.

[2] Kennet h A. Reinert: Rural nonfarm Development, a Tradent heoretic View [J]. International Trade & Economic Development, 1998 (7): 425-437.

[3] Gatrell: Social, Rent hinking Economic Development in Perip heral Regions [J]. Science, 1999 (36): 17-23.

染的日益严重使得这些传统生产性服务业服务区失去了竞争力。而都市郊区不仅办公设施先进，办公环境优美，劳动力成本较低使得这些地方逐渐产生了吸引力。夏姆普（Schamp）从区位商的角度对1980—1991年间原西德城市的生产性服务业进行了研究，结果表明，这些城市的生产性服务业从城市中心区域向非核心区域和外围区域扩散化趋势明显。Oh'uallacháin等学者对1976—1986年间美国大都市区商务服务和专业服务业进行了研究，发现在城市周边和郊区，生产性服务业产值的增长率要高于城市原来的商务和专业化服务集聚区域。学者们还专门从办公业区位变化对生产性服务业地域转移趋势的影响进行了研究。尼尔森（Nelson）对美国旧金山办公业的区位进行了个案研究，发现办公业在区位布局上不断表现出郊区化和周边化转移态势。因为这些地方为办公业发展提供了更好的条件，这些有利条件包括办公室租金更优惠，办公环境更舒适，办公设备更先进，交通更畅通，相关配套设施更完善。赫塞尔斯（Hessels）对欧洲的鹿特丹、海牙、阿姆斯特丹和乌得勒支等都市的部分商务企业进行了跟踪研究，结果发现，这些生产性服务企业中的近60%曾经有过办公区位的迁移，转移方向基本上都是从城市中心区域搬迁到城市郊区。其迁移的原因同样和办公租金、办公环境、办公设施、交通等因素有关。在总体上，这些城市的生产性服务业存在明显的郊区化趋势。学者卡斯特（Castells）对生产性服务业的分散化和郊区化进行了更加细致的研究，他发现，生产性服务业的扩散在通过三种方式进行，一是城市中心区的现有生产性服务企业将办公地点迁移到郊区，二是新成立的企业也将办公地点选在郊区，三是原来布局在老城区的企业将新的服务业务办公地点选在郊区[1]。

不过，学者们认为，生产性服务业的郊区化与制造业的区位转移有不同之处，它并不会使都市中心区出现生产性服务业空心化。因为向郊区转移的生产性服务业只是服务业中的部分细分行业而不是所有行业。这是生产性服务业不同行业在空间选择上存在明显区别所致。杰克逊（Jackson）从生产性服务业各细分行业出发，他发现只有那些后台性服务行业才是服务业郊区化的主要行业[2]。伊列雷斯（Illeris）等发现，技术服务业也是一个在不断向城市郊区转移的行业，因为它对面对面接触的依赖程度也很低。赫塞尔斯（Hessels）则观察到，那些从事多样化服务的企业也具有向郊区迁移和在郊区设立总部的内

---

[1] 赵群毅，周一星. 西方生产性服务业的地理学研究进展 [J]. 地理与地理信息科学，2005（6）：49-53.

[2] Jackson K T. Crabgrass Frontier: the Suburbanization of the United States [M]. NY: Oxford University Press, 1985: 44-45.

在动机。

在经济全球化、科技迅猛发展的背景下，企业之间时间、空间的距离都极大地缩小，过去制约企业空间布局的因素逐渐消逝或弱化。都市生产性服务业在区域内分散或向都市郊区扩散的趋势可能会不断呈现。

2.4 都市生产性服务业功能研究

20世纪70年代以前，国外学者还没有重视生产性服务业功能的研究。早期的研究主要是从物质性规划（Gooddard, 1975）、交流（Tornqvist, 1970）或是需求与增长（Illeris, 1972）这几个角度进行的。直到80年代，由于生产性服务业的高增长率及其在服务社会或者说信息社会中具有重要的地位，才开始有较多的学者关注这方面的研究。自20世纪70年代以后，随着信息技术革命的兴起，服务的生产性功能越来越受到经济学界的重视和认同。

2.4.1 对生产性服务业功能的总体研究

受到生产性服务业快速增长的影响，生产性服务业的功能问题也引起了学者们的关注和研究[1]。里德（Riddle）将生产性服务业作为一个独立发展的行业，认为现代经济增长主要来自于生产性服务业的出现和增长[2]。汉森（Hansen）以美国大城市生产性服务业作为研究实例，从生产性服务业与其他产业之间的关系着眼，发现生产性服务业与社会经济中的其他产业部门之间有着千丝万缕的关联，生产性服务业与其他产业之间存在着相互影响和相互促进的关系，这种关联使得社会分工不断深化，劳动生产率不断提升和人民收入水平的不断增长[3]。英国学者朱莉芙（Juleff）也从生产性服务业与其他产业之间关系入手考察该产业的社会功能，发现生产性服务业的出现和扩散是城市经济发展

---

[1] Kutscher, R. E. and Mark J. A: The Service-producing Sector: Some Common Perceptions Reviewed, Monthly Labor Review, 1983, 4: 21-24.

[2] Riddle, D: Service-Led Growth: the Role of the Service Sector in World Development, New York: Praeger Publishers, 1986.

[3] Hansen, N: Do producer services induce regional economic development? Journal of Regional Science, 1990, 4: 465-476.

的原因[1]。

刘志彪（1996，2001，2006）论述了以生产性服务业为主导的现代经济增长，他认为，生产者服务部门乃是把日益专业化的人力资本和知识资本引进商品生产部门的飞轮，它在相当程度上构成了这些资本进入生产过程的渠道。在知识经济的条件下，大力推动生产性服务业的发展，就是推动产业结构调整升级[2]。郑吉昌、夏晴等（2005）对现代生产性服务业与分工深化的关系进行了考察，认为生产性服务业是现代经济增长的牵引力和经济竞争力提高的助推器，是现代经济增长的基本动力来源，生产性服务业是现代服务业的核心与重要组成部分。高度发达的生产性服务业是都市发展的主要特征。生产性服务业的发展程度和水平是衡量一个地区经济增长速度、方式、综合竞争力以及就业和现代化水平的重要标志[3]。江小涓和李辉（2004）指出我国经济增长与服务业之间存在紧密关系[4]。

对于生产性服务业对所处城市以及周边地区经济社会发展的影响，瑟雅（Selya）从宏观层面进行了很好的总结，具体包括三个方面。一是整个国民经济的运行效率会因此而提升，国民经济的质量也会因此而改善；二是生产性服务业自身是推动国民经济增长的重要力量，不仅如此，它也是推动其他产业发展的重要力量，特别是制造业更是得益于该产业的独立化和为制造业所提供的各种服务；三是生产性服务业的发展改变了各种产业的空间组织和布局，使各种产业在空间上得以重构和优化，生态环境也因此而改善，人民的生活质量也因此而提高。Illeris在现代经济的时代背景下，探讨了生产性服务业与未来社会经济发展之间的关系。他将生产性服务业看作是未来世界经济增长的主要动力源泉。这与波特和罗斯托的学术观点有异曲同工之妙，也与现代社会是后工业社会的提法相吻合。在地区社会经济发展中，生产性服务业往往是该地区经济全面增长的先导产业。一个地区的生产性服务业可以通过为地域外部的经济活动提供服务来获得外部收入，从而像农业和制造业一样成为一个地方经济活动的基本组成部分。同时，生产性服务业作为一个地方重要的中间投入品推动了当地其他产业的增长与发展。基于这些认识，伊列雷斯（Illeris）对发展经

---

[1] Juleff, L. E: Advanced Producer Services and Urban Growth, unpublished Ph. D thesis, 1989, Sheffield City Polytechnic.

[2] 刘志彪. 论现代生产者服务业发展的基本规律 [J]. 中国经济问题, 2006 (1).

[3] 郑吉昌, 夏晴. 服务业、服务贸易与区域竞争力 [M]. 杭州：浙江大学出版社, 2004.

[4] 江小涓, 李辉. 服务业与中国经济：相关性和加快增长的潜力 [J]. 经济研究, 2004 (1).

济学中的经济基础模型进行了发展创新。

波斯特纳（Postner Harry，1982）依据投入产出表的相关数据，按照时间序列，对1967—1977年间加拿大生产性服务业的消耗率进行了计算，发现消耗系数随时间的推进而逐渐变大，这就意味着生产性服务业对其他行业的拉动作用在不断增长。1993年，格鲁伯（Grubel）将生产性服务业所拥有的功能概括为三个方面：促进了知识资本和人力资本要素的积累；使社会生产过程不断延伸和专业化，劳动生产率得以提高；促进了知识资本和人力资本的生产力转化，也就是促进了这些要素的产业化[①]。1990年，汉森（Hansen）指出，劳动分工的深化和劳动生产率的提高在很大程度上是生产性服务业为产品生产活动提供了生产服务和为其他服务业提供了生产服务所致。不仅如此，生产性服务业还可以为地域外部的企业提供服务，从而形成新的出口增长点，并带动和该产业投入相关行业的发展。1995年，哈林顿（Harrington）通过对美国生产性服务业的实证研究指出，该行业的功能是多方面的，包括增加和促进区域就业，增加和促进区域收入和税收，提升区域劳动生产率和产业竞争力，这些积极作用既有直接作用也有间接作用。

张亚彬、刘靓君（2008）利用1997—2006年我国31个省（市）面板数据，对东部、中部、西部三大区域的生产性服务业对我国经济增长的影响进行了实证研究。实证结果表明，生产性服务业对我国经济增长有重要作用，它可以通过技术进步与创新、深化分工、提高市场效率、产业集群、改善地区投资环境以及与工业、其他服务业的互动共同推进我国经济发展。同时，生产性服务业对我国各地区的经济增长的影响也存在差异[②]。

应该说，生产性服务业的功能随着社会经济变迁不断变化。在工业化时期，生产性服务业主要是为制造业生产活动服务，它对制造业的服务也逐渐从被动满足演化为主动推动，从最初为生产企业提供管理活动演变成为生产制造活动提供更加专业化、高素质的劳动力和科技进步等要素支撑服务。在后工业社会里，生产性服务业除继续对制造业提供支持服务外，还为非制造业部门提供支持服务，从而成为推动这些产业发展的重要力量。现代农业和消费服务业对生产性服务业的依赖正变得越来越明显。在新兴产业的形成和成长过程中，技术创新，知识产权保护，风险资本的获取都离不开生产性服务业的支持。

[①] 格鲁伯，沃克. 服务业的增长：原因和影响 [M]. 陈彪如，译. 上海：上海三联书店出版社，1993.

[②] 张亚彬，刘靓君. 生产性服务业对我国经济增长的影响研究——基于东、中、西部面板数据的实证分析 [J]. 世界经济与政治论坛，2008（4）.

2.4.2 生产性服务业对制造业的带动作用

生产性服务业与制造业部门间的相互作用日益加深，形成共同发展的互补关系 [巴斯拉（Bathla），2003][1]。一方面经济增长尤其是制造业扩张将会引致对生产性服务的需求 [格里尔里和梅利恰尼（Guerrieri and Meliciani），2003][2]；另一方面生产性服务业是制造业生产率得以提高的前提和基础，没有发达的生产性服务业，就不可能形成具有较强竞争力的制造业部门（Eswaran & Kotwal, 2001）[3]。从经济学角度来看，生产性服务业的产生和发展就是建立在成本优势基础上的专业化分工的深化以及企业外包活动的发展（吕政、刘勇、王勤，2006）。在经济全球化的今天，全球价值链（Global Value Chains，简称 GVC）中的主要增值点、赢利点和国际产业竞争的焦点越来越集中于"微笑曲线"两端的生产者服务上，生产者服务业的发展将带动制造业的升级。关于生产性服务业对制造业的作用，我国学者顾乃华（2006）对此做过专门的文献综述[4]。

随着制造业生产活动的日益专业化，制造业企业需要从事的相关活动也不断增加，此时的企业面临着两个选择，要么扩大企业规模，增加新的就业岗位以安排新的工种，这要求企业具有雄厚实力；要么将部分新的活动外包给其他企业，自己依然专注于原有的活动。随着竞争的加剧以及市场条件的变化，更多的企业选择了后者，于是制造业产业链被分解于不同企业之间，承接那些被分解出去的生产性服务活动的企业逐渐发展成为专业化的生产性服务企业。生产性服务业在为制造业提供生产性服务业的过程中，内部分工继续深化，这些服务企业日益专业化，促使整个生产性服务业自身的服务质量不断提高，服务成本不断下降，技术手段不断进步，生产性服务业自身也获得了巨大进步[5]。从微观经济学角度来看，生产性服务业最终能够发展壮大起来是由于该产业自

---

[1] Bathla, Seema. Agriculture Market Intervention Policies: Trends and Implications in a New Regime [M]. Mimeo, Institute of Economic Growth, Delhi University Enclave, 2003.

[2] Guerrieri P., Meliciani V. International Competitiveness in Producer Services [R]. Paper Presented at the SETIMeeting Rome, 2003.

[3] Mukesh Eswaran, Ashok Kotwal. Agriculture, Innovational Ability, and Dynamic Comparative Advantage of LDCs [J]. Journal of International Trade and Economic Development, 2001, 10 (3).

[4] 顾乃华，等. 生产性服务业与制造业互动发展：文献综述 [J]. 经济学家，2006 (6).

[5] 陈宪，黄建锋. 分工、互动与融合：服务业与制造业关系演进的实证研究 [J]. 中国软科学，2004 (10).

身的不断进步成长,使得他们所提供的生产性服务相比制造业企业自身所提供的生产服务具有明显的成本优势所致[1]。另外,卡特泽安(Katouzian,1970)强调了该产业在扩大制造业产业国际国内销售市场中的巨大作用[2]。弗朗索瓦(Francois,1990)强调了该产业在制造业产业活动的分工和专业化过程中的衔接和协调整合以及控制功能[3]。Eswaran & Kotwal(2002)则指出该产业可以大幅度降低制造业企业的生产成本[4]。吕政、刘勇和王勤(2006)认为,生产性服务业与制造业在空间布局上存在依存关系。二者构成空间布局上的中心与外围格局,这个格局的主导方也在发生变化,由原来的生产性服务业依存于制造业转变为制造业依存于生产性服务业。现在,制造业常常集聚在生产性服务业集聚的外围区域,生产性服务业从被动转变为主动的趋势较为明显。顾乃华还实证研究了我国生产性服务业对制造业产业的溢出效应问题[5]。谢克特(Tschetter,1987)从美国制造业发展角度研究了生产性服务业的生成与发展问题。他认为,美国制造业当时正面临着严峻的国际竞争,大量制造业向发展中国家转移,为了留住和振兴本国制造业,企业将生产性服务活动作为振兴的突破口,大力发展相关服务业,在这个过程中,生产性服务业不断外化和独立化,进而使产业结构发生了根本性变革[6]。

薛立敏(1993)认为,在制造业的各种中间投入品中,非物质性的研发投入、信息手段投入以及人力资本投入等生产性服务业逐渐成为重要组成部分[7]。迈克尔·波特(1990)将制造业企业的竞争优势分为两个部分,一是制造业企业基本的生产经营活动,这些活动包括物质产品的设计、生产、储运、销售等环节;二是制造业企业的辅助活动,这些活动包括组织管理、员工管理、技术研发、中间品采购等环节。上述许多环节都具有生产服务的性质,他

---

[1] 顾乃华. 生产服务业内生比较优势与经济增长:理论与实证分析 [J]. 商业经济与管理, 2005 (4): 34 – 39.

[2] M. A. Katouzian (1970): The development of the service sector: A new approach, Oxford Economic Paper New Series. Vol. 22, No. 3, PP362 – 382

[3] J F Francois: Trade in Producer Service and Returnd due to Specializtion under Monopolistic Competition [J]. The Canadian Journal of Economics, 1990, 23 (1): 109 – 124.

[4] Mukesh Eswaran and Ashok Kotwal: The role of servise in process of indstrialization, Journal of Development Economics 68 (2002) PP401 – 420.

[5] 顾乃华. 我国服务业对工业发展外溢效应的理论和实证分析 [J]. 统计研究, 2005 (12): 9 – 13.

[6] John Tschetter: Producer services industries: why are they growing so rapidly? http://www.bls.gov.

[7] 薛立敏. 生产性服务业与制造业互动关系之研究 [D]. 台湾中华经济研究院, 1993.

们是产品附加值的源泉。

英国学者伦德瓦尔和波拉斯（Lundvall and Borras，1998）、植草益（2001）、周振华（2003）认为，制造业与生产性服务业之间是相互促进的，制造业规模大小和对服务性中间投入的需求量影响着生产性服务业的市场需求；而生产性服务业的发展水平和服务能力也直接决定着制造业的发展水平。随着信息技术的不断进步，制造业与生产性服务业之间的界限日渐模糊，只有将二者统一起来才能清晰和完整理解现代产业活动[1]。森（Sen）认为，制造业越来越受到生产性服务业的左右，制造业的技术创新和产品更换，是由生产性服务业所主导[2]。

江静、刘志彪和于明超（2007）基于地区和行业角度研究了生产者服务业对制造业效率的提升，认为生产性服务业对提升制造业竞争力具有重要作用。顾乃华（2006）等通过对 2000~2002 年全国数据的回归分析，验证了其提出的三个假设，发现我国生产者服务业地区差异明显，对制造业的支撑作用差异很大。高传胜（2008）通过对我国生产者服务对制造业升级支撑作用的研究，得出了信息通信服务、金融服务、科教文化服务对制造业升级的支撑作用较大，而商贸和交通运输的作用相对较小的结论[3]。也有学者从价值链的视角研究两者关系。刘明宇等（2010）从生产性服务外包的经济动机角度和社会角度进行分类和抽象，将生产性服务业以关系性和结构性两种方式嵌入到制造业价值链中，形成不同的网络关系，并认为需要根据其经济特征和嵌入关系类型制定不同的政策，形成生产性服务业和制造业的协同演进，实现产业升级[4]。

2.4.3 生产性服务业对其他产业的作用

生产性服务业与服务业的关系也逐渐引起学者们的重视。为制造业之外的行业提供生产性服务需求并不少见，比如，在新西兰奥克兰，有 18.3% 的生

---

[1] 周振华. 产业融合：产业发展及经济增长的新动力 [J]. 中国工业经济，2003 (4).

[2] Sen Hark Park: Intersectoral Relationships between Manufacturing and Service : New Evidence from Selected Pacific BasinCountries [R]. ASEAN Economic Bulletin, 1999 (3).

[3] 高传胜，李善同. 中国生产者服务：内容、结构与发展 [J]. 现代经济探讨，2007 (8)：24-29.

[4] 刘明宇，芮明杰，姚凯. 生产服务价值链嵌入与制造业升级的协同演进关系研究 [J]. 中国工业经济，2010 (8).

产服务业企业根本就没有制造业企业客户。相反,这些服务企业中只有8.1%的企业没有服务行业客户。

马沙尔(Marshall)利用英国的投入产出表中的数据对该国生产性服务业产出的投入结构进行了分析,结果是该行业的产出被投入到服务业行业的比例要大于被应用于制造业行业的比例。[1]朴也使用亚太地区部分国家投入产出表,采用依赖度指标对这些国家的生产性服务业进行了研究,发现该产业对制造业的依赖度要低于对服务业的依赖度,对其自身的依赖度反而更高。

生产性服务业与农业发展关系。肯尼思·A. 赖纳特(Kenneth A. Reinert, 1998)设计了生产性服务作为中间投入的农产品产出模型,发现农业中间投入与农产品价格之间存在一定的关联性[2]。

表2-3是西方国家生产性服务业的三次产业需求比例数据(按对第三产业需求比例从高到低排序)。

表2-3 2000年部分经济合作与发展组织(OECD)国家三次产业
对生产性服务业中间需求的比例(%)

国别	第一产业	第二产业	第三产业
英国	0.97	22.86	76.17
美国	0.97	25.87	73.18
荷兰	1.81	26.54	71.65
加拿大	2.06	26.37	71.59
挪威	1.01	28.56	70.43
澳大利亚	1.17	30.01	68.83
德国	1.05	34.08	64.85
法国	1.40	34.61	63.98
瑞典	0.71	35.46	63.83
意大利	0.76	37.37	61.87
日本	1.10	37.15	61.72
平均比例	1.18	30.81	68.01

数据来源:朱胜勇. 发达国家生产性服务业发展的影响因素 [J]. 城市问题, 2009 (7): 92.

---

[1] J. N. Marshall: Services and Uneben Development Lodon: Oxford University Press, 1988: 41-56.

[2] Kenneth A. Reinert: Rural nonnfarm Development, a Tradent heoretic View [J]. International Trade & Economic Development, 1998 (7): 425-437.

2.4.4 生产性服务业对中心城市功能提升的作用

生产性服务业是三次产业结构转变和产业服务化发展的基础，高度发达的生产性服务业是大都市发展的主要特征。生产性服务业对促进城市产业结构和空间的优化，城市社会分工的发展，产业组织结构的优化，提升城市能级具有重要的影响。同时，生产性服务业也是国际化构造师。

首先，生产性服务业的发展有助于城市产业结构和空间结构的优化。一方面，城市传统加工制造业，占地大，污染大，产出少，科技含量低，财税收入低的特点制约了城市的进一步发展。生产性服务业作为知识和技术密集型的行业，其产业部门向发达中心地区的集聚，加速了传统产业部门生产企业梯度转移的速度，促进城市产业结构优化。另一方面，生产性服务业的发展可促进中心商务区功能的升级和形态的转变，促进信息共享、技术创新与产业集聚，形成新的经济增长点。生产要素、产业及职能向城市中心区的集聚，改变了城市以单一的工业生产为主的城市产业结构，使城市中心区成为现代服务业的主要空间载体。

其次，生产性服务业已经成为中心城市经济增长的主要动力。生产性服务业的大规模发展使其成为继制造业之后驱动中心城市经济可持续增长的重要支撑产业，为中心城市能级水平的提升提供了支撑。生产性服务业发展速度已超过制造业，经济越发达，这一现象越明显。在许多国家特别是发达国家，目前生产性服务业增加值在服务业增加值中的比重已达40%左右，占国内生产总值（Gross Domestic Product，简称GDP）比重接近30%[1]。从发展趋势分析，源于制造业的生产性服务业不仅在服务业中的比重上升，而且对经济增长的贡献度也越来越大。

最后，生产性服务业的发展是提升中心城市能级水平的重要产业支撑，是国际化大都市的构造师。生产性服务部门提供的服务是促进现代城市与周边地区以及全国、全球之间经济联系的"黏合剂"[2]。这些活动能够促进中心城市综合性工业部门与腹地之间的联系，并为腹地提供科技、金融、信息、咨询等服务功能。因此，生产性服务业越发达城市就越具有区域性和跨区域性的服务功能。国际化大都市是急剧全球化的产物，是世界城市体系中顶尖城市发展的大趋势。城市与地区发展研究表明，生产性服务在打造大都市与世界性城市方面具有核心作用，大城市应该把发展生产性服务业作为国际化重要手段。

---

[1] 陈潮昇. 促进我国生产性服务业快速发展的思考 [J]. 产经论坛，2007 (10)：29-32.
[2] 周振华. 论城市能级水平与现代服务业 [J]. 社会科学，2005 (9)：11-18.

2.4.5 生产性服务业对城郊一体化发展的带动作用

生产性服务业的空间分布呈现出在各大城市集中，又在城市内部向周边地区扩散的特征。这一特征在西方生产性服务业的发展中尤为明显，丹尼尔斯（Daniels, 1985）将这种演变划分为四个阶段，并概括出了一个理论模型：第一阶段表现为生产性服务业在中心城（CBD）的高度集聚；第二阶段开始出现了生产性服务业在郊区试探性的随意分散；第三阶段生产性服务业的郊区分散开始在空间上较为明确，同时出于对集聚经济的需求，在郊区的主要交通节点上开始集聚；第四阶段伴随郊区化的推进，生产性服务业在郊区形成的集聚进一步巩固，与中心城形成一定的功能分工，中心城的生产者服务业得到进一步发展。Horwood & Boyce 在 1959 年提出的 CBD 内核—外框空间结构模型的理论假设和 Scott & Davies 在 1960 年建立的 CBD 亚区功能簇群理论，论证了核心区的办公功能可能向边缘地区过渡和扩散。Bailly 认为城市通过多级城市扩散生产性服务业，总部功能和高水平生产性服务业集聚或邻近于主要的城市核心附近，而将区域市场留给了较小城市（分支厂家和小公司），并指出在区域间的不平衡产生于日益增加的生产性服务业在世界城市集中而其他生产性服务业呈现一个更均衡的空间分布模式间的差异。

生产性服务业不同行业在城市内部的扩散发展对于促进城市内部形成中心区—外核的良好互动、产业合理分工产生积极意义。

2.4.6 生产性服务业对分工和创新的影响

萨斯基娅·萨森（Saskia Sassen, 2001）认为，生产性服务业不仅是知识进步和技术创新的主体，同时也是将这些知识和技术向其他产业扩散的主体。从新知识和新技术扩散角度看，该产业是形成市场外部经济和构建市场网络的桥梁和纽带，这些外部经济正是内生经济增长理论所强调的报酬递增效应的源泉。[1]生产性服务业可以推动分工深化与专业化发展。因为该产业可以知识资本和人力资本进行有效积累，有助于技术研发、产品设计、专业知识咨询、教育培训等活动的效率提高。巴格沃蒂（Bhagwati, 1984）认为社会分工越细，

---

[1] Machlup, F: The Production and Distribution of Knowledge in United States, 1962, New Jersey: Princeton University Press.

经济活动的市场交易成本就越高，而生产服务活动的独立化是对产业分工的再组合，可以使各种交易费用大大降低①。格鲁伯和沃克（Grubel & Walker, 1989）指出，社会生产越是迂回，越是专业化，越是向资本深化，就越需要生产性服务业这种非物质性中间投入品，因此，它为社会分工深化创造了条件②。

在生产性服务业与技术进步方面，也有学者做过研究。布朗宁和辛格尔曼（Browning & Singelman, 1975）认为，生产性服务业的知识和技术密集性以及人力资本密集性使其成为技术创新的主要参与者。威廉·贝耶（William B. Beyers, 1999）进一步证明了生产性服务行业创业者高人力资本特性，他发现这些行业从业人员往往具有更高的学历和专业性知识。郑吉昌、夏晴认为，随着科技进步，员工知识含量会更高，生产性服务业分工将进一步深化③。

此外，生产性服务业还对贸易产生重要影响。生产性服务业具有可贸易性，而规模经济效应是生产性服务业可贸易性的内在成因④。贝耶（Beyers）等通过对美国大城市的生产性服务业向其他地区提供服务的实际数据进行分析后指出，该行业与其他地区之间所进行的跨区域贸易活动对该行业所在地域经济发展有着重要作用。科菲（Coffey）等强调地域外的需求对生产性服务业发展的重要性，并将生产性服务业对外输出作为地域基本经济活动的重要组成部分。詹姆斯（James, 1989）也对生产性服务业跨地区进行贸易的现象进行了研究⑤。约瑟夫（Joseph, 1990）专门研究了跨地域生产性服务业贸易所带来的专业化收益，并认为这种收益是巨大的⑥。马芮威耶克（Marrewijk, 1997）研究了基于比较优势的生产性服务业国际分工与国际贸易的生成⑦。

---

① Bhagwati: Splintering and Disembodiment of Services and Developing Countries, The World Economy [J]. 1984, 17.

② Herbert G. Grubel, Michael A. Walker: Service Industry Growth: Cause and Effects. Fraser Institute 1989: 279.

③ 郑吉昌，夏晴. 论生产性服务业的发展与分工的深化 [J]. 科技进步与对策, 2005 (2): 13 - 15.

④ Ethier Wilfred: National and International Return to Scale in the Modern Theory of International Trade [J]. American Economic Review, 6 (1982). 389 - 405.

⑤ Markusen James R.: Trade in Producer Services and in Other Specialized Intermediate Inputs [J]. American Economic Review, 3 (1989). 85 - 95.

⑥ Joseph F. Francois: Trade in Producer Services and Returns Due to Specialization under Monopolistic Competition [J]. Canadian Journal of Economics. 23 (1990). 109 - 124.

⑦ Marrewijk C. et al: Producer services, comparative advantage, and international trade patterns [J]. Journal of International Economics, 42 (1997). 195 - 220.

2.5 对都市生产性服务业理论研究的简单评述

纵观相关文献，可以将生产性服务业的研究视角分为两大类。一是产业经济学对生产性服务业的研究；二是空间经济学对生产性服务业的研究。

从产业经济学的角度，对生产性服务业的研究包括产业结构和产业组织的研究，特别是对产业结构的研究，分析了生产性服务业是如何从制造业中分离和成为独立的产业结构的组成部分。分析了生产性服务业存在的合理性和必要性。该理论提出，制造业中的生产性服务活动的外部化是生产性服务业成为独立产业部门的重要途径。生产性服务业概念的提出，走出了早期三次产业结构经济学的理论视野，将第三产业也就是服务业分为生产性服务业和生活消费性服务业，这是对第三产业内部结构研究的一个巨大进步，并且分析了生产性服务业与整个产业中的其他产业之间的关系，因此，也是对整个产业结构理论的巨大贡献。

从空间经济学看，研究主要从地理空间的视角分析生产性服务业在不同地区分布的非均衡性以及成因。该理论体系注重实证分析，从地理空间角度分析了生产性服务业的微观地理组织。该理论也分析了生产性服务业对城市经济发展的重要作用。以克鲁格曼为代表的新地理经济学将产业的空间生成归结为历史偶和演进。

尽管如此，现有的研究成果还是存在某些方面的不足。无论是从理论研究还是实践分类上，中外学者和政府管理部门对生产性服务业的概念和内涵的界定还存在显著的差异。从地理学角度以生产性服务业为直接对象的研究主要集中在生产性服务业的区位选择、空间布局和区域差异三大领域，与国外较为系统的研究体系相比，整体上仍处于起步阶段。从现有理论研究成果看，两者对生产性服务业的成因都还没有给出一个令人满意的解释。上述两大理论体系还基本保持着各自独立的状况，还没有实现产业经济学和空间经济学的有机结合。因此也就没有能够对不同空间上不同生产性服务业分布的现实进行很好理论解释。将二者有机结合起来则有利于加深对生产性服务业的认识。

总结来说，都市生产性服务业集聚趋势、空间分布、与相关产业的关联关系等方面的研究已取得较大的进展，但对都市生产性服务业发展的影响因素、动力、内生机制、外向发展模式等方面的研究则相对不足。本书将在生产性服务业发展的影响因素、发展动力等分析基础上，探索都市生产性服务业发展的内在机理，构建都市生产性服务业外向发展模型。

3 国内外都市生产性服务业发展现状

3.1 国外都市生产性服务业发展现状

3.1.1 国外都市生产性服务业的历史考察

从世界各国产业发展历程看，自 20 世纪 50 年代起，西方发达国家的服务产业就逐渐向知识密集型等高附加值领域集聚，生产性服务业中的金融业、保险业、商务服务业、研发和教育培训等在这期间获得了飞速发展，其经济增长率远高于国内生产总值的增长率。在西方发达国家的带动下，这些生产性服务业在 20 世纪 60 年代开始逐渐向世界其他国家扩散，在发达国家生产性服务业的国际转移浪潮中，部分发展中国家生产性服务业也获得了一定程度的发展。自 20 世纪 80 年代以来，西方发达国家将高新技术产业作为产业发展的重点，然后将这些高新技术向传统产业嫁接转移，通过对传统产业进行信息化和高技术化改造，推动传统产业的升级，进一步加速了制造业与服务业之间的融合。随着高新技术产业的发展以及传统产业的升级，使得西方国家产业结构的服务化倾向越发明显，服务业在国内生产总值中的比例进一步上升。在服务业特别是生产性服务业快速增长的带动下，许多发达国家进入了后工业化时代，生产性服务业在总量上和比例上都得以大幅度增加，发达国家的经济主体已经从原来的制造业转到了服务业，经济重心也已经从原来的制造业转换到服务业。随着科学技术的快速发展，特别是以互联网为代表的信息技术的普及推广又催生了更多的新兴服务业态。加快发展生产性服务业逐渐成为各国产业发展的重要方向，成为国家产业政策服务的中心。服务外包、互联网信息服务、电子商务、通信增值服务、研发服务等生产性服务业逐渐成为各国经济发展的新增长点。加快发展生产性服务业,已经成为世界范围内产业发展的重要方向。

根据相关研究报告,全球国民生产总值中服务业产值的比例超过60%。其中,生产性服务业的增长速度又要远远超出服务业的平均增长速度[①]。根据政协浙江省委员会、长三角(浙江)民营经济研究会的研究,2005年美、英、法、意、日等国的生产性服务业占第三产业的比重均在50%以上。作为新兴工业国的韩国,从20世纪80年代开始,其生产性服务业在第三产业的比重也呈不断上升的趋势,2005年更是达到67.5%。

表3-1　　　2005年世界部分国家生产性服务业发展数据　　　单位:%

国家	交通运输仓储业	信息服务和软件业	批发零售业	金融业	租赁、商务服务业	科研技术服务业	生产性服务业占第三产业比重
美国	3.7	5.7	15.8	10.2	9.2	7.0	51.6
英国	5.9	3.6	15.5	9.4	21.2		55.6
法国	5.6	2.7	13.6	7.0	22.0		50.9
意大利	7.8	3.2	21.7	6.5	31.5		70.7
日本	9.3		19.0	9.6	29.7		67.6
韩国	7.3	5.7	17.4	14.9	22.2		67.5

资料来源:政协浙江省委员会,长三角(浙江)民营经济研究会.加快发展生产性服务业,推动块状经济向产业集群转型[J].政策瞭望,2009(9):14.

3.1.2　发达国家或地区都市生产性服务业发展对策

当前的生产性服务业发展呈现出各国竞相推动发展的格局,为了让本国的生产性服务业在国际竞争中赢得一席之地,无论是发达国家还是发展中国家,各国都出台了一些推动本国生产性服务业发展的政策措施。本书综合美国、英国、日本、德国、新加坡、中国香港地区等生产性服务业发达国家或地区推动生产性服务业加快发展的相关经验,结合国内相关研究成果,可以将其促进生产性服务业发展的政策措施概括为以下五个方面。

[①] 参见:杨玉英.对我国加快发展生产性服务业意义的再认识[J].宏观经济管理,2009(3):50.

(1) 通过法律法规的制定与完善，引导扶持生产性服务业发展

通过制定和完善相关法律法规来推动和扶持本国生产性服务业的发展，是生产性服务业发达国家或地区的惯常做法。美国自20世纪70年代以来，就陆续颁布了相关法律法规来促进生产性服务业的发展。如在物流方面，对交通运输行业的管制逐渐放松，行业竞争加强，服务费用逐渐下降，服务水平则获得了不断提升。美国1999年通过的《金融服务现代化法》促进了金融业的大发展；《电子信息自由法案》等法律法规的颁布则推动了美国信息服务业的快速发展。英国为了促进其金融服务业的发展，曾颁布了《2000年金融服务和市场法》①。韩国为了实现服务业高附加值化的发展目标，2004年取缔了抑制服务业市场竞争的43项管制政策。中国香港地区则以地域作为征税的税基，只对来自香港的收入征税，而且税种简单，不征收增值税和营业税，主要征收企业所得税和个人所得税，税率均为7.5%，而且上限不超过16%。

(2) 制定生产性服务业发展政策规划

制定生产性服务业发展产业政策是发达国家或地区推动本国或本区域生产性服务业发展的又一重要举措。在韩国，1986年就成立了和信息促进相关的政府部门，每隔5年就要制定一次有关国家中长期信息化规划。早在2005年，韩国政府就制定了25个生产性服务业发展规划，在2006年出台了加强服务业竞争力推进计划，在2007年又出台了增强服务业竞争力的一揽子对策，从而构建起了推动生产性服务业发展的规划政策体系。韩国政府从本国实际情况出发，在生产性服务业中确定了流通业、海外投资、综合物流、传播检查、空港转乘、企业咨询、营销调查等21个服务业部门作为重点扶持行业。通过这些规划和政策取消了过去对服务业的歧视，改善了生产性服务业发展经营环境，在土地使用费用上也取得了与制造业等同的待遇甚至更优惠的待遇。为了扶持生产性服务业的发展，韩国政府还在税收上和生产性服务业资金融通方面给予生产性服务业相应的税收减免和优惠政策。韩国政府特别重视科学技术创新对生产性服务业发展的巨大支撑作用，加大了对科技创新的政策支持力度。私营企业研究机构承担国家研究开发项目，政府提供财政资助，帮助中小企业更新技能和提高研发能力。对于个人和小企业从事新技术商业化的，政府提供了总经费80%~90%的资助。私营企业可以为技术开发、技术情报、研究开发人

---

① 参见北京市规划委员会网站2009年7月24日的《北京市生产性服务业发展策略研究报告》[OL]. 网址: http://www.bjghw.gov.cn/web/static/articles/catalog_18/article_ff80808122a8e5730122aac2f1ff000d/ff80808122a8e5730122aac2f1ff000d.html.

力和设施等开支提取高达销售额5%的储备基金,储备基金可以享受3年税收减免。韩国政府还直接投资设立研究所进行国家重点项目的开发与实施。韩国政府还积极吸引外资来发展生产性服务业。

(3) 完善服务业的基础配套设施建设

从一些发达国家或地区推动生产性服务业发展的历史经验看,生产性服务业的发展离不开完备基础设施的支撑。这些基础设施相当广泛,既包括有形的基础设施,如道路交通和公共服务,也包括无形的基础设施,如人文素质、法制环境等。在德国,现代物流业被作为生产性服务业的有形的重要基础设施而受到了德国政府的高度关注。为了促进现代物流业的发展,德国政府提出了多式联运的交通运输战略,积极利用现代通信信息技术建设现代物联网,以保证物流信息的及时跟踪和定位,以及物流渠道的通畅快捷。日本政府也十分重视有形生产性服务业基础设施建设。日本政府制定的有关发展国际物流特区的政策措施就多达15项。为了促进信息服务业的发展,美国政府不仅提出了针对国内信息建设的国家信息基础设施计划,即 NII(the National Information Infrastructure)计划,而且还积极动员其他国家一起建设全球信息基础设施,即 GII(the Global Information Infrastructure)倡议,以期在国内和全球范围内建立起完备的信息基础设施。[1]

(4) 重视人力资源培养与开发

人力资源的开发与培育是生产性服务业持续发展的基本保证。为了适应生产性服务业发展需要,发达国家均着手进行人力资源体系的构建。另外,发达国家利用各种手段,招揽国际人才,以保证本国人力资源的充足。如德国在2000年就制定了绿卡计划,计划从国外引进2万名IT人才,以满足其信息服务业发展的需要。中国香港地区对生产性服务业外籍人才的引进也特别重视,政府每年给外籍的技术专业人才、行政管理专业人员和公司代表等发放工作签证都在1.5万到2万人。[2]

(5) 注重发挥行业协会的监督、协调和监管作用

从美、英、日等发达国家发展的历史经验看,银行业协会、物流业协会等

---

[1] 参见北京市规划委员会网站2009年7月24日的《北京市生产性服务业发展策略研究报告》[OL]. 网址:http://www.bjghw.gov.cn/web/static/articles/catalog_18/article_ff80808122a8e5730122aac2f1ff000d/ff80808122a8e5730122aac2f1ff000d.html.

[2] 参见北京市规划委员会网站2009年7月24日的《北京市生产性服务业发展策略研究报告》[OL]. 网址:http://www.bjghw.gov.cn/web/static/articles/catalog_18/article_ff80808122a8e5730122aac2f1ff000d/ff80808122a8e5730122aac2f1ff000d.html.

行业协会在生产性服务业发展中起着重要的作用。它们在规范从业人员和企业组织行为方面，在规范企业组织竞争方面，在加强政府与企业联系方面，都发挥着重要作用。比如美国、德国和日本的物流业协会就对其物流业的健康发展起到了重要作用。美国物流协会拥有三千多名会员，由个人和公司会员组成。德国的物流协会拥有六千多名会员。这些协会不仅从事科学研究、为企业发展提供相关的信息与咨询服务，还协助政府进行行业发展规划及发展政策的制定，促进行业的健康、快速发展[1]。

3.2 国外典型都市生产性服务业集群空间布局

3.2.1 美国纽约生产性服务业布局特点

(1) 由集中布局模式向多极化、分散化演进

都市生产性服务业的空间布局处于动态调整中。20世纪70年代前，纽约的生产性服务业集聚率曾高达91.44%，到2000年前还一直保持这一高集聚程度。但2000年之后，这些生产性服务业的集聚程度逐渐呈现出下降趋势。

(2) 形成了一个主商业中心、三个次商业中心、六个郊区商城的集聚格局

纽约早期的生产性服务业呈集中布局趋势，主要布局于曼哈顿中央商务区，表现为单一的大型CBD模式。随着城市经济发展的需要和城市的扩张，纽约的生产性服务业集聚模式出现了新变化，由单一的大型CBD模式向多极化、分散化发展，形成了若干个规模较小、功能相对单一的商务中心。这些规模较小的生产性服务业集聚区主要分布在布鲁克林、长岛、法拉盛、哈德逊广场等地方。在纽约出现了一个主商业中心、三个次商业中心、六个郊区商城。主商业中心位于曼哈顿；次商业中心是Jersey City（泽西城）、Brooklyn（布鲁克林）、Newark（纽瓦克）；郊区商业中心是White Plains（白原城）、Morristown（莫里斯顿）、Tinton Falls（汀顿福斯）、Metro Park（麦特帕克）、Melville（梅尔维乐）和I-78/I-287。在城市中逐渐出现了一个生产性服务业集聚区

---

[1] 参见北京市规划委员会网站2009年7月24日的《北京市生产性服务业发展策略研究报告》[OL]. 网址：http://www.bjghw.gov.cn/web/static/articles/catalog_18/article_ff80808122a8e5730122aac2f1ff000d/ff80808122a8e5730122aac2f1ff000d.html.

网络。与其他商业中心相比,曼哈顿商业主中心区拥有的办公空间最多,约占纽约都市圈所有办公空间的54.5%,而六个郊区商业中心拥有的办公空间仅占总办公空间的6.3%①。

(3)形成了以现代物流、信息技术和金融银行业为主的多元化的生产性服务业行业体系

纽约都市圈内的生产性服务业行业众多,而且这些生产性服务业企业不仅为国内的其他行业提供生产性服务,而且还为其他国家企业提供跨国生产性服务,形成大量的生产性服务业跨国公司。其中,现代物流业、信息技术业(IT)和金融银行业是纽约生产性服务业的三大支柱性产业。三大产业的企业数量占全部现代生产性服务业企业总数的39%。

表3-2 2008年纽约生产性服务业的代表性行业企业占生产性服务业企业比例

单位:%

行业	占集群的比例	行业	占集群的比例
现代物流业	23.80	保险业	7.05
信息技术	15.96	广告与市场营销	6.37
金融与银行业	14.40	法律	5.68
管理咨询	9.40	设计咨询业	5.29
房地产	7.25	会计	4.80

资料来源:参见北京市规划委员会网站2009年7月24日的《北京市生产性服务业发展策略研究报告》 [OL]. 网址:http://www.bjghw.gov.cn/web/static/articles/catalog_18/article_ff80808122a8e5730122aac2f1ff000d/ff80808122a8e5730122aac2f1ff000d.html.

(4)不同生产性服务业行业的企业往往集中于一个或者少数几个商业中心

在纽约,现代生产性服务业各行业的企业往往呈集聚态势,它们常常以一个商业中心为主要集聚区域,少数企业散布于其他商业中心,特别是跨国性生产性服务业的行业集聚态势更为明显。在美国的亚特兰大、波士顿、芝加哥、达拉斯、休斯敦、洛杉矶、迈阿密、纽约、旧金山、华盛顿等城市,生产性服务业企业都呈现出依行业进行空间集聚特点,其中以纽约最为典型。不同的生

---

① 参见北京市规划委员会网站2009年7月24日的《北京市生产性服务业发展策略研究报告》[OL]. 网址:http://www.bjghw.gov.cn/web/static/articles/catalog_18/article_ff80808122a8e5730122aac2f1ff000d/ff80808122a8e5730122aac2f1ff000d.html.

产性服务业行业的集聚程度也各不相同。其中，法律、金融业、广告营销是生产性服务业中集聚程度最高的三大行业，而现代物流业和房地产业则是集聚程度最低的两个行业[①]。

3.2.2 英国伦敦生产性服务业空间布局特点

(1) 以生产性服务业中的金融业为主

在老牌资本主义国家英国，不同城市往往以不同的生产性服务业为主。金融业呈现出以伦敦市为中心高度集中分布状况。伦敦是以金融业为代表的生产性服务业高度集中的地域。有数据显示，截至2003年，伦敦金融服务业的增加值占整个国家金融服务业增加值的42%。排名第二位的东南区金融服务业增加值仅占全部增加值的11.2%，该地区拥有一系列城市，包括伯明翰、曼彻斯特、爱丁堡、布里斯托尔、格拉斯哥等大中城市。排名第三位的苏格兰，其金融服务业增加值仅占全部增加值的7.7%。在伦敦市的产业结构中，金融服务业更是其主要产业之一。在2003年，整个伦敦地区国内生产总值的16.8%来自金融服务业，而当年英国金融业增加值仅占英国全国国内生产总值的7.4%。除伦敦市以外，金融服务业在地区产业结构中相对重要的地区是苏格兰。即使在这里，金融服务业占地区国内生产总值的比重也仅仅达到7.1%。东米德兰（East Midlands）、威尔士（Wales）和东北区是英国金融服务业空间分布最稀疏的地区，这些地区金融服务企业少，金融业增加值只占到这些地区国内生产总值的3.8%，仅仅相当于英国金融业平均水平的50%。从英国金融服务业从业人员的地区分布来看，在2005年，伦敦市金融服务业从业人员大约有31.3万人，而在金融业增加值排名第二位和第三位的东南地区和苏格兰地区，其金融服务从业人员仅仅为12.8万人和11.3万人[②]。

从英国金融服务企业的空间布局来看，英国金融业同样呈现出高度区位集中的特点。大伦敦及其周边区域是金融企业最密集的区域，这里集中了全英国64%的金融企业。其中大伦敦区占全部英国金融企业的44%，伦敦西南地区集中了全部英国金融企业的12%，伦敦西北地区集中了全部英国金融企业的

---

① 文中对美国纽约生产性服务业的有关论述同时参阅了 Beyers. Producer Services [J]. Progress on Human Geography, 1993, 22 (2): 12-18.
② 参见北京市规划委员会网站2009年7月24日的《北京市生产性服务业发展策略研究报告》[OL]. 网址: http://www.bjghw.gov.cn/web/static/articles/catalog_18/article_ff80808122a8e5730122aac2f1ff000d/ff80808122a8e5730122aac2f1ff000d.html.

8%。其他金融业较集中的地区金融服务业企业在其地区内部的分布也呈现出明显的不平衡性。金融服务业增加值排全国第二位的东南区，其金融服务企业数量占全国金融企业的14%[①]。

(2) 生产性服务业集聚区呈现出城市中心、内城区、外城新兴商务区的多点化布局

根据生产性服务业空间布局演变规律，在一个城市内部，最初的生产性服务业往往集中分布在城市的一个地方，一般是这个城市的中心区域。当一个城市经济发展到一定阶段后，生产性服务业的集聚发展模式就会呈现出新的空间布局趋势，即生产性服务业在城市内部的空间布局上会由单一的大型商务中心模式向多极化、分散化布局转变，这些分散出去的生产性服务业逐渐形成新的规模较小的商务中心。随着都市生产性服务业的不断发展，这些新的商务中心在数量上会不断增加，逐渐形成微型商务中心网络。这个商务服务网络一般以原来的老商务区为中心。直到20世纪末，英国的生产性服务业的几种布局趋势都还十分明显。受地理特征等各种因素影响，伦敦市的生产性服务业集聚区在多极化和分散化的演进过程中，逐渐形成了沿泰晤士河呈轴线展开的空间分布态势。在1995年，伦敦的金融业主要分布在老伦敦城，在老伦敦城里的面积仅为1平方英里的金融商务区（Square Mile）的金融从业人员就占了全部伦敦地区金融从业人员的78.3%[②]。

伦敦市金融业的多极化和分散化发展趋势在1980年伦敦码头区改造更新过程中日渐明显。1980年，伦敦码头区改造更新，这里成为银行总部新的集中地区，被称为金丝雀码头商务区（Canary Wharf）。如今，这里已经发展成为全球闻名的以银行总部、金融和商务为主的生产性服务业聚集地。在这里进行生产性服务的从业人员由九十年代初的1.9万个增加到2001年的5.7万个，其增长比率要远高于原来的老商务服务中心。在这些增加的生产性服务业岗位中，金融和商务服务业从业人员增长最快，数量也最多。根据伦敦市的未来发展规划，到2016年的时候，金丝雀码头商务区将新增加生产性服务业就业岗

---

① 参见北京市规划委员会网站2009年7月24日的《北京市生产性服务业发展策略研究报告》[OL]. 网址：http://www.bjghw.gov.cn/web/static/articles/catalog_18/article_ff80808122a8e5730122aac2f1ff000d/ff80808122a8e5730122aac2f1ff000d.html. 同时参见 Gillespie. The changing geography of producer services employment in Britain [1]. Regional Studies, 1987, 21 (5): 397-411.

② 参见北京市规划委员会网站2009年7月24日的《北京市生产性服务业发展策略研究报告》[OL]. 网址：http://www.bjghw.gov.cn/web/static/articles/catalog_18/article_ff80808122a8e5730122aac2f1ff000d/ff80808122a8e5730122aac2f1ff000d.html.

位10万个，占该地区同期新增就业岗位的一半①。

3.2.3 日本东京生产性服务业空间布局特点

第二次世界大战后，日本经济在美国的庇护下迅速恢复和不断发展。到20世纪80年代，日本经济受生产成本、日元升值等因素影响，产业结构面临着根本转型的客观需要。为了适应新的国际经济环境，日本政府提出技术立国的战略思路，以取代过去的贸易立国战略。伴随着日本产业结构的调整，东京中心城区的制造业开始逐渐向其他地方迁移，到20世纪80年代，整个城市的制造业更是大规模向其他地方转移，东京市已经再也不能主要依靠制造业来立市了。他们需要寻找新的产业来维持和推动城市发展，给东京市注入新的产业活力。伴随着日本国家经济战略的转型，东京市也及时调整了自身产业发展战略，从自身生产要素特点出发，立足于自身人才和科研优势，重点发展知识要素密集型的高精尖新产业，并用基于研发的新产品研究开发型工厂取代原有的基于标准化和流水线的批量生产型工厂。对知识和研发的更加重视，使东京的产业逐渐从第二产业向第三产业特别是生产性服务业延伸，通过生产性服务业的发展改造传统产业，并且催生新兴产业。此后，以生产性服务业与高科技产业为主的现代服务业，如风险投资、现代物流、信息加工等在东京市获得了较快发展，逐渐成为东京市的重要产业②。

日本东京的生产性服务业发展受到政府产业规划的深刻影响。第二次世界大战后，日本更加重视和依靠产业政策，以对本国产业发展进行宏观规划和指导。政府的产业规划及相关政策导致日本生产性服务业集中化趋势更加明显。东京作为日本最大城市和国际性大都市，其产业发展更是打上了国家产业政策的深刻烙印。这里成为整个国家的金融保险、商业服务、教育咨询等生产性服务业集中发展地区。为了提升东京市的国际经济中心地位，日本政府进一步强化了东京的国际金融和商务中心生产性服务业的中心地位，东京逐渐成为全球经济体系中重要的金融中心和物流航运中心。东京市中心的生产性服务业主要集中在千代田区、中央区和港区等。其中，金融、信息等生产性服务业主要集中在千代田区，这里集聚着来自世界各地大量的国际金融机构，金融企业办公

---

① 本部分对伦敦生产性服务业发展的论述同时参阅了但斌，贾利华. 国外生产性服务业的发展经验及对我国的启示 [J]. 生产力研究，2008 (16)：87-88.
② 叶振宇，宋洁尘. 国际城市生产性服务业的发展经验及其对滨海新区的启示——以纽约、伦敦和东京为例 [J]. 城市，2008 (9)：18-20.

面积占东京市中心区面积的 60% 左右①。

从生产性服务业的空间分布分析，东京市形成了市中心区拓展以及外围地区多点支撑的空间布局模式。东京市的生产性服务业的空间布局也深受政府规划和政策的影响。在城市产业规划中，东京市较强调生产性服务业的多元化和分散化布局，主张建立区域内多中心复合体，希望形成多核多圈层的空间布局。东京市最早的城市中心为中央三区，早在 20 世纪 60 年代，东京市就开始规划和建设新的城市商务中心——新宿。经过多年的规划和建设，东京市的生产性服务业呈现出一核七心的布局，各生产性服务业集聚区以城市地铁有机联系。在东京站附近地区是传统生产性服务业中心，这里依然是最大的生产性服务业集中地域，此外，上野、浅草等 7 个地区形成了新的生产性服务业中心。这些生产性服务业集聚区与原有的生产性服务业集聚区既有分工又有协作，共同构建起了东京生产性服务业的多核多圈层结构②。

从整个日本生产性服务业行业从业人员的地区分布来看，也存在一定程度的分散化趋势，集聚在东京的生产性服务业行业的从业人员占全国生产性服务业从业人员的比重在 1985 年以后呈现出缓慢的逐年下降的趋势。尽管这些变化不是很显著，但是从全国层面看，预示了生产性服务业已经由过去十分集中逐渐转变为相对分散化。

3.2.4 韩国首尔金融业和研发产业空间布局特点

作为韩国首都的首尔不仅是韩国的政治中心也是韩国的金融中心，这里集聚了大量的银行类企业、保险类企业以及年金类企业，还有其他金融保险服务类企业。截至 2008 年年底，这里共有金融企业 131 家，保险和年金业公司 39 家，金融保险服务业企业 90 家，这里集聚了韩国 24.5% 的金融机构。首尔的金融业在空间分布上主要集聚在城市中心地域，形成了十分明显的金融产业集聚态势。此外，首尔还是韩国研发服务业比较集中的地区，这里有大邱东南圈

---

① 参见北京市规划委员会网站 2009 年 7 月 24 日的《北京市生产性服务业发展策略研究报告》[OL]. 网址：http://www.bjghw.gov.cn/web/static/articles/catalog_18/article_ff80808122a8e5730122aac2f1ff000d/ff80808122a8e5730122aac2f1ff000d.html. 此外，参见叶振宇，宋洁尘：《国际城市生产性服务业的发展经验及其对滨海新区的启示——以纽约、伦敦和东京为例》，《城市》2008 年第 9 期，第 18-20 页。

② 参见北京市规划委员会网站 2009 年 7 月 24 日的《北京市生产性服务业发展策略研究报告》[OL]. 网址：http://www.bjghw.gov.cn/web/static/articles/catalog_18/article_ff80808122a8e5730122aac2f1ff000d/ff80808122a8e5730122aac2f1ff000d.html.

研发基地和以大德研发特区为中心的大田世界产业革新区。大德研发特区坐落着4所著名高等院校、集聚着70余家国有和民办科研机构，分布着2000余家高新技术企业，汇聚着几万人的科研技术人员，是韩国最大的产学研综合园区[①]。

3.3 国外都市生产性服务业的动态演进

3.3.1 发达国家都市生产性服务业逐渐向国外转移

自20世纪90年代以来，随着信息技术的快速发展和广泛应用，特别是互联网技术在全球范围内的飞速进步和普遍推广应用，服务业外包在很多国家和地区欣欣向荣地发展起来。服务活动大量外包正在逐渐取代传统的产业组织一体化经营模式，成为企业在新的竞争形势下网罗更多技术和专业人才，发展自己的核心竞争力，减少费用支出的重要途径之一。生产性服务活动大量外包不仅在一个国家内部迅速发展，而且在全球范围内快速蔓延，从而在根本上改变了世界服务业的发展模式。服务外包是交易费用降低的必然结果，它使世界各国在产业上更加紧密地联系在一起，各国之间的产业分工逐渐被产业链内的产业环节分工所代替。它深刻地改变了各国技术、产业和经济发展模式，成为决定各国国际竞争力的关键因素之一，并对世界各国在全球化产业链中的地位、利益分配格局产生重大影响。

近几年，国际生产性服务业通过服务外包、业务离岸化、外商直接投资等方式向新兴市场国家转移的趋势日渐明显。尽管制造业仍然是发展中国家承接国际产业转移的核心领域，但生产性服务业向发展中国家的转移速度明显加快，生产性服务业正成为发展中国家承接国际产业转移的新兴重要领域。生产性服务业的外包和国际转移主要通过三种形式展开。

(1) 服务外包模式

跨国集团公司直接将剥离出去的生产性服务业外包给其他企业甚至是国外的企业，这是近年来生产性服务业国家转移的重要渠道，而且其发展势头越来

[①] 斐琪. 韩国、香港生产性服务业发展经验及启示 [J]. 科技管理研究，2009 (12)：150-152. 同时参见：刘赫. 日本、韩国发展现代服务业的经验与启示 [OL]. http://wenku.baidu.com/view/d5719f83d4d8d15abe234e73.html.

越强劲。在20世纪90年代,服务外包主要以劳动密集型和低增值型生产性服务业为主。进入21世纪以来,不仅劳动密集型和低增值型服务外包不断扩展,而且知识型的服务外包也在迅速增长。目前,服务外包已广泛应用于IT服务、金融服务、设计、财务管理、会计服务、售后服务、人力资源管理、信用卡处理、呼叫中心、物流等多个领域,全球服务外包的市场规模也不断扩大。

在发达国家,都市生产性服务业外包化态势十分明显,外包模式也成为了其进行国际转移的重要途径①。随着信息技术的发展,越来越多的制造业企业不断将研究开发、咨询服务等业务活动外包。当前,国际化外包主要领域有信息技术外包(Information Technology Outsourcing,ITO)、业务流程外包(Business Process Outsourcing,简称BPO)、知识处理外包(Knowledge Process Outsourcing,简称KPO)等。据全球权威的IT研究与顾问咨询公司高德纳咨询公司统计,2004年全球服务外包业务总额为3040亿美元,2005年为3344亿美元,2006年达到3980亿美元,2007年为4736亿美元。服务外包的增长速度不断提升,2005—2007年平均增速约为20%,服务外包的发展潜力巨大②。

美国是世界最大的软件外包发包国家,约合市值250亿美元。英国信息技术服务外包比较普遍,其市场规模达166亿英镑,其中超过50%的是软件国际外包。金融服务国际外包的范围比较广泛,包括银行、证券、投资、保险等细分领域,主要有美、欧、日等。据德勤会计师事务所估计,截至2010年,金融离岸外包的市场价值占金融服务业总产值的20%,达到4000亿美元,在承接发达国家服务外包国际转移的众多发展中国家中,印度是其中的佼佼者,特别是在软件国际外包市场领域。如今,印度已经拥有全球软件外包市场70%的市场份额,是全球软件外包市场最大国家美国的最大承包国家,占有美国软件外包市场90%以上的份额。我国也是生产性服务业国际外包市场的主要承包国家③。

(2)跨国公司业务离岸化

生产的国际化带动了服务的国际化,越来越多的跨国公司把非核心的生产性服务业务转移到成本相对低廉、投资环境较好的国家和地区。离岸化的业务

---

① 王述英.国际服务外包市场的总体评估与趋势考察[J].国际经贸探索,2007(11):29-33.

② 路红艳.大力发展生产性服务业促进我国产业结构优化升级[J].经济前沿,2008(2):68-73.

③ 王述英.国际服务外包市场的总体评估与趋势考察[J].国际经贸探索,2007(11):29-33.本部分对发达国家都市生产性服务业的国外转移叙述,还参见:刘曙华,沈玉芳.国内外生产性服务业发展现状及趋势分析[J].创新,2010(6):66.

不仅为跨国公司自身提供服务，而且可以直接向东道国和第三国公司提供服务。20 世纪 90 年代以来，伴随着我国国内竞争环境的变化，跨国公司开始对我国进行大规模系统化投资。一方面表现在跨国公司从单产品、单环节的生产和加工，开始向上下游产品及相关产业延伸；另一方面还表现在跨国公司不仅把生产加工基地设在我国，研究与开发、采购、营销、培训、售后服务等各个运营环节也开始在我国建立。

(3) 服务业外商直接投资

和第一种方式相比较，服务业外商直接投资要求发达国家资本在发展中国家直接投资，并承接从发达国家转移出来的生产性服务业。一些与跨国公司有战略合作关系的生产性服务企业，如物流、咨询、信息服务、设计、财务管理等领域的企业，为了给跨国公司在新兴市场国家开展业务提供配套服务而将服务业进行国际转移，或者是服务企业为了开拓东道国市场和开展国际服务贸易而进行服务业国际转移。20 世纪 80 年代以来，跨国投资逐渐成为服务业国际竞争的一种重要形式，服务业的跨国直接投资在全球跨国投资总额中所占比重日益上升。

生产性服务业国际转移是经济全球化的内在要求，是国际分工与合作的必然产物，是资源配置优化的必然要求，这一趋势不可逆转，它使得各国之间的经济联系更加紧密。

3.3.2 生产性服务业和制造业融合互动发展态势明显

20 世纪后期经济领域的一项革命性变化就是制造业与服务业的一体化、融合发展。传统意义上的制造业与服务业的边界越来越模糊，代之而起的是更为广泛的信息—知识—技术平台。在这一平台上，不同产业、不同厂家的不同产品或者某一职能可以由一家企业提供，并以服务业为中心将分工价值链的各个环节串联起来，实现"以生产为中心"向"以服务为中心"的转型。制造业企业为了整合资源、发挥专长、提高效率，越来越多地出现"服务外包"行为，传统上由企业内部在产前、产中或产后所进行的一些生产、经营甚至管理服务活动（如产品设计、技术研发、物流销售、员工招聘、信息管理等等），转而由其他企业完成。

在发达国家制造业的各种中间投入中，服务要素投入不断增长，制造业特别是先进制造业与生产性服务业之间的关系日益密切。生产性服务业和制造业相互提供市场，相互支持，协同发展。通过生产性服务业的不断发展，为制造业提供了大量专业人才从事产品研发,为制造业发展提供了保险、会计、法律和广告等专业化服务,为制造业提供了更加便捷高效的现代物流系统,为制造业提供了高效的国际营销网络。因此,制造业发展过程也是生产性服务业的发展历程,二者相互需求,相互支持,共生共荣。生产性服务业不仅为制造业降低了生产制造成本,也为制造业降低了市场交易成本。

制造业是生产性服务业的主要服务对象。制造业的国际营销网络和生产网络的形成,就是聚集营销人才,进行产品研发、产品运输与储存、广告、保险、会计和法律服务等开发市场的过程,这一过程中每一环节都对服务产生需求。制造业越发达,生产性服务业就越发达。反过来,生产性服务业越发达,其制造业也就越发达。金融服务、信息服务、商务服务、现代物流等生产性服务业与制造业的融合互动发展,构成了产业集聚的服务支撑体系,推动了产业集聚的健康发展,有效提升了产业竞争力。与过去相比,制造业部门和生产性服务业之间的相互依赖、相互作用、共同发展的互动关系越发明显,制造业和生产性服务业之间的界限正在日渐模糊。生产性服务业与制造业之间的融合趋势明显,表现在制造业流程中融入了更多的生产性服务元素,越来越受到生产性服务业的主导,生产性服务业成为制造业发展的新动力。在经合组织各成员国中,制造业增加值中的生产性服务业增加值所占比重一般保持在 25%~30% 的水平,一些国家和行业甚至高达 50%[1]。

制造业与生产性服务业的融合还表现在制造业部门的功能也日趋服务化方面。制造业所生产出来的产品无非就是要为人们提供某种服务,因此,制造业本身存在的价值就在于服务。生产性服务和制造业所生产出来的产品无非是满足人们需求的两种不同服务形式而已。基于这样的视角,许多传统的制造企业纷纷进入和产品服务相关的生产性服务领域,从而形成集产品和服务为一体的全方位服务供应商,以更好满足客户的一体化服务需求。美国通用电气公司在这方面走在了其他企业的前面。比如,通用电气公司通过下属财务公司进入和通用电气产品相关的金融服务业,通过为客户提供贷款来刺激自身产品的销售。2004 年通用财务公司因此项业务而获利 29.1 亿美元,占通用电气公司总利润的 80%,成为通用电气企业主要利润来源。IT 产品制造企业惠普公司也是这方面的佼佼者。惠普公司在实现生产性服务业与制造业融合后,由过去仅仅向客户提供产品转型为为客户提供从硬件到软件、从销售到咨询全套服务

---

[1] 吕怀涛. 生产性服务业与制造业互动发展的经验及对辽宁的启示 [J]. 当代经济, 2009 (23).

的，集产品与服务于一体的，以满足用户需求为最终经营目的的新的经营模式。生产性服务业与制造业的融合催生了制造业发展新形态和新发展模式①。

3.3.3 生产性服务业发展的集群化趋势

大量相同或相互关联的产业集聚于某一特定区域，形成既相互分工又相互合作的产业体系，这不仅是国际制造业发展的新趋势，同样也是现代服务业发展的新趋势。在现代服务业中，为生产企业服务的特点决定了生产性服务业比其他服务业更具有集聚发展的动力和可能。从国际上看，目前世界上几乎所有大城市的中心区都已由过去的"工业中心"转型为"生产性服务业中心"。而都市中心区是生产性服务业的主要集聚地。有研究资料表明，1985年美国有90%的生产性服务业就业集中在大都市区，占了大都市总就业的83%。而除了银行外，生产性服务业在非大都市区的区位商低于1.0②。影响生产性服务业区位的重要因子有：潜在顾客的当前区位以及多样劳动力的成本和可获取度。而这两个因素间相互作用则受到生产性服务业生产技术及其市场结构、大容量的远程通信等调节（Beyers，1993）。此外，主要客户的布局、商业活动的密度等也将影响生产性服务业的布局（Harington，1995）③。科菲（Coffey，2000）的研究阐述了生产性服务业在空间上的不均衡发展。贝利（Bailly，1995）在对欧洲的高级生产性服务业布局趋势研究中发现，由于金融贸易等高级生产性服务业国际化程度的提高，高级生产性服务业在区域间将呈现出不平衡发展的趋势，高级生产性服务业将在世界城市集中。

3.4 我国都市生产性服务业发展态势

3.4.1 我国生产性服务业的统计分类

生产性服务业的判定可以用该行业产出的中间需求率来衡量，行业产出的

---

① 吕怀涛.生产性服务业与制造业互动发展的经验及对辽宁的启示 [J].当代经济，2009 (23).
② Beyers. W. B. Produces services [J]. Progress in Human Geography, 1993 (2).
③ Harrington. J. W. Empirical Research on Producer Service Growth and Regional Development: International Comparisons [J]. Professional Geographer, 1995 (1).

中间需求率是判定某一服务行业是否属于生产性服务业的根本依据①。依据国家统计局《国民经济行业分类》（GB/T 4754-2002）行业大类为基础，以中间需求率作为鉴别生产性服务业的重要依据，就可以确定哪些行业属于生产性服务业。总体上来说，我国现行的生产性服务业可以包括交通运输业、仓储和邮政业，信息传输、计算机服务和软件业，金融业，租赁和商务服务业，科学研究、技术服务和地质勘查业等5个行业门类。北京市是我国较早制定生产性服务业统计分类标准的城市之一。表3-3是我国北京市生产性服务业的统计分类情况。

表3-3　　　　　　　　北京市生产性服务业统计分类

大类	中类	小类	行业名称
			一、流通服务
			铁路运输业
51	512	5120	铁路货物运输
	513		铁路运输辅助活动
		5132	货运火车站
		5139	其他铁路运输辅助活动
			道路运输业
52	522	5220	道路货物运输
	523		道路运输辅助活动
		5239	其他道路运输辅助活动
			水上运输业
	542		水上货物运输
		5421	远洋货物运输
		5422	沿海货物运输
54		5423	内河货物运输
	543		水上运输辅助活动
		5432	货运港口
		5439	其他水上运输辅助活动

---

① 服务业的中间需求率是指国民经济对该产业所提供的服务的中间需求量与总需求量（中间需求量+最终需求量）之比。中间需求率反映了该产业产出作为生产资料和消费资料的比例，其数值越高，表明该产业提供的生产资料越多。

表3-3(续)

大类	中类	小类	行业名称
			航空运输业
	551		航空客货运输
55		5512	航空货物运输
	552	5520	通用航空服务
	553		航空运输辅助活动
		5539	其他航空运输辅助活动
56			管道运输业
	560	5600	管道运输业
			装卸搬运和其他运输服务业
57	571	5710	装卸搬运
	572	5720	运输代理服务
58			仓储业
59			邮政业
63			批发业
			二、信息服务
60			电信和其他信息传输服务业
61			计算机服务业
62			软件业
			三、金融服务
68			银行业
69			证券业
70			保险业
71			其他金融活动
			四、商务服务
73			租赁业
74			商务服务业
			五、科技服务
75			研究与试验发展
76			专业技术服务业
77			科技交流和推广服务业

表3-3(续)

大类	中类	小类	行业名称
78			地质勘查业

资料来源：2009年北京市制定的《北京市生产性服务业统计分类标准》文件（京统发[2009]11号）。该文件参见http://www.bjstats.gov.cn/zwgk/zywj/200902/t20090203_135854.htm。

从上表我国北京市生产性服务业的统计分类来看，教育行业没有被列入生产性服务业。教育作为提高人力资本素质的行业，其生产性服务属性十分明显，因此本书将教育也算作生产性服务业一个重要行业。故本书的生产性服务业实际上包括六个行业门类，即教育，交通运输业、仓储和邮政业，信息传输、计算机服务和软件业，金融业，租赁和商务服务业，科学研究、技术服务和地质勘查业。

3.4.2 我国都市生产性服务业的政策演变

（1）国家层面促进生产性服务业发展的相关政策

一是国家层面的全国性政策。

1997年9月，在党的十五大报告中，我国明确提出要加快发展现代服务业[1]。2000年10月，中共十五届五中全会上又明确提出："要发展现代服务业，改组和改造传统服务业"[2]。2002年，在中央经济工作会议上胡锦涛明确指出："要加快发展现代服务业，继续发展传统服务业，大力发展社区服务业，提高第三产业在国民经济中的比重"[3]。自2003年6月起，国务院开始制定基于未来15年的我国中长期科学和技术发展规划，该规划将现代服务业发展的科技发展问题列为20个专题之一。

2005年10月，在党的十六届五中全会上，通过了《中共中央关于制定国民经济和社会发展第十一个五年规划的建议》，该建议指出，要"大力发展金

---

[1] 现代服务业的概念是我国特有的提法，在国外并不多见，实际上就是文中的生产性服务业，只是提法不一。参见：《江泽民在中国共产党十五大上的报告》，http://www.china.com.cn/zyjy/2009-07/13/content_18122516_2.htm。

[2] 参见《中国共产党第十五届中央委员会第五次全体会议公报》，http://www.people.com.cn/GB/channel1/10/20001012/268303.html。

[3] 参见http://www.gov.cn/test/2008-12/05/content_1168905.htm。

融、保险、物流、信息和法律服务等现代服务业"①。"十一五"规划建议中还提出:"大城市要把发展服务业放在优先位置,有条件的要逐步形成服务经济为主的产业结构。"② 国家"十一五"规划纲要在拓展生产性服务业部分,更是明确提出要大力发展主要面向生产者的服务业,细化深化专业化分工,降低社会交易成本,提高资源配置效率。根据国家"十一五"发展规划纲要,生产性服务业的主要拓展领域包括五个方面。其一是优先发展交通运输业,其二是大力发展现代物流业,其三是有序发展金融服务业,其四是积极发展信息服务业,其五是规范发展商务服务业。"十一五"时期还规划了我国生产性服务业发展的主要目标是提高自主创新能力,研究与试验发展经费支出要占到国内生产总值的2%,要形成一批拥有自主知识产权和知名品牌、国际竞争力较强的优势企业③。

《国家中长期科学和技术发展规划纲要(2006—2020)》也明确提出了"增强自主创新能力、建设创新型国家"的科技发展战略,根据该规划纲要,到 2020 年,我国全社会研发投入将占到 GDP 的 2.5% 以上,也就是说,到 2020 年,我国全社会的科技研发经费年投入总量将超过 18 000 亿元人民币④。

财政部和国家税务总局于 2006 年出台了《关于企业技术创新有关企业所得税优惠政策的通知》。该文件规定,企业用于技术开发方面的费用可以加成 50% 扣除,并允许当年不足扣除的部分可以在未来 5 年中结转⑤。此后财政部和国家税务局又于 2007 年出台了《关于促进创业投资企业发展有关税收政策的通知》,对从事风险投资企业进行税收优惠,规定创业投资企业采用股权投资方式投资于未上市中小高新技术企业 2 年以上(含 2 年)的,凡符合特定条件的,均可以按其对中小高新技术企业投资额的 70% 抵扣创业投资企业的应纳税所得额⑥。

---

① 参见《中国共产党十六届五中全会会议公报》,http://www.chinanews.com/news/2005/2005-10-11/8/636475.shtml.
② 参见《中共中央关于制定"十一五"规划的建议》,http://news.xinhuanet.com/politics/2005-10/18/content_3640318.htm.
③ 参见《中华人民共和国国民经济和社会发展第十一个五年规划纲要》,http://news.xinhuanet.com/misc/2006-03/16/content_4309517.htm.
④ 参见《国家中长期科学和技术发展规划纲要(2006—2020 年)》,http://www.gov.cn/jrzg/2006-02/09/content_183787.htm.
⑤ 参见《财政部、国家税务总局关于企业技术创新有关企业所得税优惠政策的通知》,http://law.esnai.com/law_show.aspx?LawID=28379.
⑥ 参见财政部和国家税务局:《关于促进创业投资企业发展有关税收政策的通知》,http://www.chinatax.gov.cn/n480462/n480498/n575817/5227373.html.

2007年年初，国务院出台了《关于加快发展服务业的若干意见》，该文件把大力发展各类生产性服务业，促进现代制造业与服务业互动发展作为发展生产性服务业的重要方向。该文件还指出，到2020年，我国经济结构要基本实现以服务经济为主的转变，服务业增加值占国内生产总值的比重要超过50%，服务业内部结构要明显优化，就业容量要大幅度上升的发展目标[1]。2008年3月，国务院又出台了《关于加快发展服务业若干政策措施的实施意见》，就加快我国服务业发展制定了八项推进政策，这八项政策兼顾了促进服务业发展的各主要方面和各环节，是一个相对完善的促进我国服务业发展的政策体系[2]。发展生产性服务业是该文件的重要内容，文件强调了要大力发展外包服务业，要深化社会分工，进而促进生产性服务业发展，要加强生产性服务业与工业的互动发展。该文件在生产性服务业的市场准入方面，在生产性服务业的税收优惠方面也有了很大突破，对推动我国生产性服务业发展将会起到非常大的积极作用。

在2007年，党的十七大报告就我国生产性服务业提出了十分振奋人心的发展目标，到2020年，我国生产性服务业的发展目标就是生产性服务业占服务业增加值和国内生产总值的比重要分别超过50%和25%[3]。到那时，我国的第三产业和整个产业结构将会进一步优化。

二是国家层面的地域性生产性服务业发展政策。

在2007年，由国家发改委和国务院振兴东北办组织编制的《东北地区振兴规划》中，加快服务业发展被列入该地区产业发展的重要领域，该规划明确提出要大力发展现代物流业、金融、商务服务和文化创意等生产性服务业行业，还要规范提升商贸服务、旅游业等传统服务业[4]。

2008年，国务院下发《关于进一步推进长江三角洲地区改革开放和经济社会发展的指导意见》，明确指出长江三角洲未来发展要逐渐形成以现代服务

---

[1] 参见国务院：《关于加快发展服务业的若干意见》，http://www.gov.cn/zwgk/2007-03/27/content_562870.htm.
[2] 参见国务院：《关于加快发展服务业若干政策措施的实施意见》，http://www.gov.cn/zwgk/2008-03/19/content_923925.htm.
[3] 参见《胡锦涛在中共第十七次全国代表大会上的报告》，http://www.chinanews.com/gn/news/2007/10-24/1058426.shtml.
[4] 参见国家发改委和国务院振兴东北办组织编制：《东北地区振兴规划》，http://www.gov.cn/gzdt/2007-08/20/content_721632.htm.

业为主的产业结构①。2011年国务院下发的《成渝经济区区域规划》提出，成渝经济区要大力发展现代服务业，包括物流业、金融业、科技服务业、商贸会展业、旅游业、休闲娱乐业，要将成都建设成为功能完善、体系健全、辐射西部的现代服务业高地。

(2) 地方政府层面促进生产性服务业发展的政策

2007年以来，为了促进生产性服务业发展，各地方政府也制定了一些推动本地生产性服务业发展的政策措施或者实施意见。这些地方性文件在深化行业改革、扩大内外开放、推进服务外包、放宽行业准入、加大税收扶持、加强用地支持、鼓励争创品牌、拓宽融资渠道等方面形成了比较具体的操作性更强的政策措施。在地方政府层面，各省市自治区与直辖市基本上都出台了针对本行政区范围的促进生产性服务业发展的文件。此外，在一些地级市也制定了相应的促进生产性服务业发展的政策措施。可见，我国地方政府已经十分重视生产性服务业的发展。比如，在2007年，浙江温岭市就出台了促进本地服务业加快发展的相关文件，将温岭市第三产业管理办公室从过去的非常设机构升格为常设性机构，将温岭市财政用于服务业的引导资金从500万元增加到1500万元②。

为了促进生产性服务业的发展，一些在地域上邻近或者经济关系比较密切的省份，也加强了在生产性服务业方面的互补与合作。比如，2007年12月，上海、浙江和江苏三地政府就签订了《长三角现代服务业合作与发展协议》，从强化区域经济联动合作出发，谋求共同推动长江三角洲生产性服务业的相互对接和相互协调，共同提升长江三角洲生产性服务业的整体水平③。

无论是国家层面还是地方层面，关于生产性服务业的优惠政策都为生产性服务业的发展创造了较好的政策环境，进一步推动了生产性服务业的发展。

(3) 各类政策的着力点

我国中央和地方政府所制定的和生产性服务业发展相关的政策文件，从不同环节和不同方面为生产性服务业的发展提供了支持。这些政策文件的着力点可以概括为如下四个方面。

其一是强调生产性服务业要与制造业密切融合。从各级政府和各部门所出

---

① 参见国务院：《关于进一步推进长江三角洲地区改革开放和经济社会发展的指导意见》，http://news.xinhuanet.com/fortune/2008-09/25/content_10107100.htm.
② 郭怀英. 当前我国生产性服务业发展的形势与特点 [J]. 工业与服务业，2008 (17).
③ 参见：《长三角现代服务业合作与发展协议》，http://www.ssfcn.com/outs/news_detail.asp?id=6851.

台的发展生产性服务业政策看,强调生产性服务业的发展要与制造业紧密结合,通过生产性服务业与制造业良性互动,互为需求,互为供给,在互利互惠中实现共同发展和进步。比如,江苏、北京、浙江、上海等地方政府都十分重视生产性服务业与制造业之间的互动与融合。正如我们在前面的生产性服务业文献综述部分所说,在生产性服务业发展的早期阶段,制造业是其最主要的用户,是生产性服务业的最大客户。因此,强调生产性服务业与制造业的互动合作,是符合该产业发展规律且科学合理的。在生产性服务业与制造业互动合作过程中,生产性服务业中的现代物流业、金融保险业、商务服务、营销、专业服务等行业都可以得到发展。以现代物流为例,我国是制造业大国,有大量的产品需要现代物流业来帮助其流通,可以大力发展汽车物流、家电物流等各种产品的国际国内物流业。

其二是强调生产性服务业在空间布局上要走集聚发展的道路。从西方国家生产性服务业发展历程中的空间布局看,集聚发展是其重要的空间布局特点。因此,我国各级政府和各部门在制定生产性服务业发展政策时也十分强调生产性服务业的空间集聚性,各种生产性服务业集聚区成为各地生产性服务业发展的载体,如中央商务区、总部基地、科技创业园、软件与服务外包基地、物流园区、创意产业园等。此外,对生产性服务业的空间集聚区的选择还强调要与制造业集聚区紧密相连,以便于二者之间的紧密衔接。依托各种集聚区,既方便了同行之间的交流与竞合,以及规模经济的产生,也方便了政府的服务与管理。这些政策在加强我国生产性服务业集聚方面的确起到了不错效果,东部发达省市的生产性服务业已经形成了明显聚集发展态势,向中心城市和制造业产业集群聚集明显,生产性服务业集聚区逐渐成形。

其三是强调科学技术在生产性服务业发展和升级中的关键作用。生产性服务业不仅是劳动力密集型产业,也是知识和人力资本密集型产业,科学技术对生产性服务业的发展至关重要。各地在发展生产性服务业的过程中十分重视科技研发服务业的发展,纷纷依托高新技术产业园区来发展科技等生产性服务业,通过完善科技创新体系,构建高效科技创新服务平台,推动科技研发服务业发展。上海、深圳、江苏、浙江等专门制定了推动科技服务业的政策措施[①]。

其四是强调生产性服务业的专业化发展。实行专业化分工是生产性服务业发展的另一个重要特点。生产性服务业之所以从制造业企业中分离出来,就是

---

① 郭怀英. 当前我国生产性服务业发展的形势与特点[J]. 宏观经济管理, 2008 (9): 49 -51.

由于其专业化经营和服务可以提高服务质量，降低服务成本。比如，江苏省政府就十分重视生产性服务业的专业化发展①。分工和专业化是当前生产性服务业得以快速发展壮大的根本所在。在生产性服务业行业，很难看到进行多元化经营的企业，这些行业中的企业一般规模都不大，它们往往着眼于某一领域，为用户提供更加专业和低成本的生产性服务，如提供物流服务、融资服务、软件服务、法律服务、会计服务、知识产权服务等。

3.4.3 我国生产性服务业的发展现状

(1) 总况

我国都市生产性服务业在新中国成立以前由于战乱未能够得到有力发展，以至于其发展远远落后于发达国家。新中国成立到改革开放之前，由于实行完全的计划经济，生产性服务业也没有得到很好的发展。我国生产性服务业真正获得发展机遇是从改革开放到现在。

近三十年来，我国产业结构开始逐步呈现出从第一、第二产业向服务业倾斜的趋势。在服务业内部，生产性服务业（或称生产者服务业，Producer Service）呈现出快速发展的势头，其增长速度不仅高于国民经济平均增长速度，也超出了整个服务产业的平均增长速度，生产性服务业已日益成为现代全球经济增长的重要支撑。但与西方发达国家相比，我国生产性服务业的发展仍有不小的差距。2007年，我国第三产业总增加值中，生产性服务业所占的比重还不到35%，而美国这一数据早在1995年就已经达到50%以上②。从服务的整体质量和效率来看，我国生产性服务业也处于较低的水平。生产性服务业发展滞后，已经成为我国经济进一步快速发展的"瓶颈"所在。

改革开放以来，我国制造业持续高速增长，逐步成为世界制造大国。制造业的发展极大地推动了我国产业结构的调整和优化，促进社会经济发展。同时，制造业的快速发展带动了第三产业在国民经济总量中所占的比重不断上升（见图3-1）。

---

① 邵生余. 大力促进生产性服务业向专业化发展 [OL]. http://xh.xhby.net/mp1/html/2006-05/15/content_674960.htm.

② 高传胜. 中国生产者服务业对制造业升级的支撑作用 [J]. 山西财经大学学报，2008 (4).

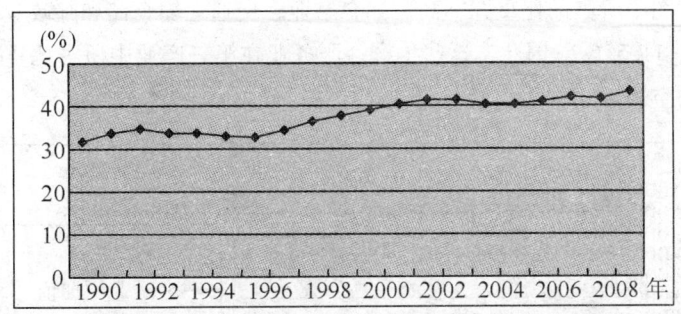

图 3-1 1990—2008 年我国第三产业在国民经济中所占的比重折线图

数据来源：《中国统计年鉴 2009》。

在总量方面，服务业实现快速增长，增加值由 1990 年的 5888.4 亿元增长到 2009 年的 147 642.1 亿元，从图 3-2 可以看出，尤其是 2002 年到 2008 年间，折线图的斜率远高于 1990 年到 2002 年，这说明近些年来第三产业呈现出超速增长的状态。

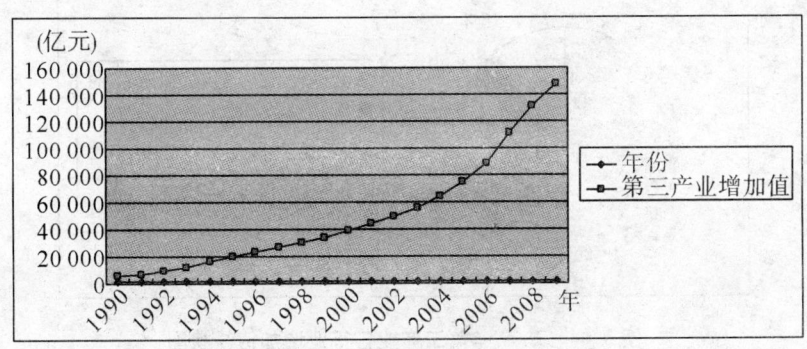

图 3-2 1990—2008 年的第三产业增加值折线图

数据来源：《中国统计年鉴 2009》。

我国都市生产性服务业虽然经历了从慢到快、从弱到强的发展历程，但从内部结构看，运输仓储及邮电通信业、金融保险业发展速度较快，但与发达国家相比，我国生产性服务仍存在明显差距。主要表现为：服务业产值规模小、内部结构不良。由图 3-3 可以看出金融业和交通运输业等生产性服务业在 2000 年到 2009 年间得到了快速的发展。金融业的增加值由 2000 年的 4086.7 亿元增长到 2009 年的 17 727.6 亿元。交通运输、仓储和邮政业的增加值由 2000 年的 6161.0 亿元增长到 2009 年的 17 057.7 亿元。

但是通过图 3-4 我们又不难发现，2009 年上述行业在第三产业各行业增加值饼状图中所占的比重并不高，如金融业、交通运输仓储和邮政业仅分别占12.01%、11.55%。因此，这些生产性服务业在第三产业中所占比重仍有进一步提升的空间。

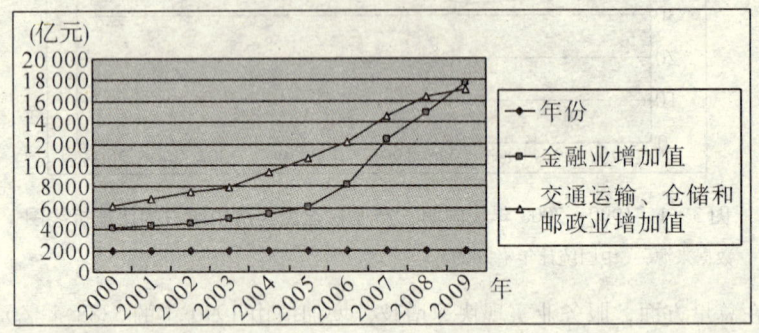

图3-3　2000—2009年金融业，交通运输业、仓储和邮政业的增加值折线图
数据来源：《中国统计年鉴2010》。

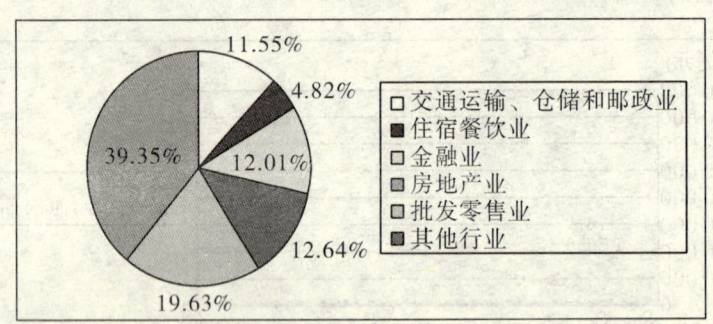

图3-4　2009年第三产业各行业增加值饼状图
数据来源：《中国统计年鉴2010》。

(2) 行业结构

按行业结构分类，生产性服务业包含金融业、商务服务业、科技服务业、教育培训业等行业。各个行业的发展环境要求不同，对于知识水平、信息网络条件、工业发展规模等要求亦不同，各个区域适合发展不同的行业类别。

我国生产性服务业近年来取得了较快的发展，但是生产性服务业内部各行业发展是不平衡的。从我国生产性服务业内部各行业的增加值来看，2009年，交通运输、仓储和邮政业占有产业增加值的较大份额；金融业、信息和计算机软件服务业作为为生产提供资金和技术支持的行业在产业中占据重要地位，发展迅猛；科学研究和综合技术服务行业、商务咨询行业的增长能力尚未充分体现出来，占生产性服务业增加值的比重较低。随着社会对生产性服务业的需求变化，生产性服务业内部各行业之间的比例关系也会发生变化，整个行业会向更加协调的方向发展①。

从我国生产性服务业内部各行业的就业人数来看，其行业就业结构也不合理。科学研究和综合技术服务，租赁和商业服务业，信息技术传输、计算机服务和软件业等是知识密集型的行业，对人才要求较高，就业人数比例相对较少，分别仅为4.09%、4.36%、2.61%。一些缺乏技能的人员只能选择对知识、学历要求较低的传统生产性服务业。

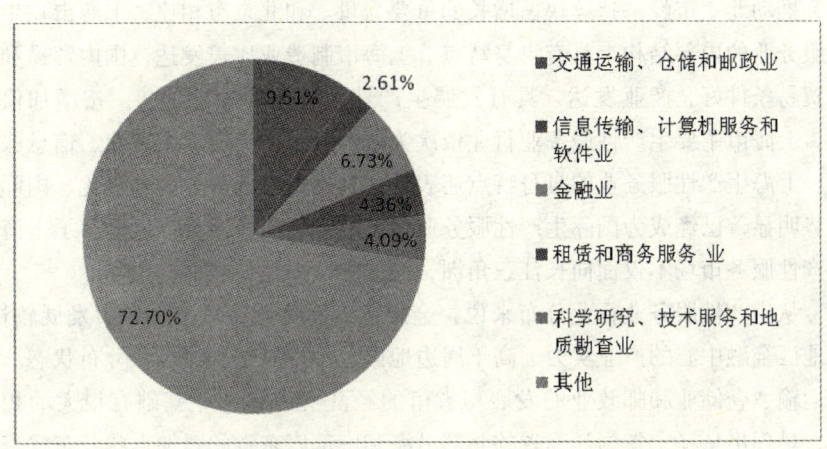

图3-5 2009年第三产业内部各行业从业人员结构图

数据来源：《中国统计年鉴2010》。

(3) 空间分布

根据张弘 (2010) 的研究可以看到，我国生产性服务业呈集聚发展特性，发展水平总体上呈现出从东部沿海向西部内陆由高到低的态势②。即生产性服务业主要聚集在东部沿海地区，中西部地区的发展相对落后。东部沿海地区是我国经济和社会相对发达地区，这些地区也是生产性服务业快速发展地区。从上海、广东、江苏、山东等沿海发达地区看，这些地区的生产性服务业占服务业的比重明显高于其他省市自治区。比如，在2007年，上海市的生产性服务业增加值占该市服务业和国内生产总值的60%和32%。2007年，广东省的生产性服务业增加值占该省服务业和国内生产总值的51.1%和22.1%。2007年，

---

① 张弘. 我国生产性服务业发展研究 [J]. 中国商贸, 2010 (15).
② 张弘. 我国生产性服务业发展研究 [J]. 中国商贸, 2010 (15).

江苏省的生产性服务业增加值占服务业和国内生产总值的48.6%和18.2%。2007年,山东省的生产性服务业增加值占服务业和国内生产总值的比重为48%和16.1%。

生产性服务业的发展也带动了东南沿海省市产业结构的软化。北京市和上海市逐步形成了以第三产业为主导的产业结构。截至2007年,北京市第三产业的增加值已经超过全市地区国内生产总值的70%,生产性服务业增加值已经占到该市第三产业增加值的60%。其中,金融业、科技研发、信息业、商务服务业和流通服务成为北京市生产性服务业的五大支柱行业,生产性服务业成为推动北京市经济持续快速增长的重要力量。和北京市相比,上海市在生产性服务业的内部结构上具有自身特点。上海市制造业比较发达,国内贸易和国际贸易条件好,产业发达,具有发展生产性服务业的独特优势。按增加值大小,上海市主要生产性服务业行业依次为金融业、物流业、会展业、信息服务业。上海生产性服务业的自身特点还表现在其生产性服务业的外包化、国际化趋势明显,已经成为国际生产性服务业体系的重要组成部分。这显示了上海的生产性服务市场不仅面向长江三角洲,面向中国内地,还面向国际。

从生产性服务业行业分布来说,金融业、保险业在东部大城市发展较快,且地区金融中心的产业实力远高于周边地区,呈相对独立的点状分布状态。交通运输、仓储业和邮政业的发展与省市的经济实力和产业基础有很大的相关性,呈现出从辽宁省到江苏省的北部沿海和南部广东省的弧加点状分布状态。

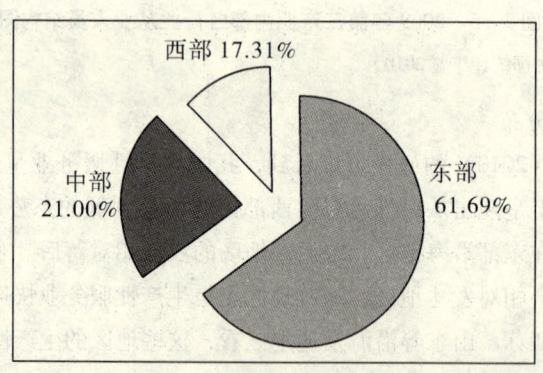

图3-6 2009年我国东部、中部、西部地区第三产业增加值比较图

通过国内学者对长三角地区生产性服务业的空间分布发现①,长三角地区生产性服务业与制造业空间可分,形成了上海—服务业中心、苏浙—制造基地

---

① 高春亮,乔均.长三角生产性服务业空间分布特征研究[J].产业经济研究,2009(6).

的空间模式。通常情况下,生产性服务业有高端与低端之分,大城市总是集中了更为高端的生产性服务业,而中小城市则集中了相对低端的生产性服务业(高春亮、乔均,2009)。在生产性服务业的空间布局上,各地应充分结合本地区的发展情况,选取具有区域特色的核心生产性服务业,以实现错位竞争,并以此辐射相关产业体系。比如上海基于其在中国区域经济的特殊位置和发达的基础设施,提出把上海建设成为国际金融中心和国际航运中心,重点发展现代金融保险业、现代物流业等现代生产性服务业①。

(4)对生产性服务业的投入需求

钟韵、闫小培(2003)从全国、区域、城市三个不同角度研究了我国目前生产性服务业的发展水平、特征以及广州生产性服务业对地区的影响。路红艳(2008)依据2000年我国投入产出表计算的我国工业和服务业使用不同服务业占中间总投入的比率。从表3-4中的数据可以看出,我国各行业对生产性服务业的需求总体水平较低。

表3-4 我国工业和服务业使用不同生产性服务业占中间总投入的比率

单位:%

	运输邮电业	商业餐饮业	公用事业及居民服务业	金融保险业	其他服务业	服务业合计
食品制造业	0.90	26.83	3.95	0.01	1.43	33.13
纺织、缝纫及皮革产品制造业	0.55	2.22	2.05	0.09	1.44	6.34
其他制造业	2.39	8.21	6.15	1.65	9.89	28.29
电力及蒸汽、热水生产和供应业	3.14	2.57	1.89	0.27	3.65	11.53
炼焦、煤气及石油加工业	13.38	4.25	4.12	1.17	1.88	23.80
化学工业	0.69	1.61	1.60	0.05	4.90	8.84
建筑材料及其他非金属矿物制品	0.45	1.57	2.68	0.07	1.85	6.62
金属产品制造业	0.33	0.40	0.45	0.03	0.77	1.98
机械设备制造业	6.14	4.82	3.93	0.62	3.23	18.74
运输邮电业	4.84	6.24	7.18	1.79	14.57	34.62

---

① 陈潮昇.促进我国生产性服务业快速发展的若干思考[J].改革与战略,2007(10).

表3-4(续)

	运输邮电业	商业餐饮业	公用事业及居民服务业	金融保险业	其他服务业	服务业合计
商业饮食业	1.92	13.35	3.89	0.77	6.38	26.31
公用事业及居民服务业	6.37	19.05	14.33	6.56	12.70	59.01
金融保险业	4.12	17.74	11.74	6.29	5.71	45.60
其他服务业	4.16	4.35	5.81	1.28	21.51	37.11

数据来源：路红艳. 大力发展生产性服务业促进我国产业结构优化升级 [J]. 产经论坛, 2008 (2、3期合刊): 70.

(5) 竞争力和带动力

20世纪90年代以来，我国工业化进程的快速发展为生产性服务业的发展提供了广阔的空间。从20世纪末开始，我国生产性服务业在整体上保持较快的增长态势，虽然期间也有一些起伏。现代物流业、金融保险业、信息产业、科技研发、商业及专业服务业等主要生产性服务业都保持着持续快速增长。

在1997—2002年间，我国服务业增长速度要远高于国内生产总值的平均增长速度，服务业占国内生产总值的比重也从1997年的34.2%快速增加到2002年的41.5%。此期间是我国出口贸易经济增长模式的低谷阶段，由于出口受限，国内制造业增长大幅放缓，服务业特别是生产性服务业成为该期间拉动中国经济增长的重要力量。到2003年的时候，我国生产性服务业增加值已经达到14 658亿元，是1990年的5.7倍，远高于同期国内生产总值的增长幅度。大中城市成为生产性服务业增长的主要空间领域，到2003年，我国地级以上城市生产性服务业从业人员就超过6165万人，占全部服务业从业人员的23.13%[①]。由于当时对服务业地位和作用认识不足，对服务业的重视程度在实践上远没有对制造业的重视程度高，致使这种良好发展形势没能持续下去，服务业的增长呈现出不稳定状况。从2003年开始，我国服务业增加值占国内生产总值的比重呈逐渐下降走势。到2006年的时候，我国服务业占国内生产总值的比重已经低于40%。在这期间，我国的生产性服务业有了比较大的发展。

---

① 数据根据《中国城市统计年鉴2003》整理而来，所采用数据全部为地级以上城市数据。计算范围包括：社会服务业、卫生体育社会福利业、交通仓储邮电通信业、批发零售贸易餐饮业、金融保险业、房地产业、地质勘察水利管理业、教育文化广播影视业、科研综合技术服务业以及机关和社会团体。

纵向看，到 2005 年，我国生产性服务业增加值已经占到服务行业的 47.06%，在服务业中的比重有了较大提高。但是横向看，与西方发达国家和部分发展中国家比较，我国生产性服务业在国民经济中所占比重还是明显偏低，其产业质量和国际竞争实力也远不及这些国家。我国生产性服务业发展中存在的不足还表现在生产性服务业与其他产业之间的关联度较低，特别是生产性服务业的感应度系数较低。在对我国各产业感应度系数排序中，第二产业所属行业的感应度系数均比较高，第三产业的感应度系数则比较靠后。而在发达国家的各产业中，第三产业所属行业的感应度系数一般比较高。比如在日本，其产业感应度系数大于 1 的行业有 11 个，其中位居第 1、2、3、5、11 位的分别是商业服务（2.456 215）、商业（1.765 737）、运输业（1.678 109）、金融保险业（1.549 578）、通信业（1.001 923），这些行业都属于生产性服务业领域。

（6）外资进入

外资在生产性服务业中的快速增长既表现在生产性服务业投资合同项目数量方面，也表现在生产性服务业投资金额上面。根据国家统计局发布的统计快报，2004 年，我国生产性服务业行业的外资合同项目数是 7419 个，占对我国服务业投资全部合同项目数的 67.43%；外资投资在生产性服务业领域的合同金额是 263.8 亿美元，占外资投资在我国服务业全部合同金额的 78.56%；投资在生产性服务业领域的实际使用资金是 115.4 亿美元，占投资在我国服务业全部实际使用资金的 82.14%。根据国家统计局发布的统计快报，2005 年，我国生产性服务业行业的外资合同项目数是 8345 个，占外资对我国服务业全部投资合同项目数的 64.61%；外资投资在生产性服务业行业的实际使用资金是 125.7 亿美元，占外资投资在我国服务业全部实际使用资金的 84.23%。从纵向看，2005 年外资对我国生产性服务业投资项目合同数比 2004 年增长了 12.48%；同年，外资投资在我国生产性服务业上的实际使用资金也比 2004 年增长了 8.93%。这说明外资对我国生产性服务业领域投资的快速增长态势。

2006 年，外资在我国生产性服务业领域投资的合同项目数达到 8452 个，占外资投资在我国服务业全部合同项目数的 57.07%；外资投资在我国生产性服务业领域的实际使用资金达到 227.7 亿美元，占外资投资在我国服务业领域全部实际使用资金的 86.39%。与 2005 年相比，2006 年外资投资在我国生产性服务业领域的合同项目数量增长了 1.28%，投资在我国生产性服务业领域的实际使用资金大幅增长了 81.15%。合同数目变化不大，而投资金额大幅增长,说明外资对我国生产性服务业的单个投资项目所投入的资金呈大幅增加态势,而单个项目投资规模的增加在某种程度上也意味着投资的技术含量进一步提高。

根据国家统计局发布的相关数据显示,2007年、2008年外资在我国生产性服务业领域共有企业家数8815家和7287家,分别占外资在我国服务业全部企业数量的53.83%和50.97%,同期外资投资在我国生产性服务业领域的实际使用资金是258.2亿美元和313.9亿美元,分别占外资投资在我国服务业领域全部实际使用资金的83.32%和82.71%。从这些数据可以看出,外资对我国生产性服务业的投资规模在快速扩展,无论是项目数量还是资金规模都呈现出快速增长态势。

外资对我国生产性服务业的投资不仅数量增加,而且对生产性服务业领域各行业的投资结构也在发生变化。传统生产性服务业虽依然是外资投资的主要行业,但是新兴生产性服务行业中外资的投入增长速度更快。根据国家统计局发布的统计快报,截至2005年,外资对我国生产性服务业的投资,无论是项目数量还是资金规模都主要集中在传统的物流业和金融保险业。但是,外资对我国新兴生产性服务业的投资增速则更快。2005年商务服务业和租赁业的实际使用资金和合同项目数分别比2004年增长了32.6%和12%;科学研究、技术服务和地质勘查业的实际使用资金和合同项目数分别比上年增长15.8%和47.2%;计算机服务和软件业、信息传输等服务行业的实际使用资金也比2004年提高了10.7%。

2006年,外资在我国生产性服务业领域中的新兴行业投资继续保持快速增长态势。商务服务业和租赁实际使用外资资金为42.2亿美元,比2005年增长了12.8%。科学研究、技术服务和地质勘查业领域的合同外资投资项目数量比2005年增长了11.8%,实际使用外资资金比2005年增长了48.1%。信息传输、计算机服务和软件业行业实际使用外资资金为10.7亿美元,比2005年增长了5.5%。

表3-5是2007年和2008年外资对我国生产性服务业领域各行业的投资情况。从表中数据可以看出,外资对我国服务业的投资在内部结构上明显表现出生产性服务业是其投资的主要领域。

表 3-5　　外商直接投资生产性服务业的行业分布情况

行业名称	企业数（家） 2007年	企业数（家） 2008年	实际使用金额（亿美元） 2007年	实际使用金额（亿美元） 2008年
交通运输、仓储和邮政业	658	523	20.1	28.5
信息传输、计算机服务和软件业	1392	1286	14.9	27.7
批发零售业	6338	5854	26.8	44.3
住宿餐饮业	938	633	10.4	9.4
金融业	51	25	2.6	5.7
房地产业	1444	452	170.9	185.9
租赁和商务服务业	3539	3138	40.2	50.6
科学研究、技术服务和地质勘查业	1716	1839	9.2	15.1
水利环境和公共设施管理业	154	138	2.7	3.4
居民服务和其他服务业	270	205	7.2	5.7
教育	15	24	0.3	0.4
卫生、社会保障和社会福利业	13	10	0.1	0.2
文化、体育和娱乐业	207	170	4.5	2.6
公共管理和社会组织	0	0	0	0

资料来源：2007年和2008年的国家统计局统计快报。

3.4.4　我国副省级城市生产性服务业的发展

（1）总量规模

自改革开放以来，生产性服务业作为经济发展的助推器，总量规模不断壮大。全国范围内，国内生产总值增加值从1999年的89 677.1亿元增加至2007年的257 305.6亿元，增长近287%；第三产业增加值从33 873.4亿元增长至103 879.6亿元，增长近307%；而同一时期，全国范围内生产性服务业总量从13 329亿元增长至50 627.5亿元，增速达到380%，高于国内生产总值和第三产业的增长速度。生产性服务业对第三产业和经济发展的助推作用显著。结构方面，1999年全国第三产业增加值占国内生产总值增加值的比重为37.77%，到2007年为40.07%，增幅变化不大。同期，生产性服务业占国内生产总值的比重从14.86%增长至19.68%，增长4.8个百分点，高于第三产业增长；生产性服务业占第三产业的比重由39.35%增加至48.74%。

1999年，我国15个副省级城市的国内生产总值总量达到15 515.25亿元，同时第三产业的增加值为7762.77亿元，占比为50.01%；2008年，15个副省级城市国内生产总值总量为60 313.2亿元，第三产业增加值为31 974.85亿元，第三产业增加值占国内生产总值的比重为53.01%，国内生产总值、第三产业增幅分别为389%、412%。通过细致考察成都、广州、杭州、厦门、南京、济南、青岛、哈尔滨、沈阳9个副省级城市的国内生产总值、第三产业增加值、生产性服务业总量以及结构指标后发现，这些城市的国内生产总值增加值从9571.9亿元增加至35 972.34亿元，增长近276%；第三产业增加值从4421.57亿元增加至18 128.61亿元，增长310%；生产性服务业增加值从2122.68亿元增加至8067.17亿元，增长了280%。结构方面，第三产业占国内生产总值的比重由46.19%增长至50.4%；生产性服务业占国内生产总值的比重由48.01%下降为44.5%[①]。

(2) 生产性服务业内部行业结构

就内部结构而言，生产性服务业将逐步向现代化和高端化转型。随着经济发展对产业结构合理化以及高级化的要求，生产性服务业内部各行业产值比重得以不断改进，打破了传统的"重重工业、轻服务业"的经济发展格局，在第三产业增加值超过第二产业成为经济发展主要动力的同时，生产性服务业内部各行业之间的结构不断得到优化。1999年，我国9个副省级城市生产性服务业增加值为2122.69亿元，在2008年达到8067.19亿元，增长280%。交通运输、邮政与仓储业在总量上虽然增长了197%，但是其增幅略低于平均增长速度。交通运输邮政以及仓储业1999年增加值为806.95亿元，占生产性服务业增加值的比重为38.02%；经过将近十年的结构调整，2008年其增加值达到2397.23亿元，但比重则降至29.72%。房地产业增加值在1999年、2008年分别达到298.64亿元、1868.18亿元，增长率接近526%；同时期，房地产业占生产性服务业比重从14.07%增长至23.16%。教育业经过10年发展取得了较大进步，从284.18亿元增长至1192.11亿元，同时其占生产性服务业的比重值也从13.39%上升至14.78%。科学技术综合服务业总量方面，从78.5亿元增加至535.6亿元，增长了582%，为生产性服务业中增长最快的行业，其占生产性服务业的比重从3.7%上升为6.64%。同时期，金融保险业增加值占生

---

① 数据来源：根据《中国统计年鉴》2000—2009年相关数据、各副省级城市统计年鉴2000—2009相关数据计算得到。

产性服务业增加值比重虽然降低，但是其增幅依然很大，达到217%，其占生产性服务业比重从30.84%下降为25.71%。

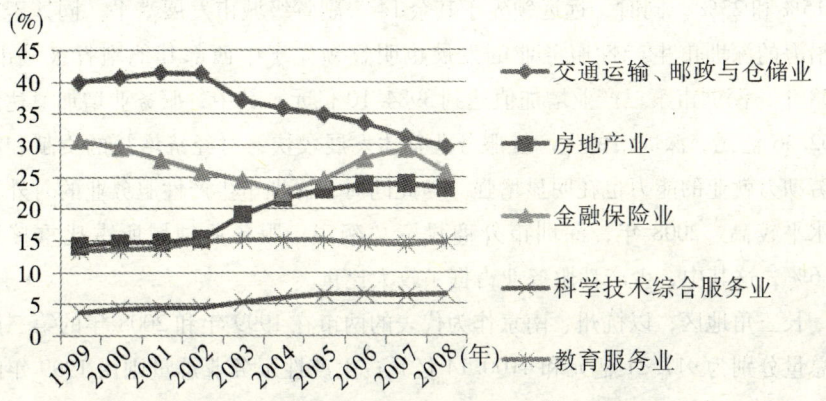

图3-7 副省级城市生产性服务业各行业比重

通过以上对副省级城市生产性服务业内部行业结构分析可知：虽然交通运输、邮政与仓储业发展无论是在总量上还是在比重上仍然一枝独秀，但是其占生产性服务业的比重已经呈现出明显的下降趋势。在生产性服务业发展过程中，房地产业的拉动作用不断显现出来，带动生产性服务业发展速度的提升。关系生产性服务业科技与创新方面的科学技术综合服务业虽然占整个生产性服务业比重仍然较小，但是随着经济结构调整以及产业结构转变进程的推进，其占生产性服务业的比重在不断增加，推动着生产性服务业向高级生产性服务业方向发展。金融保险业虽然呈现出下降的趋势，但是总体上来说，仍然是促进生产性服务业发展的主力军。

从全国范围看，2008年全国平均水平交通运输、邮政与仓储业占生产性服务业增加值的比重为29.24%，副省级城市比重稍高于全国平均水平；房地产业在生产性服务业中的比重为26.33%，副省级城市为23.16%，低于全国平均水平；金融保险业在生产性服务业中比重达到24.25%，副省级城市为25.71%，高于全国平均水平；科学技术综合服务业方面，全国平均水平为5.78%，副省级城市为6.64%；教育业方面，副省级城市基本与全国平均水平持平。

（3）分区域总量比较

处于珠三角地区的广州、深圳，其生产性服务业的发展具有明显的优势。早在1990年，广州的第三产业产值已经高于同期第二产业产值。到1999年，广州市生产性服务业增加值占全市国内生产总值的比重已经达到28.39%，占全市第三产业增加值的比重达到53.52%，这两个比例分别远远高于全国平均的15%和23%。同时，远远领先于其余14个副省级城市发展水平。同处于东南沿海的深圳市生产性服务业的发展也明显领先于中西部其他副省级城市。2008年，深圳市第三产业增加值达到3984.10亿元，其中，服务业增加值达到2902.36亿元。深圳市的生产性服务业整体发展较快，对经济增长的贡献和吸纳劳动力就业的能力也在明显增强。与此同时，深圳市生产性服务业的对外开放水平较高。2008年，深圳市外商投资总额中，服务业领域所占比重接近83.6%，这其中，生产性服务业占据了较大比重。

长三角地区，以杭州、南京作为代表的两市在1999年和2008年的第三产业总量分别为917.21亿元和4100.14亿元；生产性服务业总量则由1999年的474.83亿元增长至2008年的2050.17亿元。但无论在国内生产总值总量、第三产业总量以及生产性服务业总量方面，以杭州、南京为代表的长三角地区均远远落后于以广州、深圳为代表的珠三角地区。

以济南、青岛两市为代表的华北地区，1999年的第三产业增加值分别为444.8亿元、1734.52亿元；生产性服务业增加值分别为173.98亿元和779.42亿元。可以说，珠三角、长三角、华北三地区副省级城市的生产性服务业发展差距较为明显。

以哈尔滨、沈阳两市作为代表的东北地区，1999年和2008年的第三产业总量以及生产性服务业增加值分别为465.06亿元、195.31亿元，经过10年发展，到2008年，其增加值分别达到1571.55亿元以及610.59亿元，与济南、青岛两市的差距不断缩小。

西部地区的成都市生产性服务业增加值在1999年为232.88亿元，与杭州、南京两市总量（474.83亿元）相差无几。经过10年发展，2008年成都市生产性服务业总量为761.720 4亿元，杭州、南京两市已经增长为2050.17亿元。可以说，差距在不断拉大。

在生产性服务业占第三产业比重中，广州市生产性服务业在2004年之前领先于其余地区城市，在2005年之后，其所占比重有所下降。杭州、南京的生产性服务业占第三产业比重呈现上升趋势，哈尔滨与沈阳、济南、青岛、成都的比例则有下滑的趋势。

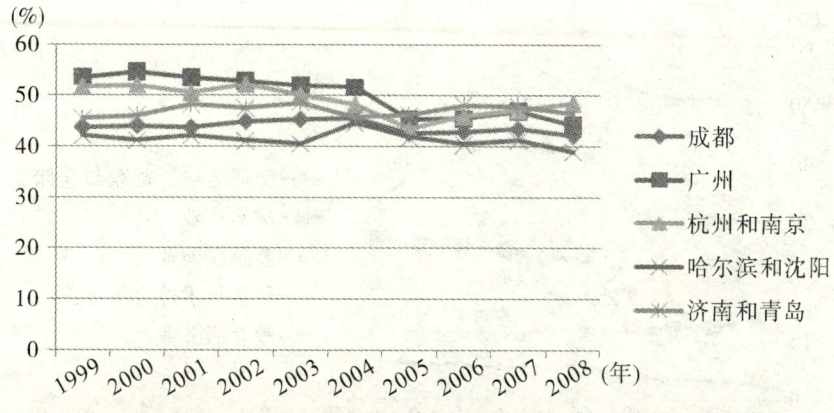

图3-8 成都、广州、杭州和南京、哈尔滨和沈阳、济南和青岛
生产性服务业占各城市第三产业比重

通过以上总量以及比例分析可以看到：广州市生产性服务业的发展无论是绝对值还是对经济的贡献均处于绝对领先地位，可谓一枝独秀。杭州、南京两市随着沿海经济的开放和发展以及有利的地理位置，其生产性服务业也得到了长足的发展，但是与广州相比，仍然处于落后地位。华北地区的济南、青岛两市生产性服务业虽然也得到一定程度发展，但是同珠三角、长三角地区城市相比，其速度明显滞后。位于东北地区的哈尔滨、沈阳两市随着国家振兴东北工业基地战略的实施，其生产性服务业发展也受益于政策以及经济发展的有利因素而取得了一定发展，但由于地理位置、经济发展水平以及经济开放水平的制约，其与珠三角、长三角以及华北地区城市相比，仍然有一定的差距。随着西部大开发战略的实施，成都市生产性服务业已经取得很大进步，无论是在生产性服务业占国内生产总值的比重方面，还是生产性服务业占第三产业比重方面，均在不断缩小与先进地区的差距。

（4）分区域行业结构比较

珠三角地区的广州市，其交通运输、邮政及仓储业占全市生产性服务业约一半比重，虽然在近几年有下降的趋势，但是总量仍然在不断上升。房地产业在2002—2003年间存在一个拐点，在拐点之后平稳上升，但是趋势不明显；金融保险业所占比例在2006年之前呈现出下降的趋势，在此之后所占比例接近20%。关系生产性服务业科技与创新的科学技术综合服务业在整个生产性服务业行业中所占比重一直维持在10%以下，虽然在近几年有上升的趋势，但并不明显。教育业在生产性服务业中所占的比例在8%~12%之间，也呈现出上升的趋势。

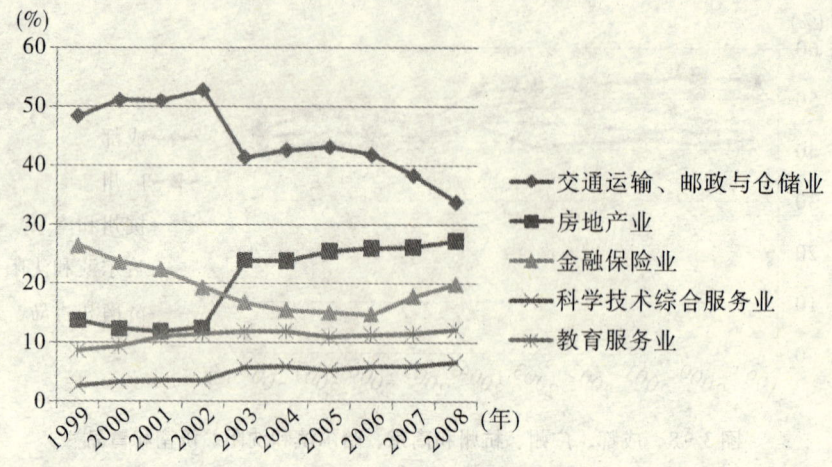

图3-9 广州市生产性服务业各行业占比

处于长三角地区的杭州与南京,交通运输、邮政与仓储业占比从1999年的34.78%下降到2008年的17.65%;房地产业占比从12.43%上升到24.97%;金融保险业占比从34.36%上升到35.46%,但是在变化的过程中,上升与下降并存;科学技术综合服务业占生产性服务业的比重从3.75%上升到6.36%,在一定程度上促进了两市生产性服务业结构优化以及产业升级。教育服务业占比在整个10年期间变化不大,从14.68%上升到15.55%,在整个变化过程中也曾有过短暂的下降。

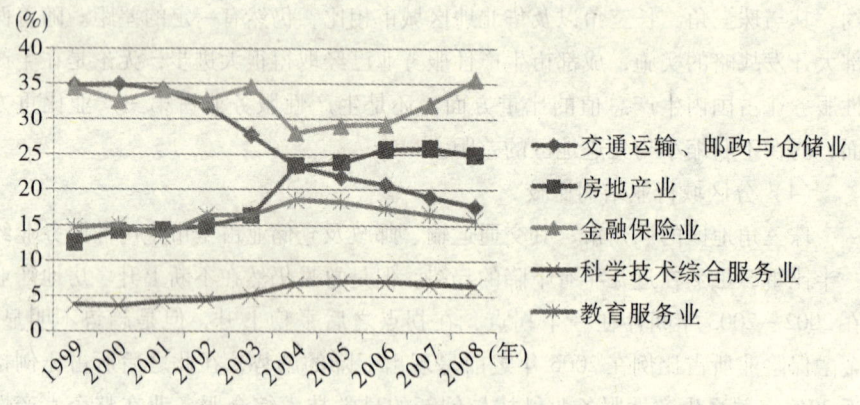

图3-10 杭州、南京两市生产性服务业各行业占比

处于华北地区城的济南、青岛两市,其生产性服务业内部各行业中总量最大的仍然为交通运输、邮政与仓储业,其占比稳定在31%左右;金融保险业,

虽然总量从1999年的82.42亿元增加到2008年的357.52亿元，增长3倍多，但占生产性服务业增加值的比重从18.05%下降为17.09%。在整个行业构成中，教育业经过10年的发展从65.79亿元上升为230.83亿元，其占生产性服务业增加值的比重从14.41%下降为11.04%，下降了3.37个百分点。房地产业在济南、青岛两市的生产性服务业增加值中，总量从45.98亿元上升为265.27亿元，占比从10.07%上升为12.68%；科学技术综合服务业，其总量从13.13亿元增加为66.47亿元，其占生产性服务业比重从3.6%上升为5.49%。在整个生产性服务业增加值构成中，传统生产性服务业所占比重仍然较大，在济南、青岛两市生产性服务业增加值中，主要仍然是依靠传统生产性服务业以及投资拉动。

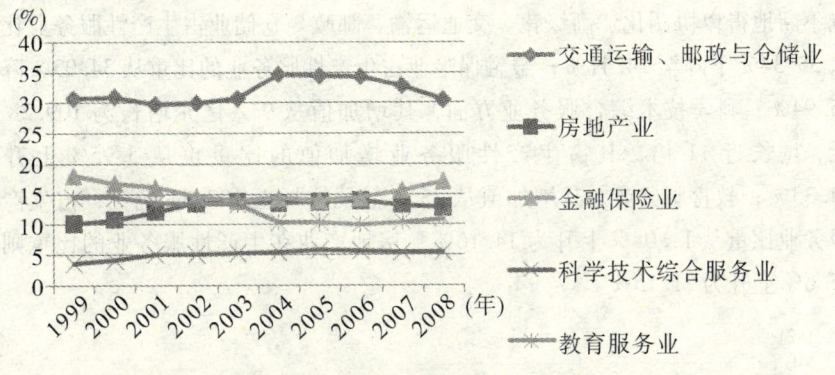

图3-11　济南、青岛两市生产性服务业各行业占比

位于东北地区的哈尔滨、沈阳两市，由于经济发展水平落后于其他三个地区，其生产性服务业发展也明显滞后于其他三个地区城市。交通运输、邮政与仓储业从147.37亿元增加至387.73亿元，占生产性服务业增加值的比重从37.76%降低至31.75%；金融保险业，其增加值从106.39亿元增加到267.6亿元，其占生产性服务业比重从27.26%下降至21.91%；房地产业，从51.31亿元增长至248.06亿元，其占生产性服务业增加值的比重从13.15%增长至21.91%；代表生产性服务业技术水平的科学技术综合服务业从20.65亿元增长至74.65，在一定程度上带动了生产性服务业的快速增加，其占比从5.29%上升至6.11%；教育业，总量从64.54亿元增加到243.14亿元，占生产性服务业增加值比重从16.54%上升至19.91%。

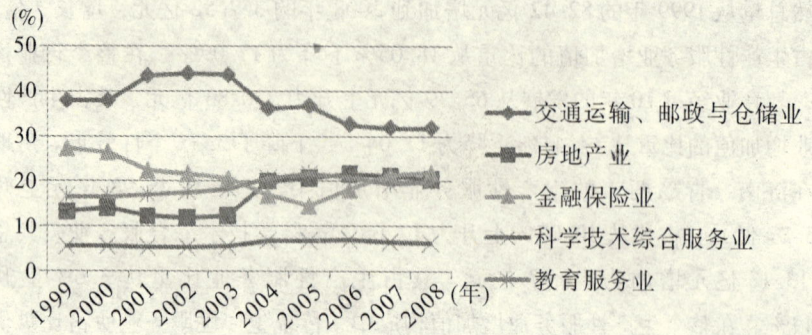

图 3-12 哈尔滨、沈阳两市生产性服务业各行业占比

位于西部地区的成都市，其生产性服务业不仅总量上节节攀升，内部结构也不断地得以协调化、高级化。交通运输、邮政与仓储业占生产性服务业比重从 35.34% 下降至 24.41%；金融保险业占生产性服务业的比重从 34.03% 降为 25.94%；科学技术综合服务业方面，其增加值从 9.2 亿元增长为 109.28 亿元，增长近 11 倍，其占生产性服务业增加值的比重也从 3.95% 上升为 14.33%；教育服务业，其增加值从 25.8 亿元增加至 107.84 亿元，占生产性服务业比重从 11.08% 上升为 14.16%；房地产业在生产性服务业的比重则从 15.6% 上升为 21.15%。

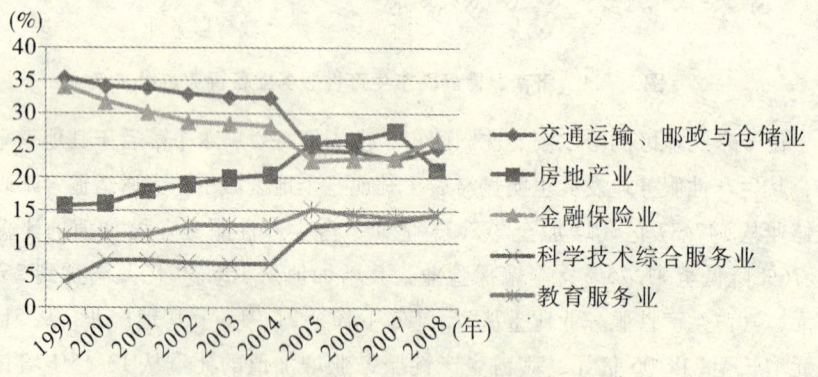

图 3-13 成都市生产性服务业各行业占比

通过对珠三角地区、长三角地区、华北地区、东北地区以及西部地区相关副省级城市生产性服务业内部结构分析可以看到，我国副省级城市传统生产性服务业的比重在不断下降，主要表现为交通运输、邮政及仓储业比重明显下降；房地产业比重基本保持缓慢增长趋势；高级生产性服务业，如科学技术综合服务业以及教育服务业虽然还没有成为推动生产性服务业发展的主要动力，

但是其发展已经呈现明显上升趋势；金融保险业在近年的发展中虽然有所下降，但其仍然是现代社会推动生产性服务业发展的主要动力源泉。

3.4.5　我国都市生产性服务业发展中存在的制度性障碍

（1）对生产性服务业产业地位认识存在偏差

我国是一个经济相对落后的发展中国家，在经济发展战略制定方面，工业一直被作为发展的重点。我国传统经济学观点认为，物质生产部门才是社会生产活动的主要领域，制造业才是最基本的经济部门。传统经济学思想一直不重视生产性服务业的发展，甚至在某种程度上害怕生产性服务业的发展。他们认为第一产业、第二产业才是经济发展的重要领域和发展主体，第三产业只不过是农业和工业发展的润滑剂和补充产业。在生产效率上，服务业不如第一、第二产业，服务业的大规模发展不利于我国劳动生产率的整体提高，美国经济学家鲍莫尔（Baumol）和富克斯（Fuchs）更是将服务业的发展看成是生产成本增加的表现。还有一些经济学家将服务业视为消费行业，认为这些行业的发展将导致各种资源从生产领域向消费领域流动和转移，从而不利于社会再生产的扩大。

在城市经济发展中，相关部门也没有能够走出传统经济学观点的局限，认为制造业才是城市最基本的产业部门，通过发展制造业大规模输出产品，从而指导和引领区域产业发展。服务业被定位为主要为城市自身服务需求提供服务的产业，服务业的形式、规模和收入取决于城市从外部经济活动中所获得收入的多少，这实际上就是早期发展经济学中的输出基础理论在城市经济发展中的再现。服务业在早期城市发展与经济增长规划中几乎无一例外地成为产业发展规划中一个相对不重要的组成部分，成为城市规划中次要考虑的问题。

由于不能正确认识生产性服务业与制造业之间的关系，长期以来，在工业化进程中，产业发展始终以工业为主而忽视了相关生产性服务业的发展。这种片面的产业发展观念清晰地体现在我国工业化的各个阶段。新中国成立至1978年，是我国工业化的初期阶段，这期间工业化战略是以重化工业为中心的产业发展战略，明显地以重工业为主、轻工业为辅。1978年改革开放到1993年可以看成是我国工业化的调整和均衡发展阶段，但是所谓的均衡也只是在继续发展重工业的同时，加强了轻工业的发展，生产性服务业依然没有受到重视。从1994年开始到现在可以看成是我国工业化发展的第三阶段。受西方发达国家制造业产业升级和国际产业转移的有利因素影响，我国的钢铁、机械、纺织、电子、化工、石化、汽车等工业行业迅速发展为国民经济的主导产业。这个阶段中，重化工业无论在规模上还是技术水平上获得了巨大发展，不仅生产能力可以满足本国经济发展的需要，还大量向国际市场出口产品。生产性服务业在这个阶段依然没有能够获得应有的发展，我国的三次产业结构甚至出现了逆转。

（2）个人在职业选择上存在认识误区

价值观念会影响个人职业和企业产业目标。一个地域某个产业是否能够取得成功，离不开大量优秀劳动者愿意选择和长期从事该职业，愿意为该职业尽心尽力努力工作。也就是说，人们对该产业所提供职业的价值认同是该产业在当地健康持续发展的人力资源基础。受价值观的影响，不同地方的人们往往更愿意从事某些相同或近似的产业和职业，从而使得不同地方的这些产业具有更加特殊的地位，进而吸引更多的资金和人才进入，这种产业于是就可以获得更大发展空间，也增长得更快。受传统观念的影响，我国很多地方的人们都对服务业存在认识偏差，甚至认为从事服务业就是不务正业，从事服务业不如从事制造业更加有地位。这就使得我国不少服务业行业缺乏发展的社会基础，自然不能吸引优秀劳动力进入。

（3）产业结构政策的限制

受西方古典政治经济学思想影响，改革开放以来，我国一直坚持出口导向和比较优势的产业政策。出口创汇成为我国改革开放早期对外贸易的一个重要目标，为了进入全球价值链的加工制造环节，从要素比较优势出发，依靠劳动力资源丰富的优势进入到全球价值链的加工制造环节。这个环节对生产要素的投入主要是土地、自然资源和劳动力，而生产性服务业的中间需求很少，这就直接导致了我国制造业在获得快速增长的同时，生产性服务业不能获得相应的增长。再加上国家间产业分工的影响，制造业发展中仅有的生产性服务业需求也被发达国家企业和跨国公司分享了，本国生产性服务业生产发展的空间受到了明显挤压而发展缓慢。比如在制造业发展过程中，需要的资金服务主要来自外资，而对本国资金需求较少，这就不能带动本国金融业和资本市场的同步发展。再比如，制造业发展过程中所需要的技术装备主要从国外进口或者由跨国公司提供，这就减小了对本国研发和装备制造业发展的需求和带动。其他和制造业相关的服务业，如市场营销、市场调研、现代物流、广告策划、法律服务等也在很大程度上依赖外部供给。这种满足模式虽然可以在很短时间内满足我国制造业发展需要，但却在很大程度上阻碍了我国生产性服务业的发展。

（4）产业组织的限制与同质化趋势，使得重复建设现象严重

一些生产性服务业行业存在明显的政策性进入壁垒和垄断现象。我国的市

场经济改革走的是渐进式发展道路，各个行业改革的进度不一，一些重要的生产性服务业领域的市场化改革长期滞后，制约了这些行业的发展壮大。改革的滞后导致了我国生产性服务业内的行政垄断现象十分普遍。为了强化对这些行业的垄断，政府严格限制市场准入，导致这些行业缺乏竞争，缺乏活力，缺乏内在动力，技术进步缓慢。如我国的银行业、电信业、保险业、民航业、铁路运输等生产性服务领域，至今依然维持着十分严格的市场准入制度，对非国有资本和外资的限制十分严格。这种产业组织政策在很大程度上阻碍了非国有资本、技术和人才进入这些行业。不仅在市场准入方面存在严格限制，不少生产性服务业所提供的产品和服务价格也受到政府的严格管制。政府从社会目标出发，对这些行业进行价格管制，有些价格甚至低于成本价格，致使该产业盈利能力低，发展缓慢。政府对生产性服务业的管制还体现在生产性服务业经营模式的选择与创新方面，一些政策和规定制约了这些行业的服务模式的发展与创新。

在地方政府的推动下，各地生产性服务业领域的重复建设现象也较为严重。随着我国工业化进程的推进，制造业产业升级压力不断增加，我国发展生产性服务业的需要和意愿也更加明确，各大城市政府部门发展生产性服务业的内在动力也更大，于是生产性服务业在各城市经济发展规划中扮演着越来越重要的地位，生产性服务业成为大中城市竞相发展的重要产业。由于我们对都市生产性服务业选择的理论储备不多，各城市在生产性服务业选择和定位方面出现了严重的重复现象，生产性服务业的同质竞争日趋严重。有学者曾经统计过，我国内地至少有30多个城市提出要建设金融中心，有180多个城市提出要建设国际化大都市，定位为经济中心的城市就更多①。甚至一些乡镇也提出要大力发展生产性服务业，要建设总部基地，金融中心。从同一等级城市和同一城市圈层等角度来分析，我国都市生产性服务业的发展选择存在以下同质化和重复建设问题。

①我国部分一线城市生产性服务业发展同质化

为了描述我国都市生产性服务业发展的同质化问题，可以将我国一线城市的生产性服务业发展进行一个比较，通过对我国主要都市生产性服务业发展定位分析，从中分析出我国都市生产性服务业定位的重复状况。通过收集我国一线城市中的北京市、上海市、广州市和天津市等城市的十二五发展规划的资

---

① 别江波. 我国城市体系建设中存在的问题及对策研究 [J]. 中国软科学, 2011 (S1): 13.

料，并对其中和生产性服务业有关的资料进行了汇总，然后对这些城市的生产性服务业选择进行比较。

按照北京市的国民经济和社会发展"十二五"规划，将加快金融服务、信息服务、科技服务、商务服务、流通服务等生产性服务业发展，目标是打造服务区域、服务全国、辐射世界的生产性服务业中心城市，建设具有国际影响力的金融中心城市，要成为在亚太地区有重要影响力的信息服务枢纽城市，要成为全球商务服务网络的重要节点，要打造科技创新中心城市，要建设交通枢纽、大型物流节点和流通网络。按照上海市的国民经济和社会发展"十二五"规划，将加快发展信息服务、现代物流、专业服务、服务外包、研发设计、文化创意和会展等生产性服务业，目标是将上海建设成为具有全球资源配置能力的国际经济、金融、贸易、航运中心。按照广州市的国民经济和社会发展"十二五"规划，在生产性服务业方面将重点发展金融保险业、现代物流业、商务服务业、外包服务、高技术服务业，要将广州市建设成为国际商贸会展中心。按照天津市的国民经济和社会发展"十二五"规划，在生产性服务业方面将重点发展现代物流业、科技和信息服务业、现代金融业、中介服务业，要将天津建设成总部型物流基地和运营中心，要确立天津市的北方国际航运中心和国际物流中心地位。

从四个城市生产性服务业发展选择来看，他们都将金融业、商务服务业、信息和科技服务业、商贸物流业作为"十二五"重点发展的产业，而且都是要将自己发展成为这些行业的全国性中心城市和全球经济的中心城市，四个大城市生产性服务业发展重复定位比较明显。

②主要都市圈内部各城市生产性服务业重复建设

一是长江三角洲城市圈各城市生产性服务业的重复建设。上海市的生产性服务业发展的目标可以分为两个。一个是要发展信息服务、现代物流、专业服务、服务外包、研发设计、文化创意和会展等生产性服务业，建设综合性的生产性服务业基地；另一个就是要将上海建设成为国际经济、国际金融、国际贸易、国际航运中心。南京市的金融、现代物流、商务服务、文化创意、现代商贸等生产性服务业也是希望服务于本城市区域和中西部地区。杭州市的生产性服务业主要集中在文化创意、旅游休闲、金融服务、信息与软件、现代物流、商贸服务、房地产、科技服务业、中介服务业等领域，希望建设成为国际重要的文化创意中心、电子商务中心、区域性金融服务中心。宁波市的生产性服务业主要集中在国际贸易、现代物流、金融保险、科技信息、文化创意、中介服务、现代商贸等领域。即使在协作和联系比较紧密的长江三角洲城市群内部，各城市生产性服务业重复建设的问题也十分明显。

二是珠江三角洲城市圈生产性服务业重复建设。按照广州市的国民经济和社会发展"十二五"规划，在生产性服务业方面将重点发展金融保险业、现代物流业、商务服务业、外包服务、高技术服务业，要将广州市建设成为国际商贸会展中心。在深圳市的"十二五"发展规划中，将把深圳建设成为全国金融中心、全球性物流枢纽、国家服务外包示范城市，还要大力发展商贸会展业、专业服务业、高新技术服务业。在珠海横琴金融业发展规划中，开展金融创新，从事外币离岸业务、引进信托机构，发展金融后台服务业都包括在内。广州、深圳、珠海、澳门四个城市都将国际性金融业、现代服务业作为发展的重点。就连南沙市也明确提出要把南沙建设成为珠江三角洲重要的金融服务区。在生产性服务业领域，这些城市的生产性服务业发展思路如出一辙——将依托香港国际金融中心，发展配套金融业和企业生产性服务业作为本市生产性服务业发展的重点，同质化竞争十分明显。这些城市的金融服务业都将香港金融机构作为引进对象，还可能对同属于该城市群的香港金融业发展产生一定冲击。

三是京津城市圈生产性服务业重复建设。北京市的生产性服务业主要集中在金融服务、信息服务、科技服务、商务服务、流通服务等领域。天津市在生产性服务业方面将重点发展现代物流业、科技和信息服务业、现代金融业、中介服务业，要将天津建设成为总部型物流基地和运营中心，要确立天津的北方国际航运中心和国际物流中心地位。石家庄市的生产性服务业主要集中在现代物流、总部经济、会展经济、新兴和高端服务业、金融保险、网络传媒、文化创意等领域，目标是打造全国重要物流节点城市和华北现代物流基地，要建设区域总部经济聚集区。济南市的生产性服务业主要集中在金融服务、信息服务、文化旅游、商贸物流、商务会展等领域。青岛市的生产性服务业主要集中在现代物流业、现代金融业、会展业、总部经济等领域，目标是要建设区域性金融中心，打造国际会展知名城市，努力构建面向世界、影响北方地区的总部基地城市。太原市的生产性服务业主要集中在现代物流业、会展业、现代金融业、科技服务业等领域，目标是要建设环渤海和黄河中游地区现代物流中心，建设国际性的专业会展中心，建设区域性金融中心。该城市圈的这些城市在金融业、商务服务、物流、会展等领域存在定位重复问题。

四是武汉—长沙城市圈生产性服务业的重复建设。武汉市的生产性服务业主要集中在现代金融服务业、会展业、软件及信息服务业、文化创意产业、技术服务业，目标是要建设区域金融中心和国际博览中心。长沙市的生产性服务业主要集中在现代金融业、现代物流业、信息服务业、科技研发服务业、商务会展业、总部经济，目标是要建设区域金融中心，打造中部地区重要的物流枢纽和世界华文文献数字资讯中心。郑州市的生产性服务业主要集中在金融业、会展业、中介服务业、外包服务业等领域，目标是要建设区域性金融中心。该城市圈的这些城市在金融业、物流业、会展业等领域存在比较明显的定位重复问题。

五是东北城市圈生产性服务业重复建设。大连市的生产性服务业主要集中在港航物流业、金融业、软件及信息服务业、商务会展业、文化创意业和研发设计等，目标是打造区域性现代服务业中心城市，建设东北亚国际航运中心、东北亚国际物流中心和东北地区金融中心。哈尔滨市的生产性服务业主要集中在金融业、商贸物流业、科技服务业、信息服务业，目标是要建设东北亚地区重要的金融中心、商贸中心、物流中心、科技研发中心、信息中心，打造服务东北北部、辐射东北亚的综合性现代服务业中心城市。吉林市的生产性服务业主要集中在商贸物流、金融业和文化创意产业，目的是要建设区域性商贸中心城市。沈阳市的生产性服务业主要集中在金融业、物流业、信息服务业、服务外包产业、科技服务业、会展业，目标是要建设东北区域金融中心、中国北方会展中心。该城市圈内部各城市的生产性服务业发展定位趋同比较突出。

六是西北城市圈生产性服务业重复建设。西安市的生产性服务业主要集中在商贸物流、金融业、会展业、外包服务业、技术服务业，目标是要把西安建设成为区域性的商贸物流中心、金融中心和会展中心。兰州市的生产性服务业主要集中在总部经济、物流业、金融业、会展经济、新型服务业、商务服务业，目标是要建设连接东西、沟通南北、辐射中亚和西亚的西北现代服务中心。乌鲁木齐市的生产性服务业主要集中在现代物流、金融保险、商贸会展等领域，目标是要建设面向中西亚的国际物流中心，打造中国西部和面向中西亚的区域性金融中心，打造中国西部和面向中西亚的会展之都，打造全疆信息服务中心和信息产业基地。银川市的生产性服务业主要集中在物流业、现代服务业，目标是要建设区域性物流中心、将银川建设成为面向宁蒙陕甘毗邻地区的现代服务业中心。该城市圈内部各城市生产性服务业发展也存在定位趋同问题。

七是西南地区生产性服务业重复建设。成都市的生产性服务业主要集中在金融业、商贸业、现代物流业、商务服务业、文化创意产业、会展产业、电子商务、服务外包、数字新媒体等领域，目标是要建设区域性总部和后台服务中心、结算中心、管理运营中心，建设全球物流网络中的重要节点、西部地区城际分拨和城市配送物流中心，建设西部第一、国内领先的文化创意产业标杆城市，建设中国会展之都。重庆市的生产性服务业主要集中在金融业、物流业、会展业、高技术服务业、专业服务和中介服务业，目标是要建设内陆地区金融高地，建设西部地区国际物流中心，建设西部地区会展之都。昆明市的生产性服务业主要集中在现代物流业、总部经济、金融业、会展业、信息服务业、中介服务业，目标是要把昆明建设成为辐射大西南，连接中西部，面向东南亚、南亚、中东、非洲、南欧的国际陆港，把昆明建设成为跨国公司西南地区总部和国内企业总部高度集中的面向东南亚、南亚的重要总部经济区，构建面向东南亚、南亚的区域性国际金融中心，把昆明建成我国面向东南亚和南亚的区域性会展中心城市，将昆明信息交换中心建成我国对外的重要信息枢纽。贵阳市的生产性服务业主要集中在现代物流业、金融业、会展业、商贸服务业，力争建成区域性物流城市和西南地区重要物流中心，逐步建成西南地区重要的金融中心，打造成全国乃至国际知名会展品牌。在该城市圈内部也存在明显的生产性服务业定位趋同问题。

可见，在我国主要城市之间以及不同城市圈内部的大多数城市之间都存在不同程度的同质定位和重复建设问题。这种同质化和重复建设造成了我国生产性服务业内部结构和空间分布的不合理，造成了部分生产性服务业行业的供给过剩和部分行业生产性服务业供给不足并存，导致资源配置的失衡。生产性服务业的定位趋同导致这些城市在生产性服务业发展方面的恶性竞争。这些城市为了引进生产性服务业项目和企业入驻，纷纷提供更加优惠的政策，包括财政支持、税收减免、用地优惠等，公共财税政策竞相走向低洼。

对都市生产性服务业选择的基本理论把握不够是导致部分城市生产性服务业重复建设的重要原因之一。特别是一些地方政府对都市生产性服务业发展规律认识不够深刻，对生产性服务业选择应当考虑的因素缺乏理论认识，从而导致城市生产性服务业选择偏颇、定位模糊，发展缺乏后劲，难以持续发展。从生产性服务业定位来看，这些城市生产性服务业行业选择过于宽泛和笼统，没有能够深入到各生产性服务业内部进行生产性服务业细分。其实生产性服务业各行业内部包含着诸多细分行业，如果我们能够从各细分行业层面来进行生产性服务业的选择和定位，各城市生产性服务业选择就会更加科学合理，各城市生产性服务业的特色和个性就会更加鲜明，重复建设问题就可以在很大程度上避免。

各城市政府的政绩意识在我国都市生产性服务业重复建设中也扮演着重要角色。地方政府的政绩意识、增长冲动，是生产性服务业在各城市重复建设的主要推动力量。各地方政府为了追求地方国内生产总值的增长，为了追求政绩，经常不顾经济发展规律和当地生产性服务业发展条件，在自己能够掌握和控制的政策范围内，纷纷开展一些低水平、低技术含量的生产性服务项目。这种具有地方保护主义性质的生产性服务业项目造成了有限资源的极大浪费，也导致了这些行业的过度竞争，使城市之间在生产性服务业领域的分工与协作关系被人为扭曲。比如，在地方政府的驱动下，一些地方交通生产性基础设施大规模发展，出现严重过剩。在长江三角洲地区的民用航空领域，这里的机场数量已经达到每万平方千米 0.8 个的高密度，远远超过美国的每万平方千米 0.2 个的水平。而在长江下游，特别是江苏境内的南京市以下河段，内河港口绵延不断，光万吨级码头就超过 100 个。

（5）制造业企业生产服务的自我供给抑制了生产性服务业的独立发展

和定位趋同、重复建设现象并存的，还有我国都市生产性服务业供给的缺失。一些本来应当由这些城市提供的生产性服务业，这些城市却并没有列入发展规划之中，或者发展的力度和规模不能满足需求。比如，面向各都市广大农村辐射区域的第一产业，不少都市都没有能够提供相应的生产性服务，具有地方特色的适合当地发展的制造业所需要的生产性服务业也没有跟上。

此外，在我国企业界，纵向一体化经营模式不仅没有随着时代进步而弱化，反而还在很多国有企业身上呈现出强化趋势。随着我国国有企业经营体制和治理模式的改革，国有企业的盈利能力得以提高，国有企业的利润大幅度增加。但是，自 20 世纪 90 年代以来，国有企业几乎都不向国家进行利润分红，大量经营利润被滞留在企业内部，成为各企业可以自由支配的巨额资金。有了这些资金的支持，很多国有企业大肆扩张，从事多元化经营和一体化运作。目前很多中央企业可以说已经形成了相对完善的产业链，这个产业链从上游原材料开始，经中间的加工制造业环节，再向下游的物流商贸等生产性服务业环节扩张。

（6）城市化进程缓慢制约生产性服务业发展

根据发达国家的统计资料和西方国家经济学研究，生产性服务业规模与城市化水平之间存在明显的正相关关系，生产性服务业升级以及内部结构也与城市化水平之间存在密切关系。城市化可以说是生产性服务业发展的催化剂。正是由于城市化，才造成企业和人员的大规模集聚，才形成对生产性服务业的巨大需求，也正是由于城市化才使得生产性服务业内部可以进行更高程度的专业化分工，从而使生产性服务业的劳动生产率和满足市场需求的能力得以大幅度提升。城市化所带来的需求市场的集聚性还降低了生产性服务业的服务成本。

长期以来，由于没有认识到城市化的应有作用，我们国家在城市化方面一直采取的是阻碍和抑制政策，严格限制农村人口向城市转移，致使我国的城市化水平严重低于我国经济社会发展阶段应当达到的水平。没有城市化，也就没有适合生产性服务业发展的土壤。毕竟，生产性服务业主要是生长在大中城市里的。城市，特别是大城市才是生产性服务业生长的合适土壤。

（7）科技体制改革滞后、知识产权保护不足，制约生产性服务业发展

科学技术的不断进步是生产性服务业持续发展的内在驱动力。虽然早已认识到科学技术作为生产力的重要性，但长期以来我国在科学技术方面的投入却严重不足，国家创新体系也极不完善。再加上科研机构和企业之间缺乏紧密关联，科技成果产业化渠道不畅，致使有限的技术创新不能转化为现实生产能力。据有关方面统计，我国现有大中型企业28万家，而其中只有25%的企业拥有自己的研发机构，很多企业没有专职的从事研发活动的科研人员。

和制造业相比，生产性服务业对自然资源等物质要素的需求比例很小，它明显属于知识技术密集型产业。要保证对知识要素投入的需要，就必须要加强知识产权保护，从而使人们愿意提供这种生产要素。生产性服务业所涉及的知识产权包括商标、技术、图纸、服务模式和创意思想等。相对于制造业来说，生产性服务业所涉及的知识产权问题要更加复杂，这就需要对传统的知识产权保护模式进行创新以满足生产性服务业对知识产权保护的需要。由于我国科学技术水平比较落后，长期以来我国对知识产权的保护相对不力。对生产性服务业的各种新型知识产权保护的认识更是落后，对其保护自然乏力，这就严重挫伤了人们进行知识产权创造的积极性。

（8）影响生产性服务业发展的税收政策滞后

现行的税收制度是基于工业化背景制定的，主要是为工业产业发展服务，它充分体现了制造业的成本结构特点。这种税收制度体现了产业的低附加值属性，而对生产性服务业这种高附加值产业发展极为不利。主要表现在以下几个方面。

一是现行税收制度对垄断性生产服务业征税较重。我国政府在税收方面存在对铁路运输、邮电通信、水和电力供应等垄断性生产服务业行业征税过重的问题。对这些行业的高税收政策也制约了这些行业的积累和自我发展能力，从而导致生产性服务业内部不同行业之间发展不均衡，使生产性服务业内部结构不合理现象日益严重。为了获得高税收，政府相应地对这些行业采取行政垄断政策，而这恰恰又限制了这些行业的外部竞争性，阻碍了产业发展。

二是增值税范围太窄，不利于交通运输业和物流业的发展。目前，我国增

值税在整体上属于生产型增值税，即企业所购固定资产在进项税中不得进行抵扣，这对生产活动中所需固定资产较多的行业和企业不利。一些生产性服务业不仅属于知识技术密集型产业，同时也是资本密集型产业，其资本有机构成较高，产品成本构成中，固定资产折旧所占的比重较大，按照当前的增值税征税规则，这些费用不能在其进项税中进行抵扣，因此它所承担的实际税负要比那些资本有机构成低的企业要重。以物流业为例，物流企业通常固定资产投入较大且增长较快。在2006年，我国物流业的固定资产投资总额就比2005年增长了23.4%，很多物流细分行业的固定资产投资增长率都在20%以上。在现行的增值税政策下，这些行业中的企业不仅要缴纳营业税，而且还要承担外购固定资产价款中不能抵扣的增值税进项税额。现行增值税政策无疑阻碍了这些行业发展。

三是现行营业税征税规则不利于生产性服务业的发展。我国现行税法规定，企业经营活动中租赁或承包给他人经营的部分，要以承租人或承包人为营业税的纳税人。在这种税收制度下，分工越细的行业、经营活动外包越多的行业或者企业将面临着更多营业税负担。这种营业税制度是一种对企业进行内部分工和业务外包活动进行重复征税，显然对企业的内部分工和外包业务发展十分不利。而生产性服务业的独立化本身就是随着经济的发展，企业内部知识性、专业性的生产服务职能部门外化为独立的经营单位，它是社会分工深化的产物。

此外，现行的营业税征收制度没有考虑生产性服务业的整体性，将属于同一种性质的生产性服务活动人为分割为不同征税环节，而且对不同环节征收不同名目、不同税率的营业税，从而阻碍了各种生产性服务业的发展壮大。以现代物流业为例，现行营业税暂行条例明文规定，陆路运输、水路运输、航空运输、管道运输和装卸搬运归属于交通运输业税目，需要缴纳营业税，邮电通信业也需要交纳相同税率的营业税，而代理业、仓储业、设计、咨询等被归入服务业税目，要缴纳税率为5%的营业税。这种分割式征税人为割断了物流业各环节的内在联系，不利于物流企业开展一体化的经营。

在营业税税率设计上，现行的营业税税率也没有能够体现出对生产性服务业发展的鼓励。比如，对金融保险业是征收5%的营业税，而且要以其营业额全额计征，在此基础上还要以计征的营业税为缴纳其他税种的缴税税基，进一步缴纳教育费附加及城市建设维护税。

四是企业所得税优惠较少且过于偏重直接优惠。我国现行的企业所得税优惠政策主要包括税率式、税基式以及税额式三种优惠模式。在这些企业所得税优惠政策中，只有少数几个适用于生产性服务业所属行业的企业所得税优惠政策，在企业所得税优惠模式上包括税率降低和税额的减免两种。而在生产性服务业企业的研发活动费用方面，投资减免、固定资产折旧以及延期纳税等方面则缺乏相应的优惠政策。

3.4.5 我国都市生产性服务业发展中存在的问题

（1）生产性服务业占都市服务业和地区生产总值比重过低

长期以来，我国生产性服务业增长缓慢，增速低于服务业整体增长水平，也远远低于工业部门增长速度。生产性服务业整体规模依然很小，科技含量不高，所提供的增加值少。与发达国家相比，我国的生产性服务业在服务业中所占份额以及在国内生产总值中所占份额都明显偏低，甚至也低于很多发展中国家的生产性服务业在服务业和国内生产总值中的份额。

与一些发达国家和同水平国家相比，我国都市生产性服务业总体规模较小，其发展速度远远滞后于世界其他一些国家。2006年，世界服务业占全球国内生产总值的比重为73%，而全球生产性服务业又占到整个服务业比重的55%以上。其中，美国达70%，欧盟达55.6%，日本达57%[1]。目前，就OECD国家作为一个整体而言，经济结构呈现一种"双70"的特征，即服务业在国民经济中的比重达到70%，而生产性服务业又占整个服务业的70%[2]。通过与国际先进城市及经济综合体对比可以知道：发展速度慢，发展水平低，仍然是中国副省级城市生产性服务业所面临的最大问题。与OECD国家的"双70"相比，中国副省级城市生产性服务业占第三产业比重以及第三产业占国内生产总值的比重均远远落后。

（2）生产性服务业中，传统服务业部分比重偏大

我国生产性服务业内部结构显得陈旧、老化，具体表现在传统生产性服务部门所占比重过高，而新兴服务部门所占比重过低。无论是从从业人员数量还是增加值来看，交通运输、商贸营销等传统生产性服务业行业依然是生产性服务业的主体。而这些服务部门对经济增长的带动作用在不断削弱。新兴生产性服务部门，如金融保险、综合技术服务、科学研究事业、农林牧渔服务业、法

---

[1] 韩晶，李沁. 世界生产性服务业发展的新趋势及我国的战略对策 [J]. 东南亚纵横，2008（4）：86-89.

[2] 何德旭. 中国服务业发展报告 [M]. 北京：社会科学文献出版社，2008：31-48.

律和咨询服务、地质勘探和水利管理等行业则发展滞后，不能满足社会经济发展的需要，也阻碍着社会经济的发展进步。

在产值结构上，各行业之间存在明显的不平衡性。1999年，交通运输、邮政与仓储业增加值占生产性服务业增加值比重分别为39.86%，2008年占到29.72%，其在生产性服务业增加值中，无论从绝对量还是相对量来说均占有绝对优势地位。金融保险业增加值占比在1999年和2008年分别为30.84%和25.71%。房地产业占比则从在1999年的14.07%增长到2008年的23.16%。教育业经过10年发展虽然取得了较大进步，但在整个生产性服务业发展进程中，其占比增长较小，在1999年、2008年分别为13.39%和14.78%。科学技术综合服务业的占比更小，在1999年、2008年分别仅为3.7%、6.64%。副省级城市生产性服务业内部，传统型生产性服务业（如交通运输、邮政和仓储业、房地产业）的比重高，而现代新型生产性服务业（如金融保险业、科学技术综合服务业）的比重则很低。

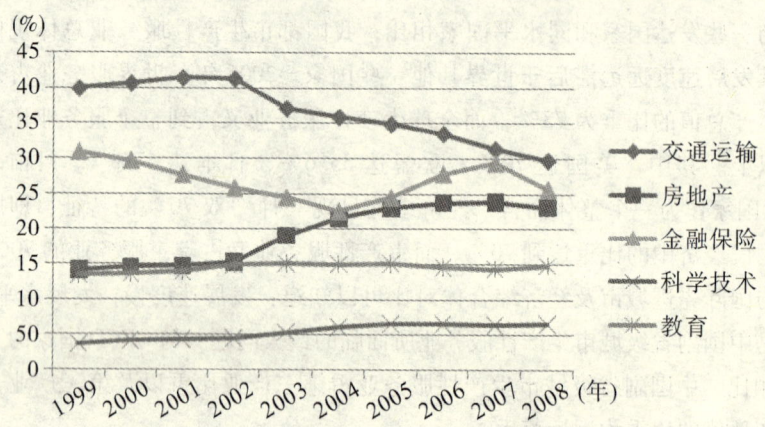

图3-14　副省级城市生产性服务业各行业占比

数据来源：根据相关副省级城市2000—2009年《统计年鉴》中数据计算而来。

就业规模方面，在15个副省级城市生产性服务业的从业人员中，从业人数所占比重最大的为交通运输、邮政与仓储业，在2003年已经达到29.21%，即使经过5年时间的调整，这一数据在2008年仍达到了26.50%。教育业从业人员所占比例从2003年的28.33%下降至2008年的24.26%。租赁与商务服务业从业人数所占比重在2003年与2008年分别为8.04%与10.86%。科学研究与综合技术服务业从业人数在2003年仅占全部生产性服务业从业人数的11.38%，2008年仅为10.58%，下降0.8个百分点。从业人数所占比例最小的为信息传输、计算机服务与软件业，2003年为4.69%，2008年达到5.8%，但仅上升 1.11 个百分点。

通过分析可以看到，在劳动力结构方面，劳动力仍然主要集中在传统的劳动密集型行业和产业，知识和技术密集型行业的劳动力所占比重较低。按照丹尼森经济增长影响因素分析，劳动力结构对经济的发展具有不可忽视的作用。因此，劳动力结构的不合理，已经成为影响生产性服务业可持续发展的重要因素。

(3) 研发与创新能力较弱

生产性服务业创新的重要性以及其对经济增长的贡献日益明显，研发与创新是生产性服务业持续发展的基础。我国生产性服务业创新能力与国外相比还有较大差距，对技术创新的依赖度还比较低。研究表明：2004 年，国内大部分生产性服务业大企业集团的研发投入占企业全部收入的比例为 4.1%，研发人员占从业人员的比例不足 1%，新产品销售收入占总销售收入的比例不足 1%[①]。

广州市作为 15 个副省级城市经济与生产性服务业发展的龙头城市，其在生产性服务业研发与创新能力方面均好于其他城市。但广州市知识密集型生产性服务业占国内生产总值的比重在 1999 年仅为 11.43%，在 2008 年也仅为 12.41%，而大部分发达国家的这一比重都达到 20% 以上，其中美国在 2004 年已经达到 22.5%。可以说，我国生产性服务业还是以劳动密集型为主，研究开发在整个生产性服务产业发展上占比不多。作为创新动力的高级生产性服务业发展的缺失，对于整个生产性服务业研发与创新能力的提升是一个巨大的限制。

生产性服务业创新具有以下特征[②]：①跨行业、跨部门创新，各行业在各种职能环节上都具有相互融合的可能性；②服务的提供者和需求方相互协作共同形成一种创新；③创新的风险主要在于参与者的诚信，社会必须提供一种有效的方式予以解决；④创新的障碍在于信息的获取与信息的处理。由于上述创新方面存在的各方利益之间的矛盾以及现行中国服务业市场的现状，严重影响了我国生产性服务业的创新能力。另外，政企不分导致的行政垄断使得大部分企业缺少创新、拓展新领域的紧迫感。

(4) 市场竞争力较弱

生产性服务业的竞争力是指该地区的生产性服务业拥有的比其他地区的生

---

① 参见：霍景东，夏杰长. 现代服务业研究开放竞争力的国际比较 [J]. 中国软科学，2007 (10)：9-10.

② 陶纪明. 生产性服务业发展的体制性障碍研究 [J]. 科学发展，2010 (8)：33-42.

产性服务业更高的发展能力、盈利能力、产业辐射助推能力等（聂鹏，2010）[①]。生产性服务业的市场竞争力主要体现在其作为中间投入的需求量以及市场占有量。在15个副省级城市中，生产性服务业主要面向各城市行政区域内企业服务，在区域外及国际市场上的拓展能力明显不及制造业，更难以与发达国家生产性服务业的外向发展势头相提并论。

进入21世纪以来，我国很多城市特别是大城市的生产性服务业企业经营规模呈现出逐年扩大的趋势，但是与发达国家同类企业相比，我国的企业存在公司治理不规范，治理结构不合理等问题。而且这些生产性服务业也主要是技术含量较低的低附加值服务业，依然处于微笑曲线的较低层部分，缺乏对生产性服务业的主导和控制能力，缺乏生产性服务业核心竞争能力。在生产性服务业的高附加值领域，企业规模小，知识产权拥有量少，创造的价值少。

根据冯建喜（2008）建立的生产性服务业竞争力指标体系，将生产性服务业的竞争力概括为产业基础竞争力、生产因素竞争力、市场需求竞争力、相关及辅助竞争力、企业结构及策略竞争力和政府综合能力竞争力等方面，对我国副省级城市的生产性服务业竞争力进行了评价（见表3-6）。我国15个副省级城市生产性服务业竞争力除广州、深圳、济南、南京、杭州外，其余城市生产性服务业竞争力相对较弱。如果按照分值进行分类，将0~15分划分为第一等级、-15~0划分为第二等级，则除了济南、广州、深圳外，其余城市生产性服务业竞争力均相对较弱，南京与杭州在第二等级中处于靠前的位置。其他的城市普遍存在产业基础竞争力、生产要素竞争力以及相关及辅助产业竞争力较弱的情况。

表3-6　我国15个副省级城市各项竞争分力及综合竞争力得分表

城市	产业基础竞争力	生产要素竞争力	市场需求竞争力	相关及雇主产业竞争力	企业机构及策略竞争力	政府综合能力竞争力	综合竞争力
沈阳	-1.14	-2.60	-0.22	-2.44	-0.66	-4.65	-11.71
大连	-0.52	-2.67	-0.70	-2.29	2.04	-3.04	-7.18
长春	-1.32	-2.19	-1.10	-1.21	-0.15	-1.46	-7.44
哈尔滨	-1.22	-0.82	-1.11	-2.23	-2.02	-2.69	-10.08
南京	-1.65	1.03	-0.13	-0.26	-0.09	0.40	-0.69

① 参见：聂鹏. 区域生产性服务业竞争力评价研究 [D]. 武汉：武汉理工大学，2010.

表3-6(续)

城市	产业基础竞争力	生产要素竞争力	市场需求竞争力	相关及雇主产业竞争力	企业机构及策略竞争力	政府综合能力竞争力	综合竞争力
杭州	-1.70	0.48	-0.41	-1.05	-0.91	0.06	-3.52
宁波	-1.67	-7.22	-0.69	-1.84	-0.03	-1.11	-12.55
厦门	-1.08	-9.18	-1.28	-1.52	3.24	-0.42	-10.25
济南	-1.34	3.97	-1.06	0.06	-2.50	4.68	3.81
青岛	-1.32	-3.16	-0.99	-0.11	1.91	-1.69	-5.36
武汉	-0.26	0.11	-0.44	-1.65	-1.59	-0.88	-4.70
广州	1.72	6.18	0.03	-0.41	1.79	1.44	10.74
深圳	1.57	0.10	-0.28	-0.66	2.84	1.22	4.80
成都	-3.20	-2.39	-0.57	-1.49	-1.98	-3.53	-13.16
西安	-3.25	-1.31	-0.90	-2.17	-2.16	-1.19	-10.97

数据来源：转引自：冯建喜. 生产性服务业竞争力指标体系——以副省级以上城市为例[C]//生态文明视角下的城乡规划——2008中国城市规划年会论文集. 2008.

(5) 生产性服务业对其他产业带动作用较小

从产业关联系数分析，中国服务业的感应度系数①只是在1987年、1990年和1992年略大于1，其他年份均小于1。而2000年与1981年相比，感应度系数不但没有提高反而下降。整体服务业及其相关分行业的影响力系数②则比农业低，在1992年以前高于第二产业，随后则低于第二产业。仅从2000年数据看，服务业部门中，影响力系数较大的是公共服务业，最低的是金融保险业，其影响力系数甚至低于农业部门，所有服务业部门的影响力系数均没有超过1。

一般认为，当某产业的感应度系数或影响力系数大于或者小于1，表明该

---

① 感应度系数是指某一产业受其他产业部门影响的程度。计算公式为：$S_i = \dfrac{\sum_{j=1}^{n} \bar{b}_{ij}}{\dfrac{1}{n}\sum_{i=1}^{n}\sum_{j=1}^{n} \bar{b}_{ij}}$，其中$\bar{b}_{ij}$为里昂惕夫逆矩阵$(I-A)^{-1}$系数值的第i行第j列系数。

② 影响力系数是指某一产业对其他产业的影响程度。计算公式为：$T_i = \dfrac{\sum_{i=1}^{n} \bar{b}_{ij}}{\dfrac{1}{n}\sum_{i=1}^{n}\sum_{j=1}^{n} \bar{b}_{ij}}$，$\bar{b}_{ij}$为里昂惕夫逆矩阵$(I-A)^{-1}$系数值的第i行第j列系数。

产业的感应度系数在全部产业中居于平均水平以上或者以下，因此，可以认为，中国服务业及其有关部门与国民经济其他产业部门的前后向关联效应相对较弱、联系水平相对较低。中国服务业具有相对"独立性"（程大中，2006）的特征：一方面，服务业的增长并不能对国民经济产生巨大的乘数推动作用；另一方面，服务业受其他部门需求拉动作用也不大，其增长主要依靠自身自我增强作用。

表3-7　1981—2000年中国服务业部门的影响力系数和感应度系数

产业部门	年份	1981年	1983年	1987年	1990年	1992年	1995年	1997年	2000年
影响力系数	农业	0.671	0.686	0.676	0.668	0.671	0.745	0.756	0.770
	第二产业	1.074	1.066	1.074	1.063	1.044	1.041	1.105	1.116
	服务业	0.764	0.795	0.764	0.815	0.905	0.893	0.865	0.852
	运输邮电	0.679 4	0.649 4	0.689 1	0.792	0.780 1	0.806 5	0.851 8	0.895 4
	商业饮食	0.869	1.003	0.861	0.907	1.086	0.980	0.888	0.921
	公共服务							0.914	0.926
	金融保险	0.749	0.733	0.741	0.745	0.849	0.893	0.748	0.611
	其他服务							0.925	0.950
感应度系数	农业	2.492	2.604	1.713	1.750	1.334	1.223	1.174	1.067
	第二产业	0.896	0.892	0.928	0.932	0.954	1.007	1.054	1.077
	服务业	0.989	0.970	1.098	1.034	1.103	0.894	0.773	0.766
	运输邮电	0.899	0.952	0.824	0.906	0.924	0.868	0.883	0.892
	商业饮食	1.270	1.064	1.054	1.251	1.179	0.998	1.098	1.061
	公用服务							0.751	0.751
	金融保险	0.798	0.928	0.967	0.945	1.206	0.817	0.660	0.657
	其他服务							0.475	0.467

数据来源：程大中. 中国生产者服务业的增长、结构变化及其影响 [J]. 财贸经济，2006 (10).

（6）生产性服务业与工业缺乏有效互动

在现有经济中，劳动密集型行业依然占据较大比重，外包项目也主要以产品生产为主，而为产品制造提供服务的研发设计、金融、财会服务、管理咨询等行业的发展相对不足。对国有企业来说，由于体制原因，在管理、市场交易中花费的交易成本较大，影响服务外包，进而拖慢了生产性服务业的国际化进程。

另外，由于工业布局相对分散，弱化了对生产性服务业的中间需求，同时也导致了服务业发展规模小、种类较少等问题，即生产性服务业不能形成集聚发展。这又反过来使工业链条上的研发设计、咨询服务、信息服务等本可以外包的服务活动，只能由工业企业自身来提供。

（7）生产性服务业体制政策环境不完善

长期以来，生产性服务业体制政策环境不完善，在发展的政策和体制上存在许多不利于生产性服务业发展的因素。诸如：管理水平不高，行业分散，法律法规不配套，部门之间沟通协调不够等。

此外，不少人认为生产性服务业是劳动密集型产业，只要有劳动力投入就可以了。由于对生产性服务业的认识缺陷，对生产性服务业的投资长期偏少，对生产性服务业的研发明显不够。此外，目前我国企业投资资金主要来自于银行贷款，而银行贷款主要以抵押贷款为主，不少生产性服务业行业可以抵押资产十分有限，从而这些行业的企业难以从银行获得所需要的资金，这也是这些行业企业投资不足的重要原因。

4 都市生产性服务业发展的内生机制

4.1 影响都市生产性服务业发展的因素

通过第二章的文献梳理，本章将都市生产性服务业的影响因素界定为经济、空间、科技、人文四大类。

4.1.1 经济因素

经济因素是所有具有经济属性的区位因素的综合，可以分为两大类：一类是市场与集聚因素，包含市场需求、潜力与范围因素，市场集聚因素与空间竞争因素；另一类是人力资本因素，包含劳动力素质与人才因素等对都市生产性服务业在一个区位的发展有重要影响的经济要素。

（1）市场因素

随着制造业企业的发展及其内部业务的分离或外包，技术服务、金融、信息服务等行业的需求逐渐形成，并形成上下游相关产业关联关系。根据伊列雷斯（Illeris，1989）的研究，制造业的区位分布及其需求规模、人力资源储备、前后向关联是生产性服务业形成与发展的重要因素。

生产性服务业是从制造业中逐步分离出来的，是制造业产品在生产过程中的重要辅助性活动，而制造业在第二产业中所占比重较大，因此第二产业的快速发展进一步促进了生产性服务业的发展。研究表明，生产性服务业与制造业部门间的相互作用日益加深，形成共同发展的互补关系（Bathla，2003）。一方面，经济增长尤其是制造业规模扩张将会导致对生产性服务的需求增大

(Guerrieri & Meliciani，2003）；另一方面，生产性服务业是制造业生产率得以提高的前提和基础，没有发达的生产性服务业，就不可能形成具有较强竞争力的制造业部门（Eswaran & Kotwal，2001）。对此，我国学者陈宪、黄建锋（2004），顾乃华、毕斗斗、任旺兵（2006）的研究结果也表明了同样的结论。

（2）集聚因素

集聚一般是指各种产业及经济活动在空间上的集中。集聚因素主要指集聚经济因素，集聚经济即因社会经济活动及相关要素的空间集中而引起的资源利用效率的提高，以及由此产生的成本节约、收入或者效用的增加。

生产性服务业的集聚与城市中心区位有一定的相同之处，但不同的是中心区位以中心区为依托而形成，而生产性服务业的集聚则需要相互接近的行业企业不断进入，使集聚规模扩大。另外，生产性服务业的发展具有高投入、不确定性等特征，更需要空间集聚来分摊风险[1]。

随着信息技术的迅速推广及广泛普及，生产性服务业的区位分布出现了两种不同的趋势[2]。一种是需要面对面接触，且需要人力资源、研究机构等高级生产要素支撑的生产性服务业，集聚越来越高，促使生产性服务业办公场所向中央商务区集中。而另一种可以远程办公和后方办公的生产性服务业，主要分布在城市郊区，且随着城市郊区化出现了扩散的趋势。

4.1.2 空间因素

作为都市产业体系中最高层次的生产性服务业，其服务对象及辐射范围往往超过了本区域，而易达性则是影响生产性服务业发展及其区位选择的重要因素。

易达性既包括都市内和都市外员工及顾客的易达性，又包括公共交通、停车设施的完备程度等（方远平、闫小培，2008）。信息技术的广泛应用、便利性交通的发展改变着易达性的界定，一些生产性服务业企业也将呈现向郊区转移的现象。

---

[1] Daniels, W.: Service Industrial [M]. Great Britain: Camlxidge University Press, 1985.
[2] 方远平，闫小培. 大都市服务业区位理论与实证研究 [M]. 商务印书馆，2008.

4.1.3 科技因素

（1）信息技术因素

生产性服务业本身具有高度知识密集型的特点，对信息具有高度依赖性，因此其区位选择可看作是对信息的需求。信息服务技术包含了对信息的收集、加工、储存、传递等相关活动，而具有交通便利性、信息丰富的中央商务区将会成为信息枢纽区位。大型跨国集团（公司）往往会将其总部（办公室）布局在都市的中央商务区。

（2）创新因素

不同于制造业因供给、需求而集聚，生产性服务业则需要通过学习和创新环境获取集聚的利益。生产性服务业企业只要进入都市服务业的集聚区就能够获得全球化发展的额外优势（Keeble & L. Nacham, 2001）。因而，生产性服务业的发展需要靠大规模研发投入的推动。据英国国家统计局的数据显示，2002年，英国25亿英镑的服务业科研投入中就有3.6亿英镑用于咨询、法律、银行等的科研投资。商业模式创新则是另一重要方面，易趣、百度等都是因为商业模式创新而大获成功。

4.1.4 人文制度因素

从上面的分析可以看到，交通便捷、设施完善等是生产性服务业集聚的重要因素。但是，还有一个重要的影响因素——人文制度。随着经济发展及经济理论研究的深入，人们已逐渐认识到制度的重要性。根据诺思（North）的定义，制度是一种博弈规则，既包括正式的法律、法规及相关条文，又包括没有成文的非正式的规范和习俗等。

对于都市经济来说，人文制度将影响都市竞争力、创新能力、经济发展活力等方方面面。因此，在都市生产性服务业发展与实践中，需要有意识地引入激发创新、自由竞争等正式制度。另外，生产性服务业的空间集聚也会产生或形成价值观、信念、生活工作方式、人际关系等方面的规范及习俗。这两方面将共同推动生产性服务业的发展。

4.1.5 高附加值特性对都市生产性服务业的影响

从价值链理论看，生产性服务业能创造更多的利润，因而受到了众多投资者的青睐。根据迈克尔·波特对价值链的定义,在一个特定行业中开展竞争的所有活动构成的价值链条,即构成购买者的价格,如图4-1所示。

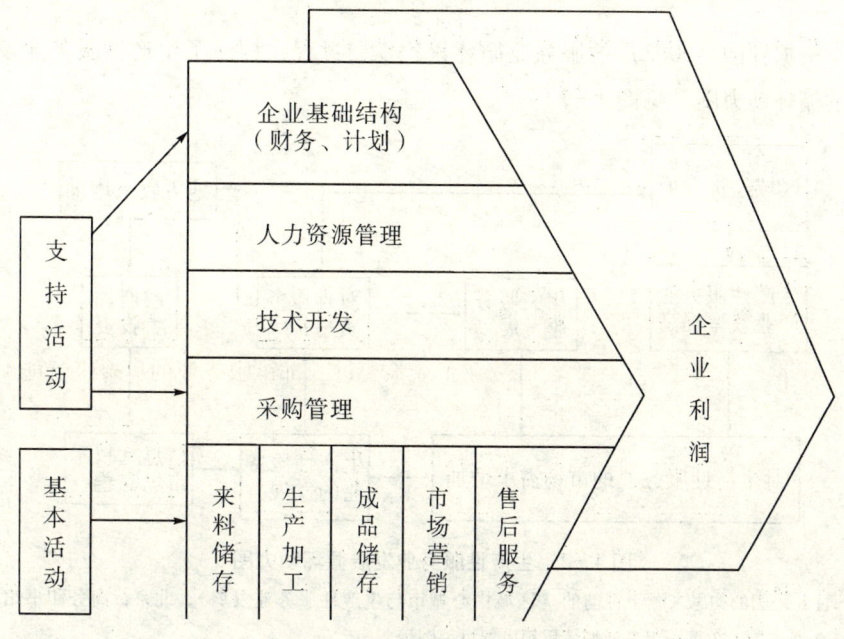

图4-1 价值链的各种活动

从图4-1中可以看到,价值链分为两部分,一部分是支持活动,也称企业的辅助性(增值)活动;另一部分是基本活动,也称生产经营的环节。而生产经营环节又可分为上、中、下游。上游环节包括产品开发和采购管理等,中游环节包括生产加工,下游环节包括产品储运、市场营销和后服务等。可以看出,上游、下游环节主要是生产性服务活动。根据微笑曲线理论,在整个价值链上,上游、下游创造的附加价值较高,即生产性服务活动能带来更多的利润。

4.2 都市生产性服务业发展的动力机制

随着经济发展程度的不断推进,社会对生产性服务业的需求也会随之增加;政府制定各种优惠政策为都市生产性服务业的发展提供正式制度保障;科学技术的发展,特别是信息网络技术的发展等,都成为生产性服务业发展的强动力。

4.2.1 市场需求的增加是都市生产性服务业发展的源动力

根据钟韵（2007）的服务业循环累积发展过程，构建了生产性服务业发展的循环动力图（见图4-2）。

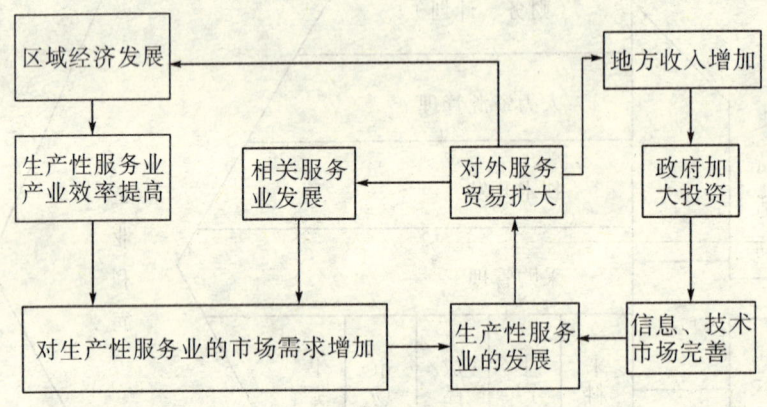

图4-2 生产性服务业发展循环动力图

注：该图的构思来源于钟韵的《区域中心城市与生产性服务业发展》，北京，商务印书馆，2007年版，第143页：服务业循环累积发展过程图示。

从图4-2中可以看出，都市生产性服务业的发展是一个循环过程，也就是说对都市生产性服务业的需求增加以及信息技术市场的完善促进了生产性服务业的发展，反过来生产性服务业的发展推动了整个经济的发展进而推动了都市生产性服务业的市场需求增加以及信息技术市场的完善。

4.2.2 科技信息技术的发展推动了都市生产性服务业的发展

从图4-2中可以看到信息技术市场的完善对于都市生产性服务业的发展也具有推动作用。随着科学技术突飞猛进的发展，越来越多的网络信息技术被运用到生产性服务业当中，进一步提高了生产性服务业的专业化程度，促进生产性服务业向更高层次推进。

表4-1　　　　　各生产要素对服务业增长贡献

人均收入 (美元)	服务业年增长率（％）		对产出增长的贡献（％）		
	产出	TFP	TFP	资本	劳动
100~140	4.15	0.72	17	48	35
140~280	4.97	0.69	14	44	42
280~560	5.80	1.20	21	39	40
560~1120	6.28	1.66	26	34	40
1120~2100	6.40	2.19	34	30	36
2100~3360	6.78	2.99	44	25	31
3360~5040	6.48	2.91	45	25	30

资料来源：H. 钱纳里，等. 工业化和经济增长的比较研究 [M]. 上海：三联书店，1989：333-334.

注：表中TFP表示综合生产要素，如科学技术等，虽然表中说到的是整体服务业，但是目前生产性服务业在整个服务业中占有较大的比重，因此下边的论述中仍然可以将其看作是生产性服务业。

表4-1中数据显示出，随着人均收入水平的提高，生产性服务业的增长速度逐渐增大，并且综合要素生产率（Total Factor Productivity，简称TFP）随着人均收入水平的提高而上升，在数量扩张阶段资本起着重要的作用，而当进入质量增进时期，其作用相对下降，综合要素特别是技术进步的作用则不断上升。

我国改革开放以来，生产性服务业的技术水平也在突飞猛进的提高，信息技术、通信技术、运输技术、网络技术、电化教学、医疗卫生等都渗透到生产性服务业的各个层面中，加快了生产性服务业的发展步伐。

4.2.3 政府部门的支持为生产性服务业的发展创造了良好的政策环境

生产性服务业的发展可以带动更多的人员就业，进而促进社会稳定，经济发展，人民收入的增加，因此生产性服务业具有很强的政策效应。我国中央政府和地方政府都比较重视生产性服务业的发展。2005年，党的十六届五中全会通过的《中共中央关于制定国民经济和社会发展第十一个五年规划的建议》

指出，要"大力发展金融、保险、物流、信息和法律服务等现代服务业"①；2007年年初国务院下发了《关于加快发展服务业的若干意见》（即7号文件）；2008年国务院下发了《关于加快发展服务业若干政策措施的实施意见》（即11号文件）。

随着生产性服务业规模扩大及深度细化，其内部分工也越来越细致，完整的生产性服务业产业链已逐步形成并且不断延伸，特别是在发达国家得到了充分展示。

4.3 生产性服务业的发展及其影响因素之间的作用关系

通过对影响生产性服务业集聚的因素进行归纳可以得知，影响生产性服务业集聚的主要因素可以分为三类：驱动因素、拉动因素和支撑因素。

4.3.1 三大因素对生产性服务业发展的作用

（1）驱动因素

随着企业生产的复杂性不断提高，迂回路径不断拉长，组织规模变得臃肿。科学技术的发展，特别是信息技术的突飞猛进，使企业内部的服务活动与生产活动能在时间、空间上进行分离，使其可以将一些非核心的服务环节以较低的价格外包给外部企业，降低了其运营成本，提升了其竞争力。因此，可以说，生产过程能不断地进行分解与分离，即外部的可能性，实现生产型企业的内部服务向外部化的跨越，使生产性服务业企业通过技术手段能将其产品进行转移与输送，从而共同推动生产性服务业的发展与壮大。

（2）拉动因素

受竞争压力、利益的驱动，传统制造业或生产型企业面临着转型或升级的压力，企业将其非核心业务的服务业进行外包，这些企业的外包服务就形成了对生产性服务的市场化需求。随着外包需求的扩大，生产性服务业的市场也逐渐变大，市场容量的扩大又将促进新一批生产性服务业企业的出现与成长。而这又将强化生产性服务业内部的竞争，促进整个行业的健康、规范发展。可以

---

① 谷永芬，宋胜洲，洪娟，等. 大都市圈生产性服务业——以长三角为例 [M]. 北京：经济管理出版社，2008.

说，需求这一拉动因素是生产性服务业发展的核心因素。

(3) 支撑因素

生产性服务业具有人才密集、知识密集的特性，因而其发展离不开科技、人才、制度等方面的支撑，尤其是与之配套的制度建设是生产性服务业发展的必要支撑条件。没有制度支撑或是只有一个不好的制度，不但不能使生产性服务业发展壮大，反而会削弱其发展力量，拖慢其发展进程。

4.3.2 三因素之间的相互作用关系

巨大的需求将拉动生产性服务业的快速发展，生产性服务业的快速发展又将促进专业化程度的提高，其服务技术水平和技术条件也随之改善，这又将进一步扩大生产型企业将其内部服务进行外部化的比例，进而形成更大的生产性服务业需求。因此，拉动因素会强化驱动因素形成的力量，驱动因素又会促进拉动力量变得更加强大。

驱动因素作用发挥的基础是业务外包的可能性，而业务外包需要科技进步的支撑才能使分工更专业化，因此驱动因素需要支撑因素的支持才能发挥作用。另外，驱动因素作用的发挥，将促使企业对技术进步、人才作用更加重视，这又将反过来推动了技术投入、人才培养等支撑因素的发展。

而拉动因素作用的发挥，同样离不开知识、技术进步、人才、制度等因素的支持。在需求的拉动下，人才、技术、制度等也将不断优化与完善。

因此，只有拉动因素、驱动因素、支撑因素共同作用，才能成就生产性服务业的壮大与发展。

4.4 都市生产性服务业的产业选择

当前，我国正处于产业结构调整与升级的重要时期，加快都市生产性服务业的发展，提高其在产业结构、服务业中的比重是必经的过程，而生产性服务业中主导产业的选择则是重要环节之一。

4.4.1 主导产业的基本特征

主导产业，是指技术进步快、发展潜力大、产业关联性强，并且在区域经济发展中起导向作用的产业。它决定着区域经济发展的方向、规模和速度。主导产业具有如下明显特征：

（1）市场需求大。随着经济发展、产业结构的调整与升级，对主导产业的需求总量会随之扩大。如果不能创造出市场需求，就不会有主导产业的发展。

（2）技术进步快，能迅速吸收或创造先进的科技成果。作为产业结构升级的"领头羊"的主导产业（杨公仆等，2007），只有能迅速吸收先进的科技成果，才能不断提高自身产业的效率，创造出更多的附加价值。

（3）具有较强的关联效应。主导产业发挥导向作用，本质上更多是通过其强大的带动作用来完成，即主导产业需要能与较多产业发生较强的前后向关联效应和旁侧效应。

4.4.2 区域生产性服务业主导产业选择基准

（1）生产性服务业合理选择的必要性

一是都市经济持续健康发展的需要。在城市三次产业结构中，第二、第三产业是主要产业，是支柱产业。随着工业化的不断推进，我国已经进入工业化中后期阶段，第二产业的增速将逐渐放缓。依据三次产业结构理论，未来的城市经济增长将主要依靠第三产业，我国城市产业结构的软化将不可避免。在第三产业内部，生产性服务业的增长潜力要比生活性服务业具有更大增长潜力，是第三产业的主要增长点。生产性服务业的中间投入特征决定了其他产业的协同发展对生产性服务业发展的重要性。发展生产性服务业也是一个城市保持原有制造业竞争力的需要。随着制造业弹性生产方式的兴起，生产性服务业在制造业发展中的地位与作用日益突出，弹性生产方式意味着制造业生产的日益个性化，产品的生命周期变短，研究开发、产品设计、广告营销、信息反馈等生产性服务越发重要。一个地方的制造业要不断深化分工和专注于自己擅长的领域，也需要生产性服务业来为其提供规划、协调、控制、计划、评估以及信息等生产性服务。也就是说，制造业要发展要提升就离不开生产性服务业的相应发展。因此，制造业和生产性服务业的发展是同一进程的两个侧面，二者相辅相成。离开现代生产性服务业的配合支持，制造业就只能停留在低附加值环节，就只能是劳动力密集型制造业。只有注入相关的生产性服务才能提升这些产品的档次，才能使这些产品进入高端市场，才能增加产品附加值。有效的生产性服务业是提升制造业劳动生产率、提升制造业产品竞争力的前提和保障。

在高端制造业中，生产性服务投入占有越来越大的比重。在这方面，我国东部沿海一些省份的制造业大量向其他地方转移就是一个反面例证：过去几年我们看到，东部一些省份大量没有相应生产性服务业支持的制造业纷纷被迫向外转移，制造业没法升级，更没法向高端制造业进发。在未来的城市产业竞争中，主要战场将从制造业领域向生产性服务业领域延伸和转移，一个城市要想成为经济制高点，要想成为地区、全国甚至全球性经济发展高地，它就必须要大力发展生产性服务业，成为生产性服务业领域最具有竞争力的城市。发展生产性服务业，占领高附加值环节，渗入第二产业和第一产业，进而控制和支配其他产业，实现自己在产业链中的主导地位，正在成为一些有远见城市的战略性抉择。能否解决好主要城市生产性服务业选择定位中存在的同质化问题，直接关系着城市的生产性服务业和整体经济能否得到健康发展。

二是整个地区经济健康较快发展的需要。城市生产性服务业定位科学合理，无论是对于城市自身的发展还是整个社会经济的发展都具有非常重要的现实意义和深远的历史意义。帮助各城市科学合理地进行生产性服务业发展规划，防止生产性服务业的错位、越位、缺位，实现各个城市生产性服务业的健康有序持续发展，直接关系着我国今后一个较长时期国民经济的持续增长，对于经济社会发展具有非常重要的现实意义。

随着我国城市化进程的不断推进，城市经济在我国国内生产总值中所占的比重也不断攀升，城市经济在整个社会经济发展中的地位与作用将进一步提高。依据《2010年城市蓝皮书·中国城市发展报告》，2005年，我国地级以上城市的经济总量已经占到国内生产总值的57%，2008年这一比例已经达到了62%。优化城市生产性服务业发展，防止低水平重复建设，直接关系着我国国民经济稳健发展。随着我国三次产业结构的调整，服务业在三次产业中的比例不断提升，服务业领域的投资在社会总投资中所占的比例将进一步增加，解决好都市生产性服务业同质化问题是实现我国生产性服务业的结构合理化的需要。搞好服务业，特别是生产性服务业发展，防止生产性服务业领域的低水平重复建设，提高投资效益已经是提高我国产业发展质量、促进经济社会和谐发展的需要。城市生产性服务业科学合理定位与发展还关系着城市对周边农村地区经济的带动，关系着城乡一体化发展。都市生产性服务业已经成为国家经济发展的引擎。

(2) 所选择生产性服务业的要求

①都市生产性服务业应当服从和服务于本地域产业发展

对于都市生产性服务业的选择，我们应当特别强调其对当地以及它所辐射地域范围内的其他产业的生产性服务。要为城市及其辐射地域其他产业的基本投入需求提供生产性服务，为其他产业升级和价值链提升服务。也就是说，我们应当从与城市及其辐射地域其他产业的产业关联角度来审视都市生产性服务业的选择问题。

都市生产性服务业应当为都市周边地域提供生产性服务支持，应当与本城市及其周边地区的其他产业保持协调一致，要能够满足本城市及其周边地区对生产性服务业的需求，不能脱离该地域经济发展现实状况。一个地域的非生产性服务业可以分为第一次产业、第二次产业和第三次产业中的生活性服务业三大部分。因此，一个城市的生产性服务业应当为本地域的第一次产业提供绝大部分生产性服务，特别是其中关键的科研技术服务、商贸运输服务；要为本地域的第二次产业提供所需要生产性服务业的绝大部分，包括技术研发、信息服务等核心生产性服务业；要为本地域生活服务业提供生产性服务支持。服从和服务于本地域经济发展需要也是我们必须坚持的原则。从这个角度讲，在都市生产性服务业发展方面，不能仅仅坚持比较优势的原则。各地域所发展的第一次产业、第二次产业以及生活性服务业的差异也就决定了这些城市生产性服务业选择的差异性。

生产性服务业的选择应当遵循经济社会发展演变规律，发展与经济社会发展阶段相适应的生产性服务业。不同发展模式和发展水平的制造业和第一次产业所需要的生产性服务业也存在较大差异。我国制造业存在比较明显的梯度布局特点，这也决定了为这些产业服务的生产性服务业也会呈现出梯度分布的态势。

一个城市的生产性服务业要为本地域现有支柱产业和主导产业提供生产性服务，要为本地域三次产业提供生产性服务，要为本地域战略性新兴产业提供生产性服务。生产性服务业的发展应当考虑到一个城市支柱产业和主导产业的状况，要与支柱产业和主导产业紧密衔接，密切配合，为这些产业的发展提供强有力的生产性服务支持。要以这些产业为主要服务对象，从产业关联和投入产出角度来分析当地应当发展的生产性服务业。如果这些事关本地域重要产业发展的生产性服务业中的大部分不能由本地域提供和满足，这个地域的重要产业就无法向高附加值环节延伸，也无法成为该产业的主导者、支配者和控制者，这些重要产业也就失去了地域根植性。因此，一个城市要发展生产性服务业，就要首先明确这些生产性服务业是为哪些产业服务的，其市场需求在哪里。也就是说，一个城市在决定需要发展哪些生产性服务业的时候，需要首先对本地域的非生产性服务业进行全面考察和分析，包括第一次产业、第二次产业和非生产性第三次产业，并进行梳理。

同时一个城市的生产性服务业选择还应当考虑和预测本地域未来产业发展趋势，及时扶持和发展那些还没有引起其他城市关注或重视、但又是本地其他产业发展需要的新兴生产性服务业。这就要求我们在决定发展哪些生产性服务业时应当密切结合该地域未来经济发展规划，特别是五年规划和愿景规划，要立足本地域发展规划，服务未来产业。

②根据不同产业对生产性服务业需求的差异性进行选择

不同的产业和行业对生产性服务的需求会存在明显的差异，不同形态和发展水平的制造业所需要的生产性服务业也是有明显差异的。为了说明制造业对生产性服务业需求的差异性，我们可以将制造业分为三类，即劳动密集型制造业、资本密集型制造业以及技术密集型制造业。劳动密集型制造业主要需要运输、物流、销售方面的生产性服务业，属于典型的传统生产性服务业。资本密集型制造业主要需要金融服务、工程技术服务、设计服务、会计、法律等商务服务。技术密集型制造业主要需要金融服务、技术研发服务、教育培训服务等。从总体上看，资本密集型制造业和技术密集型制造业对生产性服务业的需求较多，这些产业的发展对生产性服务业的依赖较大，其产品价值构成中属于生产性服务价值构成比例也较大。

以2007年我国不同行业对不同生产性服务业的需求为例，来说明各行业的生产性服务业需求差异。

2007年农业产业对各种生产性服务业的需求最多的是运输仓储邮政、信息传输、计算机服务和软件业，需求系数为0.019 855 5；其次是批发零售贸易、住宿和餐饮业，需求系数为0.017 419 7；第三位是其他服务业，需求系数为0.016 081 9。采矿业对各种生产性服务业需求最多的是运输仓储邮政、信息传输、计算机服务和软件业，需求系数为0.043 897 4；其次是其他服务业，需求系数为0.024 172 3；第三位是批发零售贸易、住宿和餐饮业，需求系数为0.022 344 9。食品饮料制造及烟草业对各种生产性服务业需求最大的是批发零售贸易、住宿和餐饮业，需求系数为0.029 320 4；其次是运输仓储邮政、信息传输、计算机服务和软件业，需求系数为0.028 445 0；第三位是房地产业、租赁和商务服务业，需求系数为0.015 213 8。纺织服装及皮革产品制造业对各种生产性服务业需求最大的是运输仓储邮政、信息传输、计算机服务和软件业，需求系数为0.021 640 4；其次是批发零售贸易、住宿和餐饮业，需求系数为0.019 038 9；居于第三位的是房地产业、租赁和商务服务业，需求系数为0.013 702 6。其他制造业对各种生产性服务业需求最大的是运输仓储邮政、信息传输、计算机服务和软件业，需求系数为0.025 983 4；其次是批发零售贸易、住宿和餐饮业，需求系数是 0.023 293 6；第三位的是金融业，需求系数为 0.011 252 4。上述各行业对各种生产性服务业的需求系数汇总如表 4-2 所示。

表 4-2　　　　　　农业等行业对生产性服务业的需求系数

投入＼产出	农业	采矿业	食品饮料制造及烟草业	纺织服装及皮革产品制造业	其他制造业
运输仓储邮政、信息传输、计算机服务和软件业	0.019 855 5	0.043 897 4	0.028 445 0	0.021 640 4	0.025 983 4
批发零售贸易、住宿和餐饮业	0.017 419 7	0.022 344 9	0.029 320 4	0.019 038 9	0.023 293 6
房地产业、租赁和商务服务业	0.001 674 4	0.003 820 8	0.015 213 8	0.013 702 6	0.010 194 4
金融业	0.008 311 3	0.014 922 6	0.009 382 8	0.012 055 0	0.011 252 4
其他服务业	0.016 081 9	0.024 172 3	0.007 377 7	0.006 969 5	0.007 167 4

注：本表系数为投入产出直接消耗系数，数据来源于《中国统计年鉴 2011》，下同。

2007 年，电力、热力及水的生产和供应业对各种生产性服务业需求最大的是金融业，需求系数为 0.036 225 8；其次是其他服务业，需求系数为 0.023 379 1；第三位的是运输仓储邮政、信息传输、计算机服务和软件业，需求系数为 0.017 087 2。炼焦、燃气及石油加工业对各种生产性服务业需求最大的是运输仓储邮政、信息传输、计算机服务和软件业，需求系数为 0.028 403 4；其次是批发零售贸易、住宿和餐饮业，需求系数为 0.016 549 7；第三位的是金融业，需求系数为 0.007 983 6。化学工业对各种生产性服务业需求最大的是运输仓储邮政、信息传输、计算机服务和软件业，需求系数是 0.028 283 0；其次是批发零售贸易、住宿和餐饮业，需求系数是 0.021 616 7；第三位的是金融业，需求系数为 0.013 082 9。非金属矿物制品业对各种生产性服务业需求最大的是运输仓储邮政、信息传输、计算机服务和软件业，需求系数为 0.041 462 3；其次是批发零售贸易、住宿和餐饮业，需求系数为 0.027 441 4；第三位的是金融业，需求系数为 0.023 002 9。金属产品制造业对各种生产性服务业需求最大的是运输仓储邮政、信息传输、计算机服务和软件业，需求系数为 0.028 344 2；其次是批发零售贸易、住宿和餐饮业，需求系数为 0.021 182 6；第三位的是金融业，需求系数为 0.011 428 0。上述行业对各种生产性服务业的需求系数可以汇总如表 4-3 所示。

表4-3 电力、热力及水的生产和供应业等行业对生产性服务业的需求系数

投入＼产出	电力、热力及水的生产和供应业	炼焦、燃气及石油加工业	化学工业	非金属矿物制品业	金属产品制造业
运输仓储邮政、信息传输、计算机服务和软件业	0.017 087 2	0.028 403 4	0.028 283 0	0.041 462 3	0.028 344 2
批发零售贸易、住宿和餐饮业	0.010 122 7	0.016 549 7	0.021 616 7	0.027 441 4	0.021 182 6
房地产业、租赁和商务服务业	0.003 848 2	0.005 416 9	0.012 895 0	0.006 899 0	0.002 609 8
金融业	0.036 225 8	0.007 983 6	0.013 082 9	0.023 002 9	0.011 428 0
其他服务业	0.023 379 1	0.004 784 2	0.010 812 0	0.010 950 3	0.008 801 2

2007年，机械设备制造业对各种生产性服务业需求最大的是批发零售贸易、住宿和餐饮业，需求系数为0.030 561 3；其次是运输仓储邮政、信息传输、计算机服务和软件业，需求系数为0.022 294 4；居于第三位的是其他服务业，需求系数为0.013 065 9。建筑业对各种生产性服务业需求最大的是运输仓储邮政、信息传输、计算机服务和软件业，需求系数为0.090 507 2；其次是批发零售贸易、住宿和餐饮业，需求系数为0.032 249 2；第三位的是其他服务业，需求系数为0.014 706 8。运输仓储邮政、信息传输、计算机服务和软件业对各种生产性服务业需求最大的是运输仓储邮政、信息传输、计算机服务和软件业，需求系数为0.072 762 9；其次是金融业，需求系数为0.040 626 2；第三位的是批发零售贸易、住宿和餐饮业，需求系数为0.028 523 0。批发零售贸易、住宿和餐饮业对各种生产性服务业需求最大的是运输仓储邮政、信息传输、计算机服务和软件业，需求系数为0.073 132 6；其次是房地产业、租赁和商务服务业，需求系数为0.065 510 6；第三位的是金融业，需求系数为0.032 250 2。房地产业、租赁和商务服务业对各种生产性服务业需求最大的是批发零售贸易、住宿和餐饮业，需求系数为0.045 556 6；其次是房地产业、租赁和商务服务业，需求系数为0.040 970 1；第三位的是金融业，需求系数为0.031 563 3。机械设备制造业等行业对各种生产性服务业的需求系数可以汇总如表4-4所示。

表4-4　　机械设备制造业等行业对生产性服务业的需求系数

投入＼产出	机械设备制造业	建筑业	运输仓储邮政、信息传输、计算机服务和软件业	批发零售贸易、住宿和餐饮业	房地产业、租赁和商务服务业
运输仓储邮政、信息传输、计算机服务和软件业	0.022 294 4	0.090 507 2	0.072 762 9	0.073 132 6	0.024 636 9
批发零售贸易、住宿和餐饮业	0.030 561 3	0.032 249 2	0.028 523 0	0.032 245 0	0.045 556 6
房地产业、租赁和商务服务业	0.011 900 2	0.004 055 7	0.019 625 0	0.065 510 6	0.040 970 1
金融业	0.011 854 5	0.008 755 2	0.040 626 2	0.032 250 2	0.031 563 3
其他服务业	0.013 065 9	0.014 706 8	0.023 416 3	0.025 669 4	0.020 846 3

2007年，金融业对各种生产性服务业需求最大的是房地产业、租赁和商务服务业，需求系数为0.070 929 2；其次是金融业，需求系数为0.064 193 6；第三位的是运输仓储邮政、信息传输、计算机服务和软件业，需求系数为0.048 399 7。其他服务业对各种生产性服务业需求最大的是批发零售贸易、住宿和餐饮业，需求系数为0.055 920 0；其次是其他服务业，需求系数为0.053 072 6；第三位是运输仓储邮政、信息传输、计算机服务和软件业，需求系数为0.039 646 6。金融业和其他服务业对生产性服务业的需求系数可以汇总如表4-5所示。

表4-5　　金融业和其他服务业对生产性服务业的需求系数

投入＼产出	金融业	其他服务业
运输仓储邮政、信息传输、计算机服务和软件业	0.048 399 7	0.039 646 6
批发零售贸易、住宿和餐饮业	0.041 646 6	0.055 920 0
房地产业、租赁和商务服务业	0.070 929 2	0.024 936 2
金融业	0.064 193 6	0.021 512 7
其他服务业	0.021 032 4	0.053 072 6

③同一行业不同发展水平对生产性服务业的需要差异性

同一行业在其生命周期的不同阶段，其对生产性服务业需求也处于不断变化之中。从一个产业的生命周期看，在该产业出现的初期阶段，对生产性服务业的需求相对单一，而且需求总量占该产业产值的比例也较小。但随着该产业的发展，其对生产性服务业的需求就不断增长，生产性服务业在其总产值中所占比例也逐渐提升。从具体的生产性服务业行业来看，商务服务、信息服务、技术研发和知识产权服务是增长最快的生产性服务行业。我们可以将2007年我国各行业对生产性服务业需求系数与1997年各行业对生产性服务业需求系数比较，这种变化就可以明晰地看出来。

与1997年的投入产出直接消耗系数对比，2007年，我国农业对运输邮电业、房地产业、租赁和商务服务业、金融业、其他服务业的需求系数变大了。采掘业对其他服务业的需求系数变大了。食品饮料制造及烟草业对运输仓储邮政、信息传输、计算机服务和软件业的需求系数变大了，对金融业和其他服务业的需求系数也变大了。纺织服装及皮革产品制造业对运输仓储邮政、信息传输、计算机服务和软件业的需求系数变大了，对房地产业、租赁和商务服务业，对金融服务业以及其他服务业的需求系数也变大了。其他制造业对金融业和其他服务业的需求系数变大了。这说明这些行业对生产性服务的需求相对增加。

和1997年的投入产出直接消耗系数比较，2007年电力、热力及水的生产和供应业对房地产业、租赁和商务服务业的需求系数也变大了，对金融业和其他服务业的需求系数也变大了。炼焦、燃气及石油加工业对批发零售贸易、住宿和餐饮业的需求系数也变大了，对金融业的需求系数也变大了。化学工业对批发零售贸易、住宿和餐饮业的需求系数变大了，对其他服务业的需求系数也变大了。非金属矿物制品业对金融服务业和其他服务业的需求系数变大了。金属产品制造业对其他服务业的需求系数变大了。

与1997年的投入产出直接消耗系数比较，2007年我国机械设备制造业对运输仓储邮政、信息传输、计算机服务和软件业的需求系数变大了，对其他服务业的需求系数变大了。建筑业对运输仓储邮政、信息传输、计算机服务和软件业的需求系数变大了，对金融业的需求也变大了。运输仓储邮政、信息传输、计算机服务和软件业对运输仓储邮政、信息传输、计算机服务和软件业的需求系数变大了，对金融业和其他服务业的需求也变大了。批发零售贸易、住宿和餐饮业对运输仓储邮政、信息传输、计算机服务和软件业的需求系数变大了，对其他服务业的需求也变大了。房地产业、租赁和商务服务业对运输仓储邮政、信息传输、计算机服务和软件业的需求系数变大了，对批发零售贸易、住宿和餐饮业、金融业和其他服务业的需求系数也变大了。金融业对运输仓储邮

4 都市生产性服务业发展的内生机制

政、信息传输、计算机服务和软件业、批发零售贸易、住宿和餐饮业以及其他服务业的需求系数都变大了。其他服务业对批发零售贸易、住宿和餐饮业、金融业和其他服务业的需求系数变大了。

④地域产业结构变化对生产性服务业需求的变化

随着地域产业结构的调整，某地域对生产性服务业的需求结构也会相应发生变化。我们可以通过1997—2002年北京市制造业的演变看其对生产性服务业需求的变化。

1997年，北京制造业还主要是劳动密集型和资本密集型制造业，其对生产性服务业的中间需求集中在商业领域，而对金融、租赁和商务服务业、信息传输、计算机服务和软件业等技术、知识密集型服务业的需求比重偏小，制造业生产过程对生产性服务的消耗层次偏低[1]。

2002年北京制造业内部行业构成中，电子计算机整机制造业、医药制业、石油加工业居前三位，制造业结构的变化也导致了生产性服务业需求的变化。2002年，随着资本密集型和技术密集型制造业的发展，制造业对科技交流和推广服务业、商务服务业、金融业、信息传输服务业等生产性服务业的中间需求比重不断增大。电子计算机整机制造业、石油加工业的中间需求均集中在科技交流和推广服务业、商务服务业、信息传输服务业。不论是技术密集型的电子计算机整机制造业，还是资源密集型的石油加工业，二者对科技交流和推广服务业的中间需求均最大。医药制业的中间需求集中在广告业和商务服务业。医药制业对广告业的中间需求最大，强化品牌培育和市场营销、形成产品差异化竞争优势是医药企业最主要的生产性服务投入。同时，医药制业在研发设计、技术孵化、企业管理、财务分析、法律咨询、职业中介等诸多领域均需要商务服务业的支撑[2]。

⑤不同生产性服务业服务的主要行业差异性

当然，我们也可以从生产性服务业角度来看一个城市所发展的生产性服务业是否符合当地的客观需要，是否有其他产业为其提供需求市场。比如，商务服务业的中间投入主要用于电子元器件制造业、石油加工业和电子计算机整机制造业。电子元器件制造业对商务服务业具有多方面的中间需求，这是因为电子元器件制造业属于技术密集型制造业，在其生产过程中涉及大量的知识产权

---

[1] 邱灵，申玉铭，任旺兵. 北京生产性服务业与制造业的关联及空间分布[J]. 地理学报，2008 (12)：1302-1304.

[2] 邱灵，申玉铭，任旺兵. 北京生产性服务业与制造业的关联及空间分布[J]. 地理学报，2008 (12)：1302-1304.

保护、国际机构认证和国际贸易摩擦解决等中间环节，因此需要相关的法律咨询服务、会计服务、审计服务、资产评估服务、管理咨询服务。再比如，信息传输服务业的中间投入主要集中在通信设备制造业和电子元器件制造业两大行业。通信设备制造业对信息传输服务业具有多方面的中间需求，这是因为通信设备制造业在其生产过程中需要大量的电信服务、互联网信息服务、广播电视传输服务和卫星传输服务等多种形式的信息储藏和信息传输服务[①]。

⑥本地性的生产性服务业由本地城市供给

生产性服务分为可以跨区域提供的生产性服务和只能本地提供的生产性服务两种，前者称为可贸易生产性服务业，后者称为不可贸易生产性服务业。有些生产性服务只能在本地提供，比如一个地方的交通设施、城市自来水设施、城市天然气管网、城市通信设施等生产性服务。有些生产性服务可以通过其他地方的企业或者组织来提供，比如教育培训、信息服务、商务服务、技术研发、金融服务等。

生产性服务业的地域空间分布存在一定的集聚效应，但不能就此认为一些地方特别是广大农村和城市就不存在发展生产性服务业的条件。一个城市的生产性服务业首先要为本城市及其附近地区的各种企业及其经济活动提供不可贸易的本地性生产性服务。也就是说，有些生产性服务业具有明显的地域性，只能由当地提供来满足当地对生产性服务业的需要。这些生产性服务包括城市及其附近范围内的交通、通信、物流、商业等。这些生产性服务必须要涵盖该区域范围内各种性质、各种规模的企业，也应当涵盖各行各业的企业。这就要求一个城市首先要立足本城市及其附近地区的生产性服务需要，建立完备的不可贸易生产性服务业体系。地域性生产性服务业要服务于地方经济社会全面发展需要，要服务于地方环境保护需要。比如地方污染治理，地方公共服务，比如社会保障、公共安全、交通基础设施等。这些地方性生产性服务业发展的好坏还直接影响到该地方其他生产性服务业和非生产性服务业的发展水平。

⑦形成基于基础性生产服务业的生产服务业产业体系

城市生产性服务业的服务空间范围和城市等级位置决定了一个城市可以发展的基本生产性服务业。但是这些服务业要得到健康发展，还需要发展相关的支持这些生产性服务业发展的配套性生产服务业。一个城市在确定应当发展什么样的服务业时首先应当决定应当发展的基础性服务业，然后再围绕基础性服

---

① 邱灵，申玉铭，任旺兵. 北京生产性服务业与制造业的关联及空间分布 [J]. 地理学报，2008（12）：1304-1305.

务业发展配套服务业。

(3) 选择基准

在一般性主导产业选择时使用的选择基准主要有需求基准、要素基准、产业关联基准、技术进步基准、竞争基准等等，这些基准对于生产性服务业主导产业选择时也可使用和借鉴。但由于生产性服务业不同于其他一般产业，因此在主导产业选择时，应根据其具体特征建立相应的选择基准。

依据生产性服务业为企业生产活动过程直接或者间接地提供中间服务的客观情况，生产性服务业的前向联系一般比后向联系重要。因此，在考虑产业关联时，可以更加关注该产业的感应度系数。

一般产业利用要素基准来选择主导产业时，更多考虑的是本地区的物质、自然资源类的要素优势。而生产性服务业具有知识密集、信息密集等特性，利用要素基准选择主导产业时，主要应当考虑的是人才、信息、技术等要素优势。

除了考虑各项选择基准的要求外，在进行都市生产性服务业主导产业选择时，还需要结合都市产业结构、技术水平、政策因素、竞争因素以及瓶颈因素等角度综合考虑。总的来说，都市生产性服务业主导产业选择标准及指标体系可总结为如表4-6所示。

表4-6　都市生产性服务业主导产业选择的指标体系

选择基准	具体指标	指标计算
需求条件	现有规模	行业增加值/服务业增加值
	增长潜力	需求收入弹性
产业关联度	前向效应	感应度系数
	后向效应	影响力系数
要素要件	资本投入	人均固定资产投资额
	人力、技术水平	相对劳动生产率
竞争条件	市场地位	市场占有率
	专业化程度	区位商
	产业外向度	输出输入总量和结构
政府因素	就业贡献	就业规模、就业增长率
	税收贡献	行业生产税净额比重、生产税净额增长率
技术进步	生产率	比较劳动生产率
	创新能力	全要素生产率

（4）不同都市层级的生产性服务业选择

①城市等级体系中各城市之间的生产性服务业关联

都市生产性服务业选择还取决于该都市在城市等级体系中所处的位置，都市生产性服务业的选择应当与城市等级保持一致。一个城市的生产者服务业的数量和多样化程度可以看作是该城市在城市体系中的等级的函数。都市生产性服务业的发展选择应当与城市功能定位保持一致。国家的城市职能规划，以及该城市在国家城市体系中所处的地位与作用决定了该城市生产性服务业的发展空间。

城市的层级主要是指城市的功能层级和职能层级。城市的职能等级取决于该城市的产业等级，产业等级主要由该产业的地域空间辐射能力决定，而产业的地域空间辐射能力又是由产业的产品运输成本决定的。层级越高的都市在生产性服务业选择上就越应当选择那些产品运输成本相对于产品价值较低、产业的市场空间范围较广阔的生产性服务业。金融、会计、咨询等由于不存在运输成本，而且服务差异化程度较高，替代弹性较小，服务的辐射范围较大，拥有此类产业的城市职能等级也就越高。

一个城市应从该城市在全球城市体系中所处层级来选择和定位适合该城市层级的生产性服务业。从城市层级体系角度看，我们一般将城市分为国际性城市、全国性城市、地域核心城市、地域二级城市等。从城市层级体系出发，我们就要进一步搞清楚什么样的生产性服务业适合在国际化大都市发展，什么样的生产性服务业适合在全国性城市发展，什么样的生产性服务业适合在区域性核心城市发展，什么样的生产性服务业适合在地域性二级城市发展。从城市等级角度，我们可以从生产性服务业涵盖领域、产业定位、服务对象等方面来分析不同等级都市生产性服务业选择问题。

不同层级城市的生产性服务业是相互联系、相互作用的，它们之间的关联既可以是逐层级联系，也可以是跨越某些层级直接与下一个层级进行对接。同一城市圈内不同层级城市之间以及不同城市圈各城市之间生产性服务业网络关系见图4-3所示。

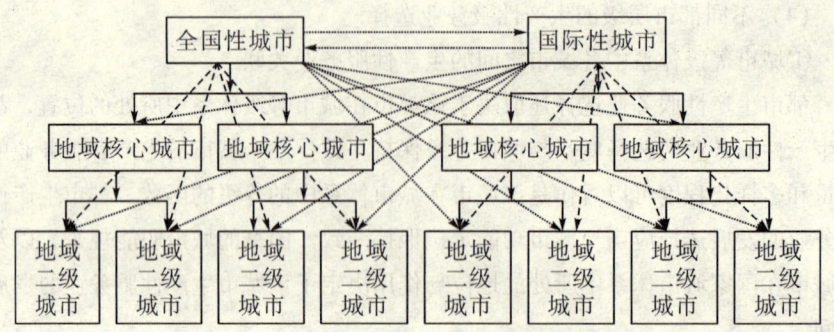

图4-3 城市之间的生产性服务业网络关系

在都市生产性服务业的选择上需要走出这样一个误区,即惯性地认为不同层级的城市应当发展不同的生产性服务业,全国性城市和地域性核心城市之间的生产性服务业行业应当是不一样的。本书认为不同层级城市的生产性服务业的差异主要应当从生产性服务业辐射范围、服务对象、生产性服务业的综合性与专业性、在生产性服务业中所处环节等方面体现出差异,而生产性服务业行业并不是一个关键性区分因素。比如说,全国性城市是全国金融中心,而地域性核心城市同样可以发展金融业。很多时候,不能说金融业是全国性城市的,而另外一种产业是地方性城市的。除了那些具有地方性服务特征的生产性服务业外,其他服务业实际上是可以而且应当在不同层级城市之中同时存在的,但是这些不同层级城市的相同生产性服务业存在一个主要服务对象的差异和主要服务环节的差异。主要服务环节差异是指即使在服务对象和服务种类相同的情况下,一个提供的是前台服务,而另一个提供的是后台服务;一个从事的是信息收集服务,另一个从事的是信息分析服务。不同层级城市可以在同一生产性服务业行业内部开展纵向的交流与合作,低层级的城市可以设立高层级城市生产性服务业的分支代理机构。高层级城市是该生产性服务业的信息分析与控制决策中心,而低层级城市则从事信息收集和这些决策的执行与操作。也就是说,同一种类的生产性服务可以将不同细分环节分别布局于不同城市,从而形成不同层级城市同一种类生产性服务业产业链条的分工,大型管理咨询公司、广告公司业务的开展往往也需要市场调查公司的配合,才能对市场情况进行深入细致的了解。

②国际性城市生产性服务业选择

全球城市首先由美国经济学家科恩(R. B. Cohen)于1951年提出,美国经济学家萨森(Sassen)将全球城市定义为全球经济的控制中心,金融和特殊服务业主要所在地①。从生产性服务业角度讲，全球城市是全球生产性服务业战略性资源、通道和产业的控制中心。全球城市是资本积累和集聚地，是生产分配和流通的组织和控制中心，是跨国公司运营决策中心、国际金融中心、高新技术研发和交易中心，是资本、信息、人才、技术和物品集散中心，是全球资源的控制和配送中心。一级城市的生产性服务业发展主要强调其辐射性，要能够对自己的腹地进行辐射，要能够形成健全畅通的外部经济联系网络，包括技术、资金、信息、人才等各方面经济联系。国际性大都市生产性服务业应当定位为所在都市圈生产性服务业中心城市，应当是主要在该区域活动的跨国企业的研发中心、金融服务中心、信息服务中心、交通物流中心、商务服务中心、运营中心、采购中心、营销中心、贸易中心、会展中心。从国际大都市生产性服务业服务对象选择来看，国际性大都市生产性服务业应当以在该城市群有重要投资和商贸活动的跨国公司为主要服务对象，应当以该城市群范围内进行国际投资和国际贸易活动的本地企业为主要服务对象，应当为这些客户提供综合性的系统的生产性服务。

从城市等级体系角度，我们可以将生产性服务业分为高级生产性服务业和一般生产性服务业。高级生产性服务业倾向于在国际性大都市集聚，高等级城市的低等级生产性服务职能将不可避免的向低等级城市逐渐分散，进而在较低等级的城市中重新集聚。1984年，梅塞（Massey）就提出，企业管理、控制和协调等高级生产性服务业主要集中在全球性城市，而后台办公功能分散于欠发达国家。随着经济全球化和信息化的不断发展，高端生产性服务业向全球化城市集中的趋势将更加明显。从总体上看，层级越高的城市，其生产性服务业的综合性和完备性越明显，其生产性服务业的高端性和现代性越明显，其生产性服务业的辐射性越明显。层级越低的城市其生产性服务业的专业性越明显，生产性服务业的低层次性和传统性越明显，其生产性服务业的地方性越明显。从服务内容上讲，国际化大都市主要是为跨国公司提供生产性服务中的商务服务、金融服务、贸易服务和信息服务。从生产性服务业产业体系看，国际性大都市、全国性大都市往往是一个国家生产性服务业体系中的塔尖性生产性服务业的集聚地，是一个国家高端生产性服务业的集聚地，是一个国家国际性生产性服务业和全国性生产性服务业的集聚地，是一个国家创新型生产性服务业的主要集聚地，是知识和技术密集型生产性服务业的主要集聚地。如果将生产性

---

① 黄苏萍，朱咏. 全国城市2030产业规划导向、发展举措及对上海的战略启示[J]. 城市规划学刊，2011（5）：12.

服务业分为传统生产性服务业和现代生产性服务业，那么，国际大都市在自身资源不能满足生产性服务业综合系统发展的时候，应当以提供现代生产性服务业为主，将传统生产性服务业向下一级城市转移，保留对所服务对象的高层次服务和现代生产性服务，从而确保该城市在所在城市群区域内的最高层级和主导地位，特别是应当保持自身在金融服务、技术研发、决策运营的中心地位。

作为高级生产性服务业重要组成部分的决策控制活动以及为决策控制活动提供资讯的生产性服务业往往集中在国际性大都市里。跨国公司总部是全球控制的节点，因此，拥有跨国公司总部的数量往往成为衡量一个城市是否属于国际性城市的重要指标，拥有跨国公司总部和子公司最多的城市属于最高等级城市，这里是决策中心、信息中心和市场中心。以1996年全球100强公司总部及一级子公司总部落户情况来说明哪些城市应当归属于全球性城市。1996年，全球100强公司总部及一级子公司总部落户于纽约的有69家，落户于日本东京的有66家，落户于英国伦敦的有50家，落户于中国香港的有40家，落户于新加坡的有35家，落户于意大利米兰的有30家，落户于法国巴黎的有29家，落户于墨西哥城的有28家，落户于西班牙马德里市的有28家，落户于韩国首尔的有26家，落户于巴西圣保罗的有25家，落户于瑞士苏黎世的有25家，落户于中国北京的有23家，落户于泰国曼谷的有22家，落户于比利时布鲁塞尔的有22家，落户于美国芝加哥的有22家，落户于德国法兰克福的有22家，落户于澳大利亚悉尼的有22家，落户于美国旧金山的有21家，落户于美国洛杉矶的有20家，落户于中国台北的有20家，落户于阿根廷布宜诺斯艾利斯的有19家，落户于荷兰阿姆斯特丹的有18家，落户于委内瑞拉卡拉卡斯的有18家，落户于土耳其伊斯坦布尔的有18家，落户于加拿大多伦多的有18家，落户于德国杜塞尔多夫的有17家，落户于中国上海的有17家，落户于奥地利维也纳的有16家[1]。这些城市也就成为当今世界主要的国际性城市。

国际性城市是世界经济中重要的金融中心，国际金融中心倾向于集中在全球城市。作为国际大都市的伦敦市，其可以贸易的产业主要是生产性服务业，而其生产性服务业主要集中在商务服务业、金融服务业、媒体制作服务业等少数几个服务行业。而金融业是伦敦生产性服务业的基础性产业，其他生产性服务业与金融业之间具有明显的衍生关系。伦敦金融服务业集群从事的主要产业包括银行服务业、保险服务业、证券服务业、外汇兑换服务业、和金融相关的

---

[1] Godfrey B. J. & Zhou Y. Ranking world cities: Multinational Corporations and the Global Urban Hierarchy. Urban Geography, 1999 (3). 同时参见刘荣增. 跨国公司与世界城市等级判定 [J]. 城市问题，2002 (2)：7.

会计服务业、和金融相关的管理咨询服务业、和金融相关的法律服务业、和金融相关的信息服务、和金融相关的人力资源服务、以及其他和金融相关的支持性生产性服务业，从而形成一个完善的金融服务业产业体系。伦敦金丝雀码头（Canary）商务区已经发展成为全球闻名的银行总部以及金融和商务产业的集聚地。在伦敦，金融服务业主要集中在金融城、西尾、北部地区、法律区四个金融服务业集群。在这些服务业中金融服务是核心服务业，是基础服务业，围绕金融服务业而出现的会计等专业服务、法律服务、信息服务等是衍生性服务业。这四大金融服务业集群在地理区域上相互邻近，在功能上各具特色，相互协作，共同推动了伦敦地区金融服务业集群的发展。

作为世界金融中心、世界贸易中心、世界信息中心、世界商务中心和美国经济中心的纽约市，纽约的生产性服务业主要集中在金融服务业和商务服务业两类产业领域，它是银行业、保险业、证券业、贸易、会计业、法律服务、广告业等生产性服务业的主要集聚地。为了支撑这些基础性生产性服务业的发展，纽约市还同时发展着交通运输、文化、教育等生产性服务业。日本东京是日本的经济中心也是国际金融中心，其生产性服务业主要集中在金融保险业、情报信息业、广告业和科教文化等领域①。

从未来全球性城市生产性服务业发展规划看，伦敦在其2030年规划中，在生产性服务业领域将重点发展金融业、航运业、商业、咨询服务业。东京在2030年规划中，在生产性服务业领域将重点发展信息传播产业。法兰克福在其2030年规划中，在生产性服务业领域将重点发展生物技术研发、金融、企业服务、通信技术、媒体、贸易物流服务业。香港在未来生产性服务业发展规划中将重点发展金融业、贸易物流服务业。悉尼在未来生产性服务业发展规划中将重点发展金融、高级商业服务、教育等生产性服务业②。

③全国性城市生产性服务业选择

全国性的城市在生产性服务业体系中应当是政策决策中心、资本市场中心、重大技术研发中心和技术服务中心，是生产性服务业现代领域和高端环节集聚地，是生产性服务业的控制中心。服务范围应当覆盖整个国家。从服务对象上看，全国性的城市应当将全国性企业作为自己的主要服务对象。从产业角度讲，全国性城市应当实现对第一产业、第二产业和第三产业的全产业

---

① 韩景华. 国际大都市服务业发展的经验及启示[J]. 经济纵横, 2008 (7): 90.
② 黄苏萍, 朱咏. 全国城市2030产业规划导向、发展举措及对上海的战略启示[J]. 城市规划学刊, 2011 (5): 13.

服务[①]。

全国性城市在一个国家并非就一定只能有一个。全国性城市的生产性服务功能还应当依据国家的城市发展规划在不同全国性城市之间合理分工。随着经济社会发展，生产性服务业在全国性城市和国际性城市的顶层层面也会逐渐出现分工和相对专门化发展的趋势。每一个顶层城市将会以某几个生产性服务业为主，然后围绕这些生产性服务业形成相对完善的生产性服务业体系，从而形成顶层都市的生产性服务业分工。关于城市层级体系的最高级城市，现在有一种观点认为，最顶层的城市应当只有一个。我们觉得，对于该问题不能一概而论，而应当在尊重城市发展历史和现实功能情况的基础上综合考虑。一个国家可以根据实际情况形成几个全国性城市，然后将属于全国性城市的生产性服务功能在这几个城市中进行合理分工。客观地讲，一个城市也不可能为一个国家提供全方位的全国性生产性服务，它往往只能提供少数几个方面的全国性生产性服务。也就是说，处于城市体系最高层级的全国性城市可以是一个也可以是几个，不能硬性规定一定只能是一个。例如，一个全国性城市可以只是一个国家的商贸物流中心，另一个城市可能是国家的金融中心和商务服务中心，而第三个城市则可能是国家的技术研发中心。

④地域核心城市生产性服务业选择

跨越省份的区域性中心城市处于一个国家生产性服务业的第三个层面。评价一个城市是否是区域核心城市的标准有四个方面。其一，必须是具有政治、经济和文化等方面功能的功能复合型城市。其二，该城市必须是其所在城市群中经济发达的城市。其三，该城市必须是多种工业并存并且体系完整的城市。其四，必须是商业贸易发达的城市。

地域核心城市是该地域综合性的生产性服务供给者，在所在地域范围内具有统帅、枢纽、信息大本营和服务大后方的地位，应当对周边城市起到巨大的辐射带动作用，是区域经济的整合者。

区域性核心城市的生产性服务业应当定位为区域性国际生产性服务业中心和国内所在区域生产性服务业中心。它们往往是全国性城市和国际性城市在该区域的分支机构的汇集地，是第一、第二层次城市生产性服务业向下辐射的中转站。它们承担着所辐射区域内的一部分国际性生产性服务业，担当着全国性生产性服务业在区域内的代理者角色。从其服务的对象来看，应当以那些在该区域有较密切经济往来和重要业务的跨国公司作为主要服务对象。从服务的环

---

① 方远平，毕斗斗. 国际大都市服务业结构与功能特征[J]. 城市问题，2007（12）：93.

节来看，应当主要为这些企业提供国际性金融服务、国际贸易服务、国际性信息服务、国际性物流服务、国际性商务服务、会展服务以及跨国企业决策管理服务。

同时区域性城市还是该区域内从事跨省份经济活动企业的生产性服务需求的主要提供者，它们为这些主要在该区域内从事经济活动的企业提供综合性的生产性服务。应当为这些区域性大企业提供决策管理服务、金融服务、技术研发服务、商务服务以及物流服务，应当成为这些企业的总部基地、技术研发中心、金融服务中心、商贸物流中心、商务服务中心。地域核心城市应当将本地域的支柱产业和主导产业作为重要服务对象。依据自身的生产性服务要素优势为其提供核心技术和知识产权保护等生产性服务，同时还应当为本地域产业提供比较系统的金融服务、信息服务、贸易物流服务、商务服务等，从而形成服务于地方产业发展需要的相对完备的生产性服务业体系。

以美国洛杉矶为例，洛杉矶作为美国区域性大城市，是日本、加拿大和英国等跨国企业事务中心的区位选择点，是美国西海岸的企业总部基地，是美国西海岸的国际金融中心，也是主要在美国西部从事经济活动的企业总部汇集地和金融管理中心，这里聚集了不少本国和世界各国的银行、保险公司以及信息和技术服务业。

⑤地域二级城市都市生产性服务业选择

第四个层次的城市是区域性二级城市。区域二级城市包括我国不少省会城市以及一些省份的地级城市[①]。地域二级城市的辐射半径要比地域核心城市辐射半径小，服务的行业也更加单一，生产性服务业的种类也更少。与国际性城市和全国性城市相比较，这里是大型娱乐、运动、物流管理等生产性服务业集聚之地。

区域性二级城市应当主要从事某一领域某一方面的生产性服务业，应当从本城市生产性服务业要素禀赋角度来考察自己适合发展哪些生产性服务业，应当强调生产性服务业的专业性和地域特色性，更应当和当地产业发展水平、当地产业结构紧密衔接，要将服务当地经济发展作为生产性服务业的立足点。这些生产性服务企业主要应当为那些经济活动主要集中在一个省范围内的企业提供生产性服务。

区域二级城市应当以该区域内的中小企业作为服务对象。从服务对象上

---

① 唐珏岚. 生产性服务业集聚——大都市形成与发展的必由之路 [J]. 广西社会科学, 2006 (2): 43.

看，这个等级的城市适合服务那些主要在该地区范围内从事生产经营活动的企业，尤其是中小型企业和本地企业——为中小企业提供生产服务是二级城市生产性服务业应该承担的职能。二级城市应当是其所辐射范围内的地方性企业的金融服务中心、技术研发和服务中心、商务服务中心、决策运营中心、教育培训中心。金融服务主要是地方性非银行金融服务，包括证券买卖、风险投资、保险信托、共同基金、社保基金、产权交易等泛金融服务。区域二级城市还可以依据自身优势要素禀赋，重点发展某一领域的生产性服务业。一些城市可以依据自身的技术人才优势重点发展某一行业的技术研发服务，成为这一行业技术研发的重要基地和标准制定者，比如，四川省的绵阳市就依据自身雄厚的核工业科技实力发展成为中国核工业技术服务中心。一些城市可以依据自己独特的地理位置发展物流运输服务业，比如，湖南的株洲市就依据自己特殊的地理位置发展铁路物流运输业。区域二级城市应当将生产性服务集中在原材料采购、产品销售等生产环节，应当重点发展提供终端服务的生产性服务，应当重点发展后端办公类型生产性服务业。区域二级城市还可以成为国际性城市、全国性城市、区域核心城市生产性服务业大型企业在该地域的分支机构所在地。

地域特色产业的发展壮大主要依靠地域二级城市为其提供生产性服务支持，在这方面，地域二级城市应当义不容辞地承担起满足本地特色产业发展的生产性服务需求之职能。地域二级城市的生产性服务业应当是本地化和特色化的生产性服务业，应当通过生产性服务的本地化形成生产性服务的地方特色。地域二级城市的生产性服务要特别突出生产性服务的本地化服务导向，应当定位于满足本地制造业等产业的生产性服务需求。应当以满足当地的基本生产服务需求为主。地域二级城市应当成为地方性支柱产业和主导产业发展的重要支撑，特别是技术研发和技术服务支撑。应当将发展生产性服务业作为提升本地支柱产业和主导产业竞争力的重要手段。

地域二级城市还应当充当全国性城市、国际型城市、地域核心城市的生产性服务向地方和基层辐射的中转者和传承者，当好高层级城市的生产性服务功能向基层辐射的"二传手"角色。二级城市是主要的资源集散地，是地域核心城市生产性服务资源向外扩散和传播的转运中心，要发挥好生产性服务业的向下扩散功能。地域二级城市还应当放眼全球，依据自身优势，寻找国际生产性服务业转移的机会。比如，为国际经贸活动提供物流服务、餐饮住宿服务、燃料食品补给服务、仓储服务、货币汇兑服务、票据处理服务等。地域二级城市还应当为本地的居民提供相关生产性服务，包括投资理财等。

地域二级城市的技术服务可以重点以各个企业成立技术研发中心或者实验

室的形式开展，不必一味追求独立的生产技术服务。比如，江苏省的常州市，作为一个地域二级城市，就依托当地重要企业发展起来了自己的技术研发等生产性服务业，实现了技术研发服务的本地化。

二级城市也可以在某些细分的生产性服务行业成为全国性甚至国际性生产性服务中心。比如，波士顿的互助基金和风险投资基金在全美国都占有十分重要的地位。波士顿还是美国的股票交易中心，银行和保险公司的股票、本地工厂、运河股票、政府债券等都在这里交易。而纽约的证券业主要在外汇交易、衍生金融工具交易、外国债券交易等细分行业。波士顿汇聚了哈佛大学、麻省理工学院等美国顶尖大学，其高等教育十分发达。其计算机和电子工业也十分发达，为这些产业服务的技术研发和商务服务业也十分发达。

⑥加强同层级城市之间的分工与协作

生产性服务业的协同包括同一城市圈内同一等级城市生产性服务业的协同，也包括不同城市圈城市生产性服务业的分工与协同，前面主要分析的是不同层级城市之间的分工与协作，这里的分工与协作指的是同一层级城市之间的分工与协作。要通过同一层级城市之间横向合作，减少和避免相同产业过剩导致的恶性竞争。同一层级城市之间的分工主要应当依据各城市的比较优势与各自地域的非生产性服务业差异。

对于城市群和城市带来说，实现城市生产性服务业的错位发展，防止城市群中各城市生产性服务业的恶性竞争是十分必要的。只有这样才能实现城市群和城市带中的各个城市生产性服务业区域内部分工，实现生产性服务业的协同发展和全面发展。本地如何有选择地发展自己具有优势的生产性服务业？城市之间生产性服务业的分工依据主要有两个，一是不同地域主导产业、支柱产业和战略产业的差异而形成的生产性服务业差异，二是不同城市发展不同生产性服务业的比较要素优势差异和成本差异。在服务本地域经济发展的前提下，并不是本地域其他产业所需要的生产性服务业都必须要由本地来供给，有些生产性服务我们可以通过贸易的方式获得。那么，哪些生产性服务业我们应当通过贸易的方式来获取呢？这就需要坚持比较优势的原则了。除了部分核心生产性服务业外，其他生产性服务的发展应当主要取决于是否具备了比较优势，要积极发展那些该城市具有比较优势的生产性服务业。生产性服务应当考虑到供给的比较成本优势，如果一种生产性服务有两个以上的城市可以供给，那么就应当看看这里是否具有成本优势。成本比较优势可以分为在同样产出情况下的成本最小化，还可以是在同样投入情况下的产出更大化。包括土地成本、劳动力成本、知识要素成本、溢出效应的大小等。

生产性服务业的选择要考虑溢出效应的实现。相关生产性服务业之间的协同互动关系，也是生产性服务业选择的标准之一。学者丹尼尔斯（Daniels）就指出，生产性服务业的生成不仅受制造业发展的影响，还受到相关生产性服务业发展的影响，而后者往往具有更大程度的影响。一个生产性服务企业往往需要相关生产性服务企业为其提供生产性服务，因此它需要那些为其提供生产性服务的企业与其共生。相关配套服务业的完善也是比较优势的重要组成部分。

生产性服务业在一个城市的持续健康发展必须要遵循比较优势的原则。发展生产性服务业我们一定要向内看，要客观评价自己的优势和劣势，要与该城市生产性服务业相关要素资源一致。生产性服务业的发展应当尊重一个城市的生产性服务业传统沿革。只有那些具有比较优势，具有资源禀赋的生产性服务业才能在一个城市持续发展。

此外，一个地方的生产性服务业选择应当是动态的。随着城市经济发展定位和相关产业发展需要，生产性服务业应当进行不断调整和升级，且随着影响服务成本的因素变化而变化。在这种动态演进中，每一个等级的城市都应当在自己应当选择的生产性服务业领域不断发展，沿着生产性服务业价值链逐渐向上提升，要避免生产性服务业发展中不断向下寻求发展空间的现象，避免将本应当由下一等级城市发展的生产性服务业揽到自己这里来。

为了实现生产性服务业的有序发展、科学发展，我国应当加强生产性服务业总体规划。各地方层次的生产性服务业规划应当与国家层面的生产性服务业总体规划紧密衔接，协调一致。应尽快成立由国务院、国家发改委牵头的全国生产性服务业发展联席会（领导小组），专门负责研究、编制和落实我国生产性服务业总体规划以及主要城市生产性服务业发展规划。

5 都市生产性服务业发展的主要领域、发展模式及区位选择

5.1 都市生产性服务业发展的主要领域

综合考虑各种因素,以及参考西方发达国家生产性服务业的发展历史,我国都市生产性服务业发展可以特别关注以下行业,将其作为投资的重点。

5.1.1 科学研究、技术服务业

科学技术是第一生产力。根据现代西方经济学家如索罗(Solow)、丹尼森(Denison)等的实证研究,科学技术、知识是推动西方发达国家经济增长的主要源泉。在美国、德国、英国等发达国家,60%的经济增长来源于知识要素。目前,中国的经济增长主要依靠要素投入,如自然资源和劳动力的大规模投入,这是一种典型的外延式经济增长。中国要实现经济增长方式的转变,最终需要依赖科学技术的进步。造成这种状况的原因固然是多方面的,其中,科技产业化滞后是一个重要因素。我国的科学技术要素对经济增长的贡献率要达到西方发达国家的水平,在科学技术投入、科技进步以及科技产业化应用等方面都还有很长的路要走。我国的科技研发、知识要素的生产和转化都还有很大发展潜力。不仅如此,科技研发的发展与产业化应用也是其他生产性服务业以及第二、第三产业发展与进步的基础。整个国家产业进步、经济社会的全面发展都离不开科学技术的发展与应用,因此,科学技术的进步与广泛应用是我国社会经济全面发展进步的基石。大力发展科学技术并及时将其转化为现实生产力,也是增强我国产业国际竞争力,促使我国在全球产业价值链中占据更加有

利位置的需要。为此，必须大力发展科学技术，增加知识储量，获取更多知识产权，增强在国际行业标准方面的话语权。同时还要加强对现代科学技术的投入，不断增大对国家重点实验室的投入力度，不断增加对关键研究实验设备的各种投入，逐步完善我国的科研条件和相关软环境。除了上述举措，还应推动企业逐渐成为技术创新和应用产业化的主体，增加对企业研发投资税收优惠政策以及相应的财政补贴政策，要为科学技术的发展营造更加良好的金融环境，以期降低企业研发投资风险，增强企业研发投资积极性。

5.1.2 金融业

金融业是一个比较宽泛的产业范畴，它是指所有与融资和资金服务有关的行业。在现代经济中，金融业已经从过去的一个普通行业上升为一个主宰国家经济命脉的关键产业，国民经济和社会发展的各项活动和事业无不与金融业的健康持续发展紧密相关。在国家间的经济角力中，金融更是国家间竞争的重要领域，可以说，在经济全球化时代里，哪个国家拥有了世界经济秩序的金融控制权，这个国家也就拥有了在国际竞争中的主导权。最典型的例子就是早期的英国通过控制国际金融，而成为当时世界经济的领头羊。现在的美国也是力图通过对世界金融秩序的控制而实现其控制世界经济秩序的目的。它通过国际金融体系进而控制着国际市场上的大宗商品和原材料价格，如石油、矿产品和农产品价格，进而拥有左右世界经济的强大力量。通过对金融市场的操纵，它还可以将其影响通过汇率机制传导到其他国家，进而对这些国家经济社会发展产生深远影响，有时甚至是灾难性影响。比如，美国通过广场协议就深刻影响了日本经济发展走势，使日本出现了衰退的十年。如果一个国家金融业不健全、不健康，不仅不利于本国其他产业的发展壮大，而且也极容易受到外国金融和经济秩序动荡的不利影响，进而影响到经济和国家安全，因此，现代物流业应当高度重视金融业的投入与发展。加快金融业产业组织方面的改革，使我国金融业成为充满活力、竞争力强大的具有国际影响力的重要产业。

5.1.3 交通运输、仓储和邮政业

交通运输、仓储和邮政业在生产性服务业领域属于传统的生产性服务业。其出现和发展已经有了相当长的历史。但是就我国现实发展情况看，这些行业依然是国民经济的薄弱环节，是经济发展的瓶颈，是制约我国经济发展的短

板。在我国，以交通运输为主要内容的现代物流业，要远远落后于西方发达国家，因此，现代物流业仍然是我国未来需要大力发展的行业。我国交通运输业的另一个问题就是其发展存在明显的地域不平衡性和行业不平衡性。在我国广大中西部地区尤其是广大农村地区，交通运输十分落后，因此成为了制约这些地方经济发展的主要因素。为此，加强落后地区、中西部地区交通运输业的发展，加强以交通运输为基础的现代物流业的发展迫在眉睫。

5.1.4 信息传输、计算机服务和软件业

按照罗斯托（Rostow）经济发展阶段理论，信息传输、计算机服务和软件业是后工业社会国民经济的主导产业。在阿尔文·托夫勒（Alvin Toffler）的第三次浪潮理论中，第三次浪潮是以第三次技术革命为基础的，而第三次技术革命主要就是信息技术革命。自20世纪80年代以来，伴随着经济全球化，各国经济信息化同样迅猛发展，信息技术快速进步并且在社会生活中广泛应用。社会经济生产的信息化不仅是促进信息产业快速发展的推动力，也是生产性服务业独立化、专业化的重要条件，更是生产性服务业外包和国际化的重要条件，因此，信息化也是整个生产性服务业独立化发展的重要前提。很多经济学家预言，下次产业革命离不开信息产业的根本性创新。在2008年世界性经济危机爆发后，西方发达国家更是给予信息产业特别关注，将其作为重点发展的新兴产业。2008年后，美国加快了三网融合的步伐，并提出要在信息产业方面保持世界领头羊地位。为此，美国政府加强了对信息传感网、公共安全网、智能电网等信息基础设施的建设。此外，欧盟组织也明确提出，要加快全民高速互联网建设。英国和法国推出了数字国家的信息化发展战略，德国也将发展信息与通信技术作为其提升国际竞争力的重要途径。

我国信息产业近年来发展相当迅猛。依据第一次全国经济普查数据，在2004年，中国信息传输、计算机服务和软件业行业企业利润总额已经超过1600亿元人民币，在第三产业的14个行业中，其产值规模上已经位居第二。除了前面所强调的信息产业的重要作用外，大力发展信息产业是中国走新型工业化道路的需要，在新型工业化的过程中必须大力发展信息产业，用信息产业带动新型工业化发展。但是，与西方发达国家的同类产业相比较，中国的信息产业无论是在信息技术知识产权拥有数量方面，还是在信息核心技术掌控、信息技术产业化应用发展方面都存在明显差距。不过，中国发展信息产业也有其有利条件，那就是中国拥有信息产业发展的后发优势。信息产业的发展离不开

该产业核心技术知识产权的掌握，因此，加强该行业技术创新，就成为该产业发展的重要环节。

5.1.5 商务服务业

商务服务业是一个囊括范围相当广泛的生产性服务行业。包括会展服务、法律服务、会计与审计服务、企业管理服务、评估咨询、市场调研、广告与营销策划等细分行业。这是一个专业性很强的知识密集型生产性服务领域。从西方发达国家该产业发展的历程可以看出，该产业是一个增长速度很快，就业容纳能力很强，劳动生产率极高，附加值极高，集聚能力强和辐射能力强的服务业行业。在中国香港，从总体上看，专业服务行业附加价值要占到全部产业总产值的66%，而工业附加价值总体上只能占到产值的30%。在描述产业价值链的微笑曲线上，商务服务业各细分行业基本上都位于微笑曲线的两端，其附加值要远高于处于微笑曲线中间部分的加工制造环节。

进入21世纪，中国商务服务业得到了较快发展，并且已经变成了第三产业的主要行业之一。依据第一次全国经济普查数据，到2004年，中国租赁和商务服务行业已经创造企业利润1400多亿元人民币，超过了传统生产性服务业中的重要行业交通运输业，也超过了被很多地方政府奉为经济发展支柱的房地产业，在第三产业各细分行业中位居第三。但是，中国的商务服务业无论是从总体上还是就各细分行业进行评价，都低于世界平均水平，更低于西方发达国家水平。在商务服务领域，中国本土企业很难与外国同类企业或者外资企业同台竞争。商务服务业发展滞后也是中国制造业难以实现产业升级、难以进入制造业高技术领域的重要原因。

要发展商务服务业，就需要加强非物质要素的投入。人力资本投入，知识资本投入，创意投入，这些都是商务服务业主要的要素投入。从所有制性质来看，民营企业应当是商务服务业发展的所有制主体。信用培育是该行业发展的重要保障，失去了信用支撑，该行业就很难获得客户。为此，政府需加强市场监管，规范市场秩序，行业协会等组织则应当加强行业标准建设。此外，政府应扩大对该行业的政府采购。消除市场准入的政策歧视，从税收方面为该行业的发展提供公平税制也是该行业发展的需要。

5.2 都市生产性服务业的发展模式

就所涉及的相关文献看，目前理论界关于生产性服务业的发展模式还没有较多的探讨。都市生产性服务业的发展模式与该城市在城市等级结构中的位置和发展程度有着密切关系。在城市等级体系中，具有不同影响力与控制力的不同级别城市，在生产性服务业选择方面存在着明显的行业和层次之间的差异。城市级别越高所适合发展的生产性服务业档次也就越高级[①]。因此各城市生产性服务业发展模式的选择要根据所在城市的发展情况来确定，应该根据生产性服务业与其他产业的协调性及自身的特征来选择。本节在归纳总结相关学者研究成果的基础上，提出了都市生产性服务业的四种发展模式。

5.2.1 基于生产性服务业与制造业关系的角度分析

从生产性服务业与制造业之间的关系看，可以将生产性服务业的发展模式分为三大类。其一是生产性服务业内嵌于制造业企业内部的发展模式。也就是说，制造业企业自己运营发展和自身制造活动相关的生产性服务活动，自己从事产品的设计、生产、销售服务。其二是制造业企业通过外包的方式来获得生产性服务需求的外包模式。也就是说，企业将整个生产性服务活动剥离，不再介入相关活动，而是让其他企业承包提供。其三是生产性服务业与制造业共生的发展模式。下面就三种发展模式作进一步阐述。

对于制造业企业来说，生产性服务业内嵌于制造业企业内部的发展模式存在经营成本高的缺点，但是也存在市场风险相对小的有利方面。这是制造业早期普遍存在的发展模式，是生产性服务业独立化前的基本发展模式，因为生产性服务业最初出现和存在的理由就是用来满足制造业发展需要。在当时，信息技术不发达，市场交易成本高，生产性服务业很难从外部采购，制造业企业要求得自身的发展就只能自己动手、自身经营、自我发展。这种生产性服务业发展模式，其实就是为了适应制造业发展的需要，在制造业企业内部新增加了一个生产性服务运营部门，这对企业的组织能力以及其他能力都是一个新的挑

---

① Willlam J. Coffey: The geographies of producer services [J]. Urban Geography, 2000, 21 (2): 170 - 183.

战。这时的生产性服务业主要存在于大型制造业企业内部，规模较小的企业难以发展相应的服务业。要采取内嵌型发展模式，企业必须要具有一定的经济实力，要拥有相关的人力资本，具备相关技术研发能力，资金来源渠道畅通，具有多方面的经营管理能力以及其他相关资源。特别是当知识技术成为制造业发展的核心动力时，发展和研发相关的生产性服务业就变得尤其重要，而研发活动更是一项系统工程，非一般企业所能实施，其风险也远非实力单薄的小企业所能承受。因此选择这种生产性服务业发展模式的企业应该综合考虑自身各方面的能力和条件，仔细分析自身从事生产性服务业运营能力的水平高低。

制造业企业将生产性服务业外包发展模式在现代经济中十分普遍。随着经济全球化的深化，各行各业企业之间的竞争更加激烈，越来越多的企业选择了将生产性服务业外包给专业化从事生产性服务的企业。此时，信息技术也取得了根本性的突破，互联网等信息手段被广泛应用于生产领域，也提升了生产性服务业独立化发展的能力。战略经济学家波特（Porter）更是从核心竞争力角度出发，从理论上阐述了生产性服务业发展这种根本性转变的必然性。可以预见，今后的生产性服务业将更多以这种方式存在于经济活动中，因为这种模式可以实现生产性服务业的专业化经营、规模化经营，可以降低服务供给成本，可以促进生产性服务业向高精尖的方向快速前进。但是，对于制造业企业来说，这种发展模式也有其不足之处，就是制造业企业对市场依赖太大，市场风险大。

生产性服务业与制造业共生发展模式可以说是前述第二种发展模式的演化与高级化，是合作竞争的典型实践形式。生产性服务业的共生发展模式强调双方之间的信息和资源共享，强调双方之间的市场合作，强调资源互补、优势互补，强调供求双方的紧密结合。对于中国企业来说，生产性服务业与制造业的共生发展模式还比较陌生，应当加强对这种模式的研究与推广，使其成为今后我国生产性服务业发展的主要方式。

5.2.2 基于生产性服务需求来源的角度分析

发达国家的产业转移呈现出扩展趋势，正在被发达国家转移到海外去的产业不仅包括过去的劳动力密集型的制造业，还包括可以被转移到海外去的服务业，特别是生产性服务业。在企业将生产性服务业从企业内部转移到海外的过程中，生产性服务业的内部分工得到了进一步深化，各种更加专业化的生产性服务业企业和服务形式不断涌现，国际间的产业分工不断深化。为生产性服业企业服务的生产性服务业得以衍生，生产性服务业内部结构向更加复杂和更高层次演化。这些被外包到海外的生产性服务业主要有软件活动、流程设计、物流服务、通信服务、人事培训和技术研发等细分行业，这些生产性服务业被称为服务外包。根据生产性服务业承接方所处的境内外地域，可以将外包服务分为境内外包和离岸外包。前者是指发生在一国范围内的生产性服务业外包活动，后者是指发生在不同国家之间的生产性服务业外包活动。服务外包可以充分发挥不同企业、不同地方的资源优势，实现资源的进一步优化配置，从而降低服务需求方的生产成本，提升其产业竞争力。所以，近年来，无论是国内外包还是海外外包，生产性服务外包都越发盛行。依据联合国贸发会议的研究估计，在今后几年内，全球服务外包市场每年增速将超过30%。

中国是世界上规模最大的加工和制造业基地，庞大的制造业产业为中国发展基于制造业的生产性服务业提供了广阔的市场需求，这十分有利于中国国内服务外包的发展壮大。从比较优势看，中国具有低劳动力成本优势，和制造业相关的生产性服务业的健康发展将会进一步提高我国制造业的国际竞争力，还可以因此吸引更多海外高端制造业向中国转移。因此，二者之间具有相辅相成的共生关系，为我国采用服务外包模式发展生产性服务业创造了巨大的空间。和发达国家和部分发展中国家相比，中国生产性服务的国内外包仍然相对落后，差距明显。因此，需要进一步加快国内外包服务的发展。同时，中国也要积极承接来自其他国家的生产性服务业外包，争取更多就业机会和新的经济增长点。

内需型服务外包是发展生产性服务外包的主要形式。与一些学者和部分官员不同，笔者认为，中国的生产性服务业外包应当以满足国内需求为重点，而不是以海外外包服务为主。中国国内生产性服务需求不仅市场市值巨大，交易方便，而且对中国其他产业的发展有着十分重要的推动和催化作用，可以实现各个产业的共同发展，对提高国民经济整体竞争力十分有益。可以说，大力发展内需型生产服务外包是中国经济社会全面发展的需要和必然。内需型生产服务涉及的行业十分宽泛，市场规模庞大，其发展潜力远非海外服务外包所能比肩。当前，在内需型外包服务中，还需要加强现代物流服务建设，大力发展金融租赁业，大力发展第三方产品中试、质检和测试，大力发展产品委托研发和设计。

除此之外，有条件的地方还应当积极发展海外外包服务。海外外包服务作为外包服务的补充形式可以扩展中国外包服务业的规模，创造更多产值和就业机会，也可以加强与发达国家之间的经济往来和经济联系，这对中国转变经济增长方式、调整贸易结构也有一定积极作用。特别是中国东部沿海省份，与其他国家接壤的边境省份，具有发展海外服务外包的地理位置优势以及其他社会联系优势，更应当高度重视海外外包生产性服务业的发展。

5.2.3 基于空间组织状况的角度分析

都市生产性服务业在空间分布上表现出明显的集聚发展特点，这是所有都市生产性服务业空间布局的共性。但是在共性之下也各有特点，不同都市其生产性服务业空间集聚的动力不一样，集聚模式也各不相同。从都市生产性服务业的空间组织模式看，由于不同城市自身条件、区位优势存在差异，生产性服务业的空间组织形式也存在明显差异。总体上来看，生产性服务业的空间组织形式可以分为三种类型。

一是在主城区周边形成各种专业化的副商务中心的集聚模式。这种空间组织模式以日本东京市的生产性服务业的地域分布最具有代表性。如前文所述，东京市在原来老的商务中心以外的城市周边形成了很多新的商业中心，这些新的商务中心具有非常清晰的专业化集聚特点。有的商业集聚中心主要从事技术创新和产品研发活动，有些集聚区主要从事金融融资服务，有些集聚区主要从事信息通信服务，有些集聚区主要为中小企业服务，有些集聚区主要为其他企业提供现代物流服务。

二是轮轴式集聚模式。这种空间组织模式以美国纽约最为典型。在纽约，曼哈顿商务区成为整个纽约商务区的核心地域，这里集中了全美最大的银行和保险公司，以及全美最大的交易所，还集聚了上百家跨国大企业的总部机构，这些组织均具有很强的全球辐射能力和影响能力。以这些企业和组织为中心，大批专业服务人才被吸引到此，相关的生产性服务业被迁移到此，以提供配套服务，于是围绕核心企业和组织形成了十分全面而且分工极细的生产性服务业产业链。这种空间集聚模式很像车轮的辐条状，所以称为轮轴式集聚模式。

三是卫星平台式集聚模式。这种生产性服务业集聚模式具有很浓的政府推动特色，这种集聚模式可以由政府主导而形成。它一般以政府控制的大型国有企业、科研机构等为核心组织，然后吸引那些配套中小企业来此集聚[1]。这种空间集聚模式以南苏格兰区最具有代表性。早在1970年，南苏格兰地区政府为了加快本区金融业的发展，颁布了一系列推动金融业集聚发展的极具吸引力

---

[1] 傅小波. 发达国家生产性服务业发展的主要经验 [J]. 今日浙江, 2008 (18).

的政策，以期吸引各金融大企业来此发展。在这种集聚模式下，企业之间存在密切纵向联系，而企业之间的横向联系相对较少。

在中国，很多大城市的中心区域仍然处于商业区发展阶段。城市中心区域还没有过渡到商务中心的发展阶段。此外，受行政管辖权分隔和政府强力干预的影响，生产性服务业集聚发展态势并不明显，它们被行政力量分散于各自所管辖的区域，再加上生产性服务业分散投资，重复建设的弊端明显，因此生产性服务业的专业化和低成本优势就更难以形成。为了促进中国都市生产性服务业的发展，各大城市应当加强对生产性服务业的统筹，在全市范围内而不是在城市各区范围内对都市生产性服务业的行业选择和空间集聚模式进行抉择和规划，促进生产性服务业在全市范围内进行合理分工和空间集聚。同时，都市生产性服务业绝不仅仅只是针对本城市内企业而存在的，它的发展必然需要周边腹地的支持，因此，中国应当加快城乡一体化进程，进一步延伸都市生产性服务业的触角。

各都市应当主动顺应生产性服务业的发展规律，积极借鉴国外生产型服务业集聚的先进经验。然后根据自身都市特点和条件，科学选择适合本城市发展的空间集聚模式。

在进行生产性服务业集聚区规划和设计时，应当充分考虑生产性服务与生活服务之间的衔接和配套，应当考虑生产性服务业与城市生产环境的可持续发展相协调，应当考虑到城市交通的可承受限度和人员流动成本，应当体现以人为本的发展宗旨。既要防止过度集中，也要防止过度分散。中国都市生产性服务业的发展还应当重视城市之间的错位竞争，既要防止一些生产性服务业的过度竞争，又要防止出现一些生产性服务业空白。

5.2.4 基于生产性服务业投资主体的角度分析

从生产性服务业的投资主体来看，可以将生产性服务业发展模式分为内资拉动模式和外资拉动模式两种类型。

生产性服务业的内资拉动模式是指生产性服务业的投资所需资金主要来自本国的发展模式。生产性服务业的外资拉动模式是指一个国家或者一个城市生产性服务业投资主要来源于外资的发展模式。在早期的生产性服务业发展过程中，内资是生产性服务业发展的主要来源。但是，随着经济全球化特别是资本市场的全球化以及国家间投资的自由化，外资逐渐成为一些国家生产性服务业发展的重要资金来源。

中国在发展都市生产性服务业的过程中应当充分利用国内和国际两种资本。要为本国资本进入生产性服务业创造公平合理的市场条件，特别是在市场准入和经营活动的税收负担方面，要为民营资本和民营企业创造一个与国有企业和外资企业平等的竞争环境。同时，还应当通过积极发展资本市场来拓展民营企业资本来源。各都市还应当积极引导外资进入生产性服务业领域，特别是引导其进入到海外外包服务领域。要坚持向外资开放更多生产性服务业领域，从而改善外资对我国的产业投资结构。要积极争取更多海外企业来华设立地区总部，建立地区营运中心，从事科技研发活动。在投资的过程中学习它们的生产性服务业经营管理理念和技术，提升我国企业自身服务水平。

5.3 都市生产性服务业的区位选择

关于产业布局区位的理论由来已久，不过早期的产业区位理论是针对制造业或者是工业建立起来的。由于生产性服务业有其自身的特质，与制造业有显著差异，在生产性服务业区位选择上，自然也就不能照搬既有的工业区位选择理论，而应当在工业区位选择理论的基础之上，充分考虑生产性服务业的特征，进行生产性服务业的区位选择。

5.3.1 生产性服务业区位选择的影响因素

生产性服务业布局区位是否科学合理直接关系着都市生产性服务业的发展，为此需要厘清生产性服务业区位抉择的影响因素及其内在机制。和制造业区位布局的影响因素不同，劳动力成本、交通运输、自然条件、土地价格、原材料和政府税金等成本因素固然是影响生产性服务业布局的重要因素，但是影响生产性服务业区位选择的因素绝不仅仅是制造业所看重的成本因素，即生产性服务业的布局选择不是简单的成本驱动。除了成本因素外，生产性服务业在区位抉择上还有其他需要重点考虑的因素，这些因素称为非成本因素，有时也被称为准成本因素（陈殷、李金勇，2004），如果生产性服务企业区位选择不合理反而会增加企业运营成本①。不同于成本性因素主要体现为劳动力成本、土地成本和税收成本等方面，非成本因素则主要是与顾客、同行和信息的可接近性，交通信息等基础设施的可获得性，社会环境、市场环境以及政策环境是否良好等方面。

(1) 与顾客（客户）的接近性

哈林顿（Harington，1995）就曾指出，顾客的当前区位是影响生产性服务业区位抉择的重要因素②。对于大多数生产性服务业企业来说，本地市场需求基本上构成了其主要需求，能否获得较大的本地市场是生产性服务企业在进行区位选择时需考虑的重要因素。因此，生产性服务企业在区位选择上总是尽可能地在空间上接近其主要客户群体。法律服务、广告服务、财会咨询等生产性服务业更是特别强调其与客户在地理空间上的接近程度。这些行业的客户主要是大企业大公司，而这些客户总部主要集聚在城市的中心地带，因此，为这些企业提供生产性服务的企业也往往集聚于城市中心地带。

(2) 与同行的接近性

与同行的空间接近包括与竞争者的接近以及与合作者的接近两种情形。从与同行接近因素看，相同及相近行业的生产性服务企业往往更愿意布局在同一个区位。无论是与竞争者的接近还是与合作者的接近都会对生产性服务企业产生积极的作用。与竞争者的接近会给企业产生竞争压力，从而可以增加企业的危机感和紧迫感，激发企业参与竞争的动力。与竞争者的毗邻还可以让生产性服务企业更容易了解行业态势以及发展趋势。与合作者的地理接近可以加强与合作者的沟通交流，增强彼此之间的信任，从而促进合作的顺利进行。

根据产业集群的溢出效应理论，生产性服务业企业聚集在一起，能产生知识和技术上的溢出效应。生产性服务业集群区域内的企业通过技术创新，开发包括新服务的技术要素、市场开拓、品牌塑造、企业管理模式等方面的新知识，由于知识本身的特殊性，这些知识不可避免地将会外溢出去，成为整个区域内企业之间共享的公共性知识，进而增加各生产性服务企业的知识存量。根

---

① 将影响都市生产性服务业区位抉择的因素分为成本性因素和非成本性因素的方法，具体参见：陈殷，李金勇. 生产性服务业区位模式及影响机制研究 [J]. 上海经济研究，2004 (7)：52-57.

② Harington, W. Empirical Research on Producer Service Growth and Regional [J]. Professional Geographer, 1995, 47 (1): 66-69.

据卡尼尔斯（Caniels，2000）对研发知识溢出效应的研究①，可以看到：随着企业间距离的增加，溢出效应将减弱。可以说，知识是全球性的，但知识溢出具有空间局限性②。因此，位居集群区域内是企业获取这种溢出知识的成本最低方式。

此外，生产性服务企业在与同行接近时，往往更容易获得企业生存和发展所需的市场信息。生产性服务业的服务性质决定了各类经济信息对生产性服务企业的重要性。只有及时掌握其他行业的经济形势，了解其他企业的竞争格局，才能及时为其他企业提供所需的相关生产性服务。生产性服务企业对信息具有高度依赖和需求，信息的核心属性是它的空间属性，接近性自然就成为获取信息的关键。而信息在都市的空间分布上是不均衡的，有些区位可能是信息的密集区域，会有更多信息流从这里通过；而有些区位可能是信息贫乏区位，很少有信息从这里经过。信息区位分布的不均衡决定了生产性服务业在区位空间布局的不均衡，生产性服务业总是倾向于布局在那些信息密集特别是其所服务行业的信息密集的区位，尤其是其所服务行业信息的初始形成区位。随着信息通信技术的不断进步，传播和获取信息的手段和方式也不断多样化，从而弱化了信息可获得因素对生产性服务企业区位的影响权重，更多的企业可以通过现代通信工具实现远程信息获取。但是，有些信息往往只有身处信息源的初始区位才能及时、准确地捕捉到，从而先人一步，在竞争中处于主动地位。因为较多的市场信息往往不会通过通信媒介向外传播，只有在地区上邻近的企业间才能感知到，而这些非正式的地域性信息对生产服务企业来说往往是非常重要的。因此，那些希望在竞争中处于优势地位，引领行业潮流的生产性服务企业自然会将信息获取因素作为区位抉择的重要因素。

可以说，地理空间的接近不仅有利于企业及时获取市场信息，还有助于生产性服务企业甄别市场信息，从而减少市场信息的不确定性，降低市场风险③。及时获取行业市场动态，有利于生产性服务企业模仿竞争对手和引领行业创新。当然，市场信息并不是对所有生产性服务业企业同等重要，不同生产性服务业以及处于不同发展水平的生产性服务业对信息的依赖程度是不一样的。有的生产性服务业对信息的依赖程度高，它们需要通过地理位置的接近来

---

① Caniels, M C. Knowledge Spillovers and Economic Growth. Edward Elgar, Cheltenham, 2000: 43-56.

② 梁琦. 知识溢出的空间局限性与集聚 [J]. 科学学研究, 2004 (1): 76-81.

③ 范秀成, 王莹. 生产性服务业区位模式选择的国际比较 [J]. 国际经贸探索, 2007 (5): 4-8.

方便信息的获取,因此需要集聚到信息活络的区位;有些生产性服务业对信息的需求较少,信息供给状况并不是其重点考虑的区位因素。

(3) 与供应商或转包商的接近性

随着生产性服务业的发展,为生产性服务企业提供生产性服务也逐渐成为一种趋势,越来越多的生产性服务企业将其部分生产性服务以向外部购买的方式来获取,而自己则专注于生产性服务的其他方面和环节,以发展自己的核心竞争力。在生产性服务的需求和供给之间的博弈中,当供给一方处于上风的时候,生产性服务需求企业就应当主动向供给一方靠拢,从而确保供给的稳定可靠,减少供给的不确定性。

(4) 与合格劳动力的接近性

人才是生产性服务业发展的核心要素,不少生产性服务行业属于人力资本密集型行业,需要特定的专业人才才能正常运营,且许多生产性服务业都是人合公司,主要的生产要素和成本就是人才[①]。因此,能否获得充足的拥有特定技能的劳动力就成为生产性服务企业在进行区位选择时需要重点考虑的因素之一。生产性服务企业在区位选择上总是倾向于布局在那些其所需要的专业劳动力比较集中的地方,特别是那些专业人才学习、工作和生活比较集中的地理区位。比如计算机和信息服务业倾向于集聚在电子信息类大学、研究院所的周围,依托这些院校来满足自身的人才需求。合格劳动力不足,就会花费较高的劳动力搜寻成本,或是投入更多的劳动力培训,或是花费更高的工资福利水平从外地引进,这样必然就会抬高劳动力成本。现实中,有些地方虽然劳动力的工资福利水平低,但是劳动力的搜寻成本却很高,企业想招聘到合适的员工十分困难。因此,不能只考虑劳动力的工资福利水平,还应当考虑新进员工的可获得性,特别是处于扩张期的生产性服务业更应当考虑到这一点。

同时,生产性服务业往往需要通过大量的知识资本和人力资本服务,有效链接各个生产环节,提高工作效率。张自然(2012)整理分析的我国 29 个省市 1993—2004 年的数据也印证了这个结论:生产性服务业是知识密集型产业,高层次的人力资本在生产性服务业中起着重要的作用,人力资本对生产性服务业的技术进步起到了积极的推动作用。但如果人员素质不高,人力资本的引入会导致技术效率下降,当技术效率下降超过了技术进步的效应时,便会使全要

[①] 刘绍坚. 生产性服务业发展趋势及北京的发展路径选择 [J]. 财贸经济, 2007 (4): 96-101.

素生产率增长降低①。

(5) 交通的可达性

交通的可达性是生产性服务业可达性相关因素的重要组成部分。随着生产性服务业的发展，及时提供生产性服务、让生产性服务及时送达显得更加重要。生产性服务业所在地应当方便人的流动和物的流动，应当有便利的交通设施，是否临近空港、陆港、海港以及水上交通枢纽往往就成为生产性服务企业选择区位的考虑因素。当然生产性服务业并不要求所有形式的交通设施都同时具备，而是希望拥有其最需要的交通基础设施就可以了。比如，货物运输量大的生产性服务企业往往倾向于布局在铁路、海港以及江河港口附近，要求产品快速送达的生产性服务企业往往布局在空港和高速公路入口附近。交通可达性是生产性服务企业在选择新的分支机构办公区位的时候重点考虑的因素之一，它们往往选择城市基础设施完善，城际交通方便的高速公路入口或空港附近。

(6) 居住和办公环境因素

随着人们收入水平的提高，对居住环境的需求已经从基本需求转向了舒适性需求。随着一些城市工业化的不断推进，城市环境污染越发严重，不良环境不仅影响人们的心情和心理，而且对人们的健康造成危害。居住地的生态环境、休闲环境、子女接受教育的环境、社会治安环境、自然安全环境都成为人们选择住所时重点考虑的因素，而居住区位的选择又成为影响人们工作区位选择的重要因素。

办公空间的舒适性也是影响生产性服务业区位抉择的重要因素。要想取得好的工作绩效，不仅需要有良好的休息，还需要有一个让人全身心投入和能够激发人们创造力的办公空间。办公用房地产业发展水平对生产性服务业区位抉择有很大的影响，拥有充足的高质量办公设施及有利于提供高质高效办公场所后勤服务的区域成为人们布局的首选之地。不少生产性服务业之所以从城市老城区转移到城市新城区，就是因为新城区能够提供更加高质量的办公场所及其后勤服务。当然，对于办公场所的选择，除了要考虑其舒适性，还应当考虑租金成本。一般来讲，越是舒适的地方其租金成本相应也就越高，因此，生产性服务业企业往往会在舒适性和租金成本之间找到一个平衡点。

(7) 区位的市场环境因素

市场环境因素是企业生存与发展的条件，是企业战略管理的直接制约因素。这里所说的市场环境更多是指生产性服务业的政治法律环境、产业结构和

---

① 张自然. 中国生产性服务业技术效率分析 [J]. 贵州财经学院学报, 2012 (3): 31-37.

经济发展水平、市场竞争环境等方面的因素。政治环境是指企业面临的外部政治形势、状况和制度。法律环境是指企业在市场经营活动中必须遵守的各项法律、法令、法规、条例等。产业结构和经济发展水平是指当地的三次产业结构、主导产业和支柱产业状况及其发展水平。市场竞争环境是指该区位同一行业内企业数量及市场关系。在科层制社会里，任何一个区位不仅要受到国家层面的政治法律法规的规制，各级政府还有权制定地方性政策和法律法规，这些地方性政策和法律法规就形成生产性服务企业经营的地方性政治法律环境，包括地方性税费政策，地方性投资政策，地方性行政审批政策等。这些地方性政策和法律法规会对企业生产经营活动产生重要影响，因此，生产性服务企业在进行区位抉择的时候应当对这方面的因素予以足够的重视。此外，地方政府提供的优惠政策、办事效率等因素也将对生产性服务业区位抉择产生重要影响（赵群毅、谢从朴，2009）[①]。

(8) 区位的社会文化环境因素

社会文化环境是指企业所处的社会结构、社会风俗及习惯、社会信仰及价值观念、社会行为规范、人们的生活方式、社会文化传统、人口规模与地理分布等因素的总和。从综合管理学、营销学、社会学等众多学科的观点来看，社会文化环境是影响生产性服务企业区位布局变量中最重要、最复杂和最深刻的变量。社会文化影响和制约着人们的需求欲望和消费观念，影响人们的购买行为和生活方式，而所有这些都将对生产性服务业经营产生深远的根本性影响。在生产性服务企业区位抉择的各种影响因素中，社会文化环境因素有其特殊性，其特殊性在于它的抽象性和不易感知性，它不像其他影响因素那样具体和易于感知，也很容易被部分经济学教科书所忽略，但它又极其重要，甚至关乎企业生死存亡。无视社会文化环境的生产性企业将缺乏地域根植性，也难以在一个城市长期持续发展。大城市往往是以前的一些小城镇合并而成，虽然同处于一个城市之中，但是各个区域的社会文化环境可能存在较大差异，从而形成多样化的城市社会文化小环境。生产性服务业应当根据自身行业特点，确定耦合的社会文化环境，然后选择具有相应社会文化环境的城市区位，从而确保企业与当地社会文化的融合共生。

(9) 对技术的依赖程度

生产性服务业中的不少行业都具有技术密集特征，比如技术研发服务、信

---

① 赵群毅，谢从朴，等. 北京都市区生产者服务业地域结构 [J]. 地理研究，2009 (5)：1401-1413.

息服务、商务服务、知识产权服务、咨询培训服务等都属于知识密集型生产性服务业。这些行业的技术密集属性决定了它们对技术知识和技术人才的依赖。而这样的人才和知识在城市区位分布上是不均衡的,研究机构、大学所在区域往往是这些技术和人才密集汇聚的地方。在这些院校和科研机构学习和工作的人群一般属于社会高收入人群,属于社会短缺劳动者,他们在与生产性服务企业的博弈中往往处于优势地位,因此,生产性服务企业应当主动靠近这些专业人才集聚和技术知识集聚的地方。而依托高校和科研院所,还可以充分利用这些院校的技术研发基础设施,实现科研成果及时、高效的转化。所以技术依赖型生产性服务企业在区位选择上应当向重点院校和研究院所周边集聚,从而确保技术知识和技术人才的及时充分获得。技术依赖型生产性服务业主要是计算机服务、信息传输、软件业、科学研究技术服务业等生产性服务业,主要以信息、知识和技术作为服务产品,这些企业在选址时主要考虑的是高素质的专业人员是否容易获得,计算机、信息网络基础设施是否完善等。

此外,生产性服务业与其他行业的交易标准化程度也是影响生产性服务业布局的技术原因。那些不复杂的、容易实现标准化的服务交易活动,往往在空间布局上趋于分散;而那些复杂的、不易实现标准化的服务交易活动往往选择与其他生产性服务企业集聚。一般来讲,不需要面对面交流的生产性服务,其交易的标准化程度更高,而需要面对面交易的生产性服务其非标准化或者个性化更明显。前台服务具有更多的非标准化特点,而后台服务往往具有更多的标准化成分。

(10) 区位品牌因素

区位品牌是指来自同一区域内的某类产品和服务在市场上具有较高的知名度和美誉度,为顾客所信任,从而给顾客形成品质纯正、质量上乘的印象。区位品牌的形成不是一蹴而就的,需要数十年甚至上百年的时间,需要区域内政府和企业的共同努力。区位品牌往往是区域产业竞争和区域企业竞争优势的体现,具有区位品牌的产业往往是当地的优势产业和主导产业。区位品牌也是企业价值的源泉,具有区位品牌的企业也会因此而获得竞争优势,这在生产性服务业领域尤其明显。布局于该区域的企业在市场开拓中可以凭借区位品牌效应,节约营销费用,迅速打开市场。

一个城市的中央商务区(CBD)往往具有较高的区位品牌效应,布局于中央商务区的生产性服务企业往往意味着是行业引领者,意味着是行业的有力竞争者,意味着是高水平高质量服务的提供者。因此,如果一个生产性服务企业想要做行业龙头、想要树立良好的企业形象,往往会选择中央商务区作为办公区位。如果从城市等级差异视角看，城市等级体系中的不同级别与支配力的城市，其生产性服务业是有差异的。只有劳动生产率和投资回报率高的企业总部管理、高端商务等生产性服务业企业才能在现代化大都市中心区集聚，并不断地正向强化。

区位品牌形成并长久存在后便会变成一种传统。此时，传统（指生产性服务业的传统所在地）就是一种文化，就是一种声誉，就是一种品牌价值，甚至是一种竞争优势。将一种生产性服务业布局于历史上类似行业的所在地，往往会给人一种厚重感、亲切感，这样的地方往往更能够汇聚人气。特别是那些在历史上有过辉煌发展历史的产业，如果我们选择在其原来的地方继续从事经营活动，就更能够让人产生一种历史亲近感和来自于历史的美誉感，从而将古代的辉煌回忆移植到现实生活中来。这方面的因素对生产性服务业的影响不仅体现在微观企业层面，也体现在中观产业区位规划方面。

当然，生产性服务的外部化是生产性服务业区位选择的前提条件。生产性服务业是为其他产业生产服务的，只有这些产业内企业将其生产性服务外部化，才能为生产性服务业的独立发展创造条件。如果一个地方的企业主要采取内部一体化的经营形式，没有或者很少有企业从外部采购其生产性服务，那么专业化的生产性服务企业将很难生存并发展。此外，任何一个生产性服务企业也不可能提供全部生产性服务，一个生产性服务行业需要其他生产性服务行业的配合与协作，才能满足其他企业对各种生产性服务的需求。因此，互补性生产性服务业的存在也就成为生产性服务企业区位抉择时必须要考虑的因素。

5.3.2 都市生产性服务业的集中布局

纵观发达国家大城市生产性服务业的区位布局后不难发现，生产性服务业企业与制造业企业有一定的相似性，往往倾向于在某些特定的地区集聚。通过考察发达国家生产性服务业发展历史，我们也不难发现，生产性服务业无论是在其早期的主要集中于城市中心阶段还是后来的郊区化阶段，都表现出集聚和集群化的空间布局特性。也就是说，集中布局是生产性服务业区位选择的重要属性。

生产性服务企业的集聚是企业追求外部规模经济的必然结果。马库森（Markusen，1989）指出，生产性服务业自身呈规模报酬递增的特性，从而刺激产业聚集和区域发展。集聚有利于企业便利地享受相互间的服务，增加实现前向和后向联系的机会；有利于企业找到更合格的人才，节约人才搜寻成本；

有利于提高企业的声誉，减少生产性服务企业之间以及生产性服务企业与顾客之间的信息不对称；同时，集聚还可以促进各个生产性服务企业之间相互学习①。随着信息技术发展，虽然显著的面对面联系方式在减少，但生产服务业办公场所依然主要集聚在大城市的中心商务区（Daniels，1985、1990）。

而生产性服务业集群形成和发展的主要动因可归结为获取全球网络、客户和出于对知识与技术溢出的需求，生产性服务业的空间集聚可以带来交易成本的节约，可以增强可达性，可以增加业务机会。如果从更一般化的角度来讲，生产性服务业集中布局的原因可概括为两个方面，一是为了获得自然优势，二是为了得到溢出效应。克鲁格曼（Krugman）在《地理与贸易》一书中指出，无论是制造业还是服务业或者是高科技产业，它们在区位上集聚集中的基本逻辑其实都是一样的，都是以企业获取最大化利润为根本目的，而集中则有利于这一目标的实现，因为集中布局可以让这些企业获得区位的自然优势以及集聚所带来的溢出效应②。

集中布局是提升生产性服务业企业创新能力的温床，也是方便其学习、增加其学习机会的较好形式。国外学者 Moullaert 和 Gallouj 对生产性服务业集中布局现象进行了深入细致的专门研究③。他们认为，生产性服务业的集中布局有多方面的好处：集中布局可以缩短生产性服务业企业之间的距离，从而降低彼此之间的交易成本，集中布局还可以获得众多生产性服务企业之间流动性很小的隐性知识以及其他专业知识，也就是说，集中布局内的各企业之间可以分享难以溢出到集群之外的、仅仅流动于集群内部的生产性服务知识。生产性服务业的集中布局还可以为那些集中于该区位的生产性服务企业形成一个有益于创新的环境，还可以在该区位的各生产性服务企业之间形成集体学习效应，从而有益于这些生产性服务企业的发展壮大。生产性服务业集中布局可以增强所有生产性服务企业的活力，可以激发众多企业的创造潜力，可以增强其创新能力，可以将创新的知识在集群内企业之间快速传播，从而促进新知识新技能的扩散。

集中布局产生了有利于创新的外部压力。处于同一区位内部的各生产性服

---

① Markusen James R.：Trade in Producer Services and in Other Specialized Intermediate Inputs [J]. American Economic Review, 1989 (3): 85-95.

② 保罗·克鲁格曼. 地理和贸易 [M]. 张兆杰, 译. 北京：北京大学出版社, 中国人民大学出版社, 2000.

③ Moulaert F. G., Gallouj. The Locational Geography of Advanced Producer Firms [J]. Regional Studies, 2000 (3): 1-19.

务企业彼此邻近，从而无形之中形成了彼此之间的相互竞争关系，产生了隐形的竞争压力。这些生产性服务企业为了各自的生存与发展，就会自发地不断进行知识技术创新和经营管理的变革，从而激发企业创新的内在动力。集中布局还可以形成有利于创新的其他条件。集中布局有利于各生产性服务企业之间频繁交往和交流，也方便了相互之间的学习，从而有利于知识的流动和传播。集中布局不仅降低了企业获取新知识新技能的成本，也有利于各企业之间的相互模仿。在这样的环境下，各生产性服务企业之间要想藏住什么经营方面的秘密，往往是比较困难的，任何一项创新知识将不可避免地很快就会被其他企业觉察到，并且将会被其他同行和相关行业企业学习、消化、吸收、模仿，进而被改良超越。于是同一集群中的企业之间就形成了竞争—创新—模仿—改良—创新的良性循环关系，从而促进集群内创新不断出现和快速应用。地理位置的相互接近以及经常的交往还可以增加彼此之间的关系资本，形成彼此之间的信任关系，从而促进彼此之间的合作。因此，生产性服务业的集中布局，有利于激发集群内生产性服务业企业的创新潜力，促进集群的知识和技术创新，从而增强整个生产性服务业集群的竞争力和持续发展能力。

丹尼尔·贝尔（Daniel Bell）也对生产性服务业的集中布局进行了专门研究[①]。他认为，不同生产性服务业之间具有互补共生的特性，一个生产性服务业的存在对其他生产性服务业的发展会产生积极作用。一些生产性服务业要么是另一些生产性服务业的客户，要么也可以为其他生产性服务业企业顺便带来客户。不少客户需要的不仅仅是一种生产性服务，他们更需要从外部获得各种不同的生产性服务。当他们到某个地方去采购某种生产性服务时，他们还希望能够获得他们所需要的其他生产性服务，从而节省其采购生产性服务的成本，要是能够提供集成化的生产性服务更是可以降低需求成本，而不同生产性服务业的集中布局恰好有利于生产性服务业需求者的集中采购，也有利于生产性服务供给者的联合供给。

生产性服务业的集中布局还可以产生区位品牌效应，提升集群内企业的知名度和美誉度[②]。在现代商业竞争中，企业品牌是企业核心竞争力的重要组成部分。如果一个企业仅仅依靠自身的力量来建设自己的品牌，往往需要投入大量的人力财力，如果将企业置放于一个特定的产业集群，则可以分享集群品牌，从而降低企业品牌培育成本。集群品牌属于公共品牌，它是集群内企业的

---

① 丹尼尔·贝尔. 后工业社会 [M]. 彭强, 编译. 北京: 科学普及出版社, 1985: 254.
② 洪秀华. 区位品牌建设中存在的问题及对策 [J]. 华东经济管理, 2006 (9): 118-121.

公共资本，这种公共资本是整个集群企业共同投入形成的，每个企业只是分摊其中的部分成本，这部分成本较之于单个企业独自形成品牌所耗费的成本来说要小得多。区位品牌的形成方式可以是多方面的，比如整个集群一起出资做广告进行市场宣传。由于集群内一些企业高质量的服务，使得社会对整个集群的服务信任度和口碑有所提升，这也是区位品牌形成的重要渠道。我们可以将集群企业共同形成的品牌称为区位品牌，区位品牌一旦形成之后，作为公共资本的区位品牌能够使集群内的各个企业都得到益处。随着区位品牌的形成，处于该集群内的所有企业的行业形象都会因此提升，社会知名度和社会美誉度都会提高，这对于企业开拓市场、吸引客户，增强竞争力无疑具有非常重要的促进作用。作为社会资本的区位品牌正在日益成为地方产业竞争的新形式，它是降低投入增加产出的有效途径，也是提高资本利用效益的有效途径。正是这种公共资本的神奇力量让更多企业加入到该集群中来，从而促使生产性服务业在空间布局上趋于集聚集中。

5.3.3 生产性服务业的郊区化发展

从生产性服务业空间布局的动态演变来看，早期的生产性服务业集中布局在城市的中心区位，即集中于城市的中央商务区，随着生产性服务业的发展，生产性服务业出现了向郊区扩散和转移的发展态势，也就是我们今天所说的生产性服务业的郊区化。生产性服务业的郊区化是生产性服务业发展到一定水平和一定阶段时的必然趋势。从 20 世纪 80 年代起，发达国家都市里的生产性服务业布局就呈现出明显的扩散趋势。

早在 1959 年，胡佛和弗农就开始关注生产性服务业郊区化现象。他们认为，向郊区迁移的生产性服务业主要是那些常规和标准化操作的生产性服务业，而最先进和最复杂的需要面对面交流的生产性服务业将仍然布局在城市中心区域，于是出现了前台办公和后台办公区位布局的分化，进而形成了生产性服务业区位布局的两分法范式。霍伍德和伯依斯（Horwood & Boyce, 1959）建立的内核—外框生产性服务业空间结构模型；斯科特和戴维斯（Scott & Davies, 1960）提出的 CBD 亚区—功能簇群理论是较早关于都市生产性服务业扩散现象的理论阐释。

生产性服务业的郊区化，并不意味着城市中心区域的衰落，伴随着部分生产性服务业的郊区化，城市中心区域的生产性服务业也进一步发展，其控制功能进一步增强①。在生产性服务业的郊区化过程中，城市中心的生产性服务业实现了产业升级和价值链提升。在新的形势下，布局在城市中心的生产性服务企业通常属于下面两种情况：一是顾客导向的企业。即这些生产性服务企业的市场主要是位于城市中心区域的其他机构，为了满足这些机构的即时需求，需要一系列密集的面对面交流联系。二是管理功能性企业。这些机构主要是从事决策和管理控制，比如从事企业经营决策的企业总部。在生产性服务业郊区化的演进中，城市中心越来越成为高级生产性服务业的集聚区域。从具体行业来看，金融保险、信息咨询、法律、广告、会计、审计、邮递、复印和速记等生产性服务也将继续在城市中心集聚。城市中心拥有的社会和文化氛围、稠密信息联系和区位品牌效应是支撑先进生产性服务业在这里继续集聚的内在动力②。

布局在都市郊区的生产性服务活动主要是那些数据处理等常规性的"后台"办公活动。生产性服务业的郊区化主要是那些后台处理性行业的郊区化。技术服务和信息处理等行业则呈现出一定的郊区化态势。技术型服务业由于与制造业企业存在紧密联系而倾向于在郊区布局。即使是郊区化的这些生产性服务业行业也不是全行业的郊区化，而是某些环节、某些发展水平的生产性服务业的郊区化，而且主要是那些处于产业生命周期后期阶段的、附加值不断降低的生产性服务业。因此，生产性服务业的郊区化是生产性服务业不断细分、生产性服务业发展水平多样化的结果。

进一步分析城市中心生产性服务业郊区化的原因，发现主要有如下一些原因造成部分生产性服务业向郊区转移：

一是厂商之间的联系以及接近和合作所带来好处的地理边界已超出中央商务区的局部范围，集群效应已经扩展到中心城市以外乃至整个大都市区域，即使布局在城市的任何区位都可以分享到集聚经济所带来的好处。

二是生产性服务业集群生命周期使然。依据产业集群生命周期理论，当生产性服务业集群的收益高于其成本时，新的生产性服务业企业就会不断加入到该集群中来，该集群的规模就会继续扩张。但是，当生产性服务业集群达到一定规模以后，集群内的拥挤和竞争现象就会加剧，从而使集聚成本提升，其继续扩张的收益和成本就会进入到一个拐点，集群内企业的进入和成长速度就会

---

① 赵群毅，周一星．西方生产者服务业空间结构研究及其启示 [J]．城市规划学刊，2007 (1)：19-24．
② Wieslaw. Z., Michalak, Kenneth, J., Fairbaim. The Location of Producer Services in Edmonton [J]. The Canadian Geographer, 1993 (37): 2-16.

降低，随着这种效应的强化，集群最终会逐渐走向衰落，于是新的生产性服务企业会大量向新的区位集聚，原有的部分生产性服务企业也会从现有集群中出走加入到新的集群中去。城市中心办公场所的成本不断上升，是产生成本收益拐点的重要引致因素。例如美国纽约曼哈顿高度集聚的广告业，其成本随着这里地价的不断抬升而上涨，最终导致大批企业从地价昂贵的曼哈顿迁移出来。

三是制造业的大量外迁导致以这些制造业为服务对象的生产性服务业企业向郊区迁移。郊区生产性服务企业主要定位于地方市场，只有很少的生产性服务企业服务于都市区以外的企业。一部分生产性服务业主要是为制造业提供技术物流等生产性服务的，制造业向城市二三圈层和郊区的转移，也就随之引起了为其提供服务的生产性服务企业的跟随迁移。包括仓储、物流、技术研发等生产性服务业都属于这种制造业关联型生产性服务业。国外学者安德森（Andersson）曾经利用就业率数据进行实证分析，他的结论认为，生产性服务业的区位分布是制造业区位分布的函数，两者之间相互形成"供应商—客户"关系[1]。拉弗和鲁赫（Raff & Ruhr）基于外商直接投资（FDI）对制造业和生产者服务业的空间分布的研究也表明FDI投资的生产性服务通常追随制造业区位而布局[2]。

四是交通信息通信等领域的技术创新。技术的发展可以减少生产性服务企业对所有服务的客户企业的依赖性，进而在区位抉择中增加其他因素的权重。随着交通技术的进步和交通运输业的发展，长途交通的成本进一步下降，越来越多的服务活动可以独立于他们的客户而靠近对它们更加重要的产业综合体来选择区位。

五是城市中心办公区的空间压抑。城市中心的空间紧迫感也是导致生产性服务业离开城市中心区域的重要引致因素。一部分生产性服务企业为了更多地接近客户和同行、追求更好的工作和人居环境，纷纷从都市中心区域迁移到城市的二三圈层。当然，在这个过程中，郊区生产性服务就业的增长可能仅仅是高速增长部门空间蔓延过程的结果，即无法被中央商务区所吸纳的扩张，换句话说，郊区的生产性服务业不能替代中心区的生产性服务业的功能。

六是市场的全球化。随着经济全球化的不断发展，越来越多的生产性服务企业的客户也显示出日益分散化的趋势，尤其是对于那些跨国性的生产性服务

---

[1] Andersson M. Co-location and Manufacturing and Producer Services: A Simultaneous Equation Approach [R]. Working Paper, 2004: 136-151.

[2] Raff H, Ruhr M. Foreign Direct Investment in Producer Services: Theory and Empirical Evidence [J]. Applied Economics Quarterly, 2007, 53 (3): 299-321.

企业来说，全球化将减少它们对当地信息和联系的依赖，提高它们对办公成本和办公环境的关注，从而让这些企业对区位重新定位，进而选择了郊区。

需要注意的是，当前我国的生产性服务业发展水平还没有达到发达国家生产性服务业发展高度，所以，不能盲目地模仿西方国家生产性服务业的郊区化布局模式。我国都市的生产性服务业的区位布局应当仍然坚持以城市中心为主，在较长一段时间内，我国应当继续向城市的中心城区集聚。但是，我国东部部分经济相对发达地区的城市在生产性服务业区位规划时应当更多考虑生产性服务业的分散化和郊区化趋势。

5.3.4 不同生产性服务业行业的区位布局差异

生产性服务业涵盖了许多产业，尽管它们在都市内部的分布模式相似，但它们的空间分布受到不同区位因子的影响。在影响生产性服务业的区位选择因子中，不同生产性服务业行业侧重的区位选择因子是存在差异的。伊列雷斯（Illeris，1995）[1]、谢默和阿尔韦涅（Shearmur & Alvergne，2002）等学者分析指出，生产性服务业各行业在空间上呈现的不同分布模式，是由于其区位选择因子的不同侧重导致的[2]。造成不同生产性服务业布局差异化的原因主要有以下几个方面：

一是与生产性服务业自身的经济特性的密切相关性。加德（Gad，1985）就曾指出，生产性服务业内部不同行业的空间集中与分散与其自身的经济活动规律密切相关，其中银行、金融保险、法律咨询等行业具有明显的中心城市集聚特征，而技术服务、数据处理等行业呈广域分散模式[3]。

二是与生产性服务业的发展阶段密切相关。在生产性服务业发展的上升阶段，企业趋向于在都市中心区域布局，而在生产性服务业的下降和衰退阶段则倾向于在都市的外围或者郊区布局。

三是与不同生产性服务业行业的交易强度差异相关。那些提供日常性生产

---

[1] Illeris. S., Sjholt. P., The Nordic Countries: High Quality Services in A Low Density Environment. Progress in Planning, 1995, 43 (3), PP205 – 221.

[2] Shearmur. R., Alvergne. C. Intrametropolitan Patterns of High – order Business Service Location: a Comparative Study of Seventeen Sectors in Ile – de – France [J]. Urban Studies, 2002, 39 (7): 1143 – 1163.

[3] Gad G. Office Location Dynamics in Toronto: Suburbanization and Central District Specialization [J]. Urban Geography, 1985 (6): 331 – 351.

服务活动的服务业应尽量布局在接近需求者的地方,而具有事务所性质的服务业一般布局在城市中心区域(张文忠,1999)[①]。伊列雷斯(Illeris,1996)认为,那些不复杂的、能够实现标准化的服务交易活动会在空间布局上趋于分散,即向城市郊区或边缘地带分布;而那些复杂的、不能实现标准化的服务交易则会选择集聚的布局模式,即集中分布于城市中心区域以取得地理优势[②]。

[①] 张文忠. 大城市服务业区位理论及其实证研究 [J]. 地理研究, 1999 (3): 273-281.
[②] Illeris. S., The Service Economy: A Geography Approach [M]. Chichester: John Wiley & Sons, 1996. 111-143.

6 都市生产性服务业外向发展模型构建与实证

6.1 城市生产性服务业发展的影响因子

生产性服务业的快速发展是适应社会经济快速发展的需要，经济的发展层次以生产性服务业的发展阶段为依托，更高的经济层次需要更高阶段的生产服务业的支撑。同样，生产性服务业的发展也受其内在的因素制约。

6.1.1 市场需求

按照施蒂格勒（George Joseph Stigler，1951）界定的"市场范围限制劳动分工"的斯密定理，市场范围限制了产业的分工，对产业初创和发展产生先导性影响。市场需求可以说是生产性服务业发展的第一拉动因素。生产性服务业主要是为第二次产业（特别是制造业）服务，第二次产业内制造业部门的扩大，对服务业需求会迅速增加，将会促进生产性服务业的发展（陈宪等，2004；吕政等，2006；顾乃华等，2006）。从第 4 章的生产性服务业发展循环动力图（图 4-2）中可以看出，生产性服务业的发展是一个循环过程，也就是说对生产性服务业的需求增加以及信息技术市场的完善促进了生产性服务业的发展，反过来生产性服务业的发展又推动了整个经济的发展，进而推动了都市生产性服务业的市场需求增加以及信息技术市场的完善。

生产性服务业存在着广阔的市场需求，未来的发展还有很大的空间。并且从人类需求的角度来看，实物产品的消费具有排他性，而服务产品的非实物性，使服务产品的消费具有可叠加性，因此在一定收入水平条件下，只要刺激服务需求的措施得当，服务需求就会激发出来，进而促进生产性服务业的发展。

此外，随着经济的发展，传统制造业面临着转型的压力。原来的制造业采取的是多元化经营，包含了制造业产业价值链的各个环节，即"全而不精"的运营模式，既浪费人力也浪费物力，导致整个企业的经营管理成本很高，企业的管理者在激烈的市场竞争中也承受着改变现状的巨大压力。传统模式已不能适应经济的发展，生产性服务业的出现则为经验模式转变、管理成本降低等提供了基础。由于生产性服务业是专业化的运营，企业通过外购服务与自身经营，经营管理成本明显较低，根据交易费用理论［威廉姆森（Willamson），1975、1985］，传统的制造企业就会慢慢转型，专门经营自身强项的生产环节，附属环节通过外包来实现。制造企业的这种转型不仅使企业通过生产服务继续控制着产品的制造过程和产业发展方向，而且由于生产性服务业的快速发展，优化了服务业内部结构，提高了服务层次，促使服务业在国民经济中的比重迅速提高，这样又会进一步推动生产性服务业的发展。

当然，也有部分的传统制造企业放弃原来的主营环节，选择了微笑曲线的两侧即附加值较高的环节来进行运营，这样会有很多企业进入到生产性服务行业当中。而最终是否进入生产性服务业主要是基于总生产成本与外包费用的比较［科斯（Coase），1937］。随着企业数量的增加，生产性服务业的竞争会逐渐加大，将促使生产性服务企业改善自身服务，提高其服务水平，推动了整个生产性服务业的发展。

6.1.2 投资额度

产业的快速发展需要雄厚资本的支持，因为科研实力的提高、产业链条的延伸等都需要花费大量的资金。生产性服务业受到投资者的青睐，从价值链理论来说，是因为它能够创造更多的利润。并非价值链的每个环节都能创造相同的利润，由微笑曲线理论得知：在整个价值链环节上游和下游的附加价值较高，即生产性服务能够创造更多的利润，进而吸引更多的资金流入到生产性服务行业中。

随着大量资金的流入，生产性服务业可以加大其对科研的投入，培育出优秀的产业人才，引进先进的信息技术等，为其快速发展奠定基础。我国改革开放以来，生产性服务业的技术水平也在突飞猛进地提高，信息技术、通信技术、运输技术、网络技术、电化教学技术、医疗技术等都渗透到生产性服务业的各个层面中，加快了科学研究、金融、中介咨询、健康服务等产业的发展步伐。而从统计数据收集的视角看，生产性服务业的投资主要体现在对生产性服务业的基本建设投资，它反映了对新建项目、扩建项目、改建项目等方面的基础投入。这将影响生产性服务业外向发展的程度。

6.1.3 城市化水平

生产性服务业是为满足中间需求，向外部企业和其他组织的生产活动提供的中间性投入服务。生产性服务业具有高度知识密集性，其区位选择除劳动力成本、交通运输、自然条件、土地价格、原材料和政府税金等因素外，更该考虑与接近相关（接近顾客、同行和外部信息）、与易达性相关（如交通设施、信息基础设施等）和与环境相关（如社会文化环境、市场环境等）的成本或非成本性因素（Marshall &Wood, 1995；刘重，2006）。换句话说，城市化水平的高低，即城市的现代化程度，对于生产性服务业的发展至关重要（张世贤，2005）。城市群的建设及其配套设施的完善，一定程度上可以促进生产性服务业的发展；而对于发展水平较低，经济、科技、空间、人文因素还没有起步或刚刚起步的城市，将会阻碍生产性服务业的发展。因此，一个城市要想推进生产性服务业发展、促进产业结构的调整，必须通过自身经济、科技、环境等改善来实现。

6.1.4 专业化

随着工业企业规模的扩大和国际市场竞争的加剧，企业内部的服务项目不断分离出来。通过企业内部分工或者外包等形式演化为专门的产业形态，即工业企业将以前由内部提供的生产性服务活动进行垂直分解，实施专业化使得生产性服务业迅速发展并且在整个经济社会产业链条中发挥越来越重要的作用，促进生产性服务业的发展。而工业企业内容分工的产业形态存在，使得服务业增加值可能被低估（许宪春，2004；岳希明、张曙光，2002）。

6.1.5 经济发展水平

根据服务经济理论，收入水平标志着一国经济发展水平。随着经济的发展，生产性服务业产值比重会逐步提高［穆德尔、蒙托特和洛佩斯（Mulder、Montout & Lopes），2002］。因此，考察生产性服务业发展的影响因素必须考虑经济发展水平。自20世纪80年代开始，全球产业结构呈现出"工业型经济"

向"服务型经济"转型的总趋势,并由发达国家向发展中国家扩展。且全球价值链(GVC)中的主要增值点、赢利点和国际产业竞争的焦点越来越集中于"微笑曲线"两端的生产者服务上。

6.1.6 制度因素

最为重要的还是制度安排,尤其是在目前像中国还不是彻底的市场经济国家中,政府在经济发展中发挥着重要作用。金煜(2006)等在分析中国地区工业集聚影响因素时提出从两个方面分析制度的影响:①对外开放度,用进出口占国内生产总值比重或进出口总额占国内生产总值比重与相应的全国均值之比来衡量;②政府对于经济的参与度,扣除教育和国防经费的政府支出占国内生产总值的比重来衡量政府消费行为所引起的作用。陈建军(2009)等在分析影响生产性服务业集聚影响因子时也有制度因素考虑,用政府规模来衡量。顾乃华(2006)等认为国有制造企业占比越高的地区,制造业进行服务外包越困难,生产性服务业越难以发挥作用。

波特(Porter,1985)将政府角色界定为制定竞争规范、保证区域市场处于活泼的竞争状态。生产性服务业发展可以带动更多的人员就业、增加收入,进而促进社会稳定、经济发展。可以说,生产性服务业具有极强的带动效应。以深圳市和广东省生产服务业的发展为例(见表6-1),2007—2008年,深圳市和广东省的生产性服务业的区位商由原来的1.427、1.148上升到1.435、1.151,分别增加了0.08和0.03。这两个地域层面内生产性服务业的专业化程度的提高,使第三产业就业人数比例由原来的46.22%、37.2%上升到47.64%、38.2%,分别提高了1.42、1.0个百分点。

表6-1 2007—2008年深圳市、广东省、全国三个层面生产性服务业发展水平

	深圳市		广东省		全国	
	2007年	2008年	2007年	2008年	2007年	2008年
第三产业就业人数(万人)	90.17	95.48	1969.5	2094	24 917	25 717
占总就业人数比例(%)	46.22	47.64	37.2	38.2	32.4	33.2
区位商	1.427	1.435	1.148	1.151	—	—

注:区位商公式:Li = (ei/et) / (Ei/Et),Li为区位商,ei为地区中i部门从业人数,et为地区总就业人数,Ei为全国i部门从业人数,Et为全国总从业人数。另外,计算生产性服务业的区位商时,近似地以第三产业的就业人数来计算。

资料来源:根据中国经济网统计数据计算而得。

在生产性服务业发展对社会带来巨大效益的刺激下，从国家到地方各个层级的政府部门都比较重视生产性服务业的发展，并从战略角度出发，制定并出台了一系列支持生产性服务业发展的政策。在1997年党的十五大报告中就明确提出要加快发展现代服务业①，2000年十五届五中全会明确提出："要发展现代服务业，改组和改造传统服务业"。2002年中央经济工作会议上胡锦涛主席明确指出"要加快发展现代服务业，继续发展传统服务业，大力发展社区服务业，提高第三产业在国民经济中的比重"。2003年6月起，国务院开始组织制定未来15年国家中长期科学和技术发展规划，而现代服务业发展的科技问题被锁定为20个专题之一。2005年，党的十六届五中全会通过的《中共中央关于制定国民经济和社会发展第十一个五年规划的建议》指出"要大力发展金融、保险、物流、信息和法律服务等现代服务业"。2007年年初国务院下发了《关于加快发展服务业的若干意见》，把大力发展各类生产性服务业，促进现代制造业与服务业互动发展作为优化服务业结构的重要突破口。2008年3月国务院又下发了《关于加快发展服务业若干政策措施的实施意见》，提出了8大项23小项具体政策措施，初步形成了一套较为完整的服务业政策体系。

政府对生产性服务业发展的优惠政策为生产性服务业的发展创造了良好的政策环境，将进一步推动生产性服务业的发展。

综合来说，市场需求是生产性服务业外向发展的内在源动力，投资强度、专业化则是生产性服务业外向发展的强劲推动力，城市化水平、经济发展阶段、制度因素则是生产性服务业外向发展的重要外部保证。

6.2 大城市生产性服务业外向发展模型构建与实证

6.2.1 模型设计

模型的设计是在借鉴国内外相关文献的基础上，对生产性服务业影响因素进行梳理，并综合了数据的可获得性。模型主要考察市场需求、投资强度、专业化程度、城市化水平、经济发展阶段、制度因素等对生产性服务业外向度发展的影响。

---

① 注：现代服务业的概念是我国特有的提法，在国外并不多见，实际上就是文中的生产性服务业，只是提法不一。

(1) 生产性服务业外向发展。城市生产性服务业的发展往往不仅限于满足区域内的自给自足，当其发展到一定程度时，生产性服务业的供给超过区域内需求，此时就会向区域外输出"产出"。因此，可以用生产性服务业外向度发展较为准确地反应大城市生产性服务业的发展水平。模型中，将采用生产性服务业的进出口总额（Y）来替代生产性服务业的外向度。

(2) 生产性服务业市场需求。生产性服务业是从制造业中逐步分离出来的，是制造业产品在生产过程中的重要辅助性活动，而制造业在第二次产业中所占比重较大，因此第二次产业快速发展进一步促进了生产性服务业的发展。以第二次产业产值规模（Secondary Industry，SI）来衡量生产性服务业的市场需求。

(3) 生产性服务业投资总额。生产性服务业的投资主要指对生产性服务业的基本建设投资和社会固定资产投资，这两项投资分别反映了生产性服务业的基础支持建设和生产性服务业投入要素的量。投资是推动经济发展的一架马车，对生产性服务业的投资必然会促进生产性服务业的发展。模型中，投资强度（Investment，I）用来反映生产性服务业基本建设额度的要素投入量。

(4) 专业化率。随着科学技术和企业组织技术的进步，带来了工业企业规模的不断扩大以及国际竞争的不断加剧，企业不断将其内部服务项目从本企业中分离出来，通过企业内部分工或者外包等形式演化为专门的产业形态，即工业企业将以前由内部提供的生产性服务活动进行垂直分解，实施专业化使得生产性服务业迅速发展并且在整个经济社会产业链条中发挥越来越重要的作用，促进生产性服务业的发展。本书采用人口区位商（Location Quotient，LQ）来表示专业化率。另外，由于2004年开始"按行业分组的单位从业人员"统计口径发生了变化，从原来的15个行业调整为现在的19个行业，故无法收集到1999—2002年统计口径一致的生产性服务业就业数据，本书区位商中采用的是第三次产业的就业数据。

(5) 城市化水平。城市化是社会生产力变化和引起人类生产方式、生活方式和居住方式改变的过程。可以说，城市化是服务业发展的助推器（黄维兵，2003）。在城市化过程中，城市基础设施和公共服务设施水平不断提高。生产性服务业主要集中在城市里，因此一个地区城市化进程对生产性服务业发展具有一定促进作用。本书中，城市化水平（Urbanization，Urb）根据劳动力的分布情况来确定，即城市化＝城市劳动人口/全部劳动人口，该值越高，表示城市化水平越高。

(6) 经济发展水平。根据服务经济理论，收入水平标志着一国经济发展水平。随着经济的发展，生产性服务业产值比重会逐步提高（Mulder等，

2002)。因此，考察生产性服务业发展的影响因素必须考虑经济发展水平，书中以人均国内生产总值（PerGDP）来衡量。

(7) 制度因素。无论是欧美自发性的发展还是日本政府主导性的生产性服务业发展，都是在微观的市场机制和宏观的政府调控双重作用下前进的。作为重要的制度安排，尤其是目前在像中国这样还不是很彻底的市场经济国家中，政府在经济发展中发挥着更为重要的作用。考虑到生产性服务业在国民经济中的战略地位，政府更应健全制度、提高政府办事效率，以创造条件、扶持生产服务业的发展。本书将选用金煜等（2006）提到的城市对外开放度（Openness）来测量制度因素，即用进出口总量占国内生产总值比重来衡量。

因此，计量模型可设定如下：

$$Y = \alpha + \beta_1 \cdot SI + \beta_2 I + \beta_3 LQ + \beta_4 Urb + \beta_5 PerGDP + \beta_6 Openness + \mu_i$$

其中，SI 指第二次产业产值规模；I 指对生产性服务业的投资强度；LQ 指区位商，即专业化率；Urb 指城市化水平；PerGDP 指人均地区生产总值；Openness 指城市的对外开放度。

6.2.2　数据选取

在选取解释变量时考虑到生产性服务业的发展受区位因素的影响以及数据的可收集性，本书以 1999—2008 年度作为数据窗口，选取了城市级别相当的哈尔滨、长春、沈阳、济南、南京、杭州、广州、武汉、成都、西安、大连、青岛、宁波、厦门、深圳 15 个副省级城市为区域研究对象，共计 150 个面板数据来研究生产性服务业发展的影响因素。

本书的数据来源于历年中国城市统计年鉴，成都、青岛、广州、南京等 15 个城市的统计局网站，中国经济网统计数据库等。书中对数据进行了抽样核对，以保证初始数据的可靠性。

6.2.3　模型修正与数据回归

考虑到进出口额度、投资额度以及第二次产业产值规模的数值较大，为了提高模型估计的精确度，笔者对原时间序列数据进行了对数化处理。数据的对数化处理压缩了变量的尺度，使得模型的共线性、异方差性、非平稳性等一系列问题被有效地减弱，且不会改变原数据性质和相互关系。通过 F 检验和 Hausman 检验，利用 Eviews 6.0 建立个体固定效应模型如下：

$$lnY = \alpha + \beta_1 \ln(SI) + \beta_2 \ln(I) + \beta_3 \ln(LQ) + \beta_4 \ln(Urb) + \beta_5 \ln(PerGDP)$$
$$+ \beta_6 \ln(Openness) + \mu_i$$

回归结果为：

表 6-2　　　　　　　　　　面板数据总回归输出结果

自变量(Variable)	参数估计值(Coefficient)	t 统计量(t-Statistic)	P 值(Prob.)
a	14.085 29	24.809 73	0.000 0
log(SI)	0.051 494	2.430 779	0.016 4
Log(I)	0.115 697	3.457 891	0.000 7
log(LQ)	-1.189 166	-5.373 050	0.000 0
log(Urb)	0.395 366	2.800 059	0.040 6
log(PerGDP)	0.558 504	7.811 575	0.000 0
log(Openness)	0.699 484	10.298 97	0.000 0

决定系数(R-squared): 0.986 463

修正的决定系数(Adjusted R-squared): 0.984 365

注：SI 指第二次产业产值规模；I 指对生产性服务业的投资强度；LQ 指人口区位商；Urb 指城市化水平；PerGDP 指人均地区生产总值；Openness 表示城市的对外开放度。

表中 P 值在 5% 的显著性水平上显著。

从回归结果来看，第二产业发展、对生产性服务业的投资、城市化、地方经济发展水平、开放度与理论分析较为一致，但专业化率这一指标却有较大偏差。归结起来有可能是以下原因：一是在第三次产业内部结构中，与批发零售餐饮、交通运输邮政与仓储业等消费性服务业相比较，大多数生产性服务业属于资本或者技术、知识密集型服务业，吸纳就业特别是吸纳低端人员的就业容量非常狭窄。二是我国现阶段制造业大多处于价值链低端，服务外包带来的生产性服务业发展很少，企业将以前由内部提供的生产性服务活动进行垂直分解不足。三是书中选用的指标——包含了生活性服务业的第三次产业就业人员区位商，不能很好地反映生产性服务业的专业化程度，至少存在较大偏差。四是现阶段中国服务业发展的滞后，特别是分销、物流、融资和其他生产性服务业发展滞后（江小涓，李辉，2004），而滞后的原因不只是由经济发展阶段决定的，在很大程度上还源于社会诚信、体制机制和政策规制的约束（程大中，2008）。这种初级的发展可能导致专业化分工不足，效率不高。

由于 2004 年开始"按行业分组的单位从业人员"统计口径发生变化，无法收集到 1999—2002 年统计口径一致的生产性服务业就业数据，只能放弃专业率这个变量。因而，模型最终设定为：

$$lnY = \alpha + \beta_1 \ln(SI) + \beta_2 \ln(I) + \beta_3 \ln(Urb) + \beta_4 \ln(PerGDP) + \beta_5 \ln(Openness) + \mu_i$$

回归结果如下：

表6-3　　　　　　　　　面板数据总回归输出结果

自变量(Variable)	参数估计值(Coefficient)	t统计量(t-Statistic)	P值(Prob.)
a	13.101 70	22.123 02	0.000 0
log(SI)	0.061 682	2.652 882	0.009 0
Log(I)	0.139 209	3.808 233	0.000 2
log(Urb)	0.601 636	4.017 908	0.000 1
log(PerGDP)	0.639 699	8.306 823	0.000 0
log(Openness)	0.793 828	10.979 60	0.000 0

决定系数（R-squared）：0.983 434

修正的决定系数（Adjusted R-squared）：0.981 013

注：表中P值在5%的显著水平上显著。

表6-4　　　　　　　　　　各城市的截距项

城市	杭州	成都	深圳	青岛	广州	南京	大连	武汉
截距	13.444 8	13.388 8	13.386 1	13.377 5	13.363 1	13.120 6	13.085 8	13.076 3
城市	宁波	西安	长春	哈尔滨	济南	沈阳	厦门	
截距	13.063 1	13.053 4	13.030 8	12.911	12.876 5	12.851 3	12.496 3	

6.2.4　结果分析

回归结果表明，对外开放度、人均国内生产总值、城市化水平、第二次产业规模、投资都对生产性服务业外向发展有很好的解释力，这与前面的理论分析较为一致[1]。

具体来看，对外开放度是最大的影响因素。对外开放度每增加1%，生产

---

[1] 为检验城市化水平与经济发展水平是否存在共线性，在模型估计过程中采用剔除人均国内生产总值方法建立模型，发现剔除人均国内生产总值前后，估计参数变化不大。因此，可以认为在模型中不存在城市化水平与人均国内生产总值的共线性关系。

性服务业外向发展规模提高 0.793 8%。开放的经济政策较之保守的政府行为更能促进生产要素的自由流通，有利于引进国外的资金、技术和先进的管理方法，并扩大产品的出口，从而促进生产性服务业得到领先发展（陈建军、陈国亮，2009）。而在中国，经济开放又与地理和历史的因素有关，经济开放地区往往享有更多的政策优惠。这一结果与已有的理论预期也是一致的。

人均地区生产总值每增加 1%，生产性服务业外向发展规模将提高 0.639 7%。伴随着经济全球化进程的加快，服务业尤其是生产性服务业在国家或地区经济结构中会占据越来越大的比例，即产业结构软化，越是发达国家或地区这种趋势表现越为明显。因而，都市经济发展水平将是生产性服务业外向发展的重要反映。

城市化率每提高 1%，生产性服务业外向发展规模将提高 0.601 6%。服务业企业进行区位选择时更多考虑的是与接近性相关的因素，如接近客户市场、特定劳动力市场、信息源等，因此生产性服务业倾向于在大都市集聚，城市化水平成为影响其发展的重要因素。城市经济学认为都市规模的扩大会对都市中的每个产业产生正的外部性。从产业结构来看，都市规模的扩大是伴随着城市化率的提高而进行的，而城市化率的提高往往促使都市内部产业结构发生重大变化。

相比之下，对本地生产性服务业的投资和本地第二次产业发展规模的作用则明显小于对外开放度、地区发展水平、城市化率等因素的作用。投资每增加 1%，生产性服务业外向度仅提高 0.139 2%；本地第二次产业发展规模的弹性系数则更低，其弹性仅为 0.061 7%。按照产业结构演进规律，产业的发展首先取决于市场对它的需求，对生产性服务业的有效需求近 60% 来自于第二次产业，来自于第三次产业的需求比例较低（杨玉英，2010）。但在尚处于工业化阶段的我国，这一需求因素在当前情况下并未如封闭条件下所预期的那样成为首要影响因素。究其原因，我国大部分制造业从事机械化的加工环节，处于价值链的低端，外包动机比较弱，生产性服务业被包括在制造业部门，未形成独立的形态，未形成良好的互动关系。同时，这一回归结果也从侧面反映了生产性服务业的服务对象并不仅限于制造业企业，生产性服务流向其他服务部门的比例甚至可能大于流向制造业部门的比例[①]。

[①] 闫小培、钟韵（2005）通过对广州市的调查研究也发现：生产性服务业各行业的服务对象中，制造业企业所占的比例均不超过客户总量的 30%，而服务业企业和机构所占的比例都超过了客户总量的 60%。参见：闫小培，钟韵. 区域中心城市生产性服务业的外向功能特征研究：以广州市为例 [J]. 地理科学，2005 (10)：537-543.

自发进出口方面，珠三角、长三角地区的外向发展普遍高于其他城市。珠三角、长三角地区是我国制造业和服务业发展较为迅速的地区，区域内较高的经济发展水平整体上为生产性服务外向发展提供了大的需求空间。同时这两个区域有着区域内部经济效应，也是区域间竞争较为激烈的地区，服务业产业内贸易现象十分明显，而正是由于产业内贸易存在为各地生产性服务业外向发展提供了可能。在东北地区，青岛、大连的发展水平领先于其他城市，其中，沈阳的发展水平最低，自发进出口率为12.851 29，而青岛为13.377 54。一方面，青岛、大连作为东部沿海城市凭借其优越的地理位置和优惠的开放政策而获得发展。另一方面，在国有经济占绝对控制地位的工业所有制的构成中，几乎所有的服务都被企业内部化，服务外部化严重不足；国有制造业比重越高的地区，制造业进行服务外包越困难，市场上交易的服务越少。长春、沈阳尽管也是我国的老牌重工业基地，具有一定的市场需求，但由于国有经济比例较高，其外向发展水平并不理想。

6.3 政策建议

从上面的研究结果可以得出，当前阶段我国都市生产性服务业外向发展水平受制度因素、都市经济发展、城市化水平等外部保障因素的影响较大。而生产性服务业投资和本地第二次产业发展规模这两个因素的影响并没有想象中的那么大，特别是第二次产业发展规模的影响非常有限；都市服务业就业人员区位商指数高（第三次产业就业比重大）并不代表都市生产性服务业的专业化程度高。因而，我国都市生产性服务业外向发展可以通过以下几方面进行推进。

6.3.1 优化生产性服务业外部环境，扩大对外开放度

开放的经济政策更能促进生产要素的自由流通，扩大产品或服务的出口。同时，都市的对外开放能获取更多中央以及省市的政策优惠。近年来，成都等城市提出"扩大开放年"的概念，鼓励敞开大门，尽可能放开一切可以放开的领域，全面提升对内对外开放水平；接纳、吸收、引进一切有利于产业发展的积极因素，建立更加富有成效的开放合作机制；不断扩大国际交流与合作领域，建立内外联动、互利共赢的开放型经济体系。上文的研究结果对于已经实

施或正在实施相关开放政策的城市给予了理论支持。

根据波特（Porter，1985）对政府角色的界定，大都市在生产性服务业发展过程中，应确定合理的市场准入门槛，促进竞争，规范竞争。通过法规、政策等一系列行之有效的保护措施为生产性服务业提供良好的体制环境。其中，最主要的是良好市场环境的营造，具体包括良好的产业生态环境，促进企业实现集群发展，加快城市化进程，活跃生产性服务业市场的供需环境，加快市场化、对外开放度的改革步伐等，进而增加生产性服务业的有效供给和需求。

（1）提高市场化程度

加快对垄断性行业的改革，放宽市场准入，建立公开、公平、规范的全行业统一的市场准入制度，增进竞争。放松政府管制，除国家法律、法规禁止进入的领域外，降低大多数生产性服务业的市场进入和退出壁垒。放宽国际企业的行业进入限制，同时鼓励更多民营资本进入，加大其他资本同国有资本的竞争，增加生产性服务供给，进而实现要素的自由流动，提高市场化程度。推动服务业形成充分竞争的市场结构。通过向国际和民间开放，推动生产者服务业的市场化改革与规范化发展。利用多种渠道和手段吸引产业要素投向现代服务部门，提高竞争程度，推动产业升级。

（2）优化市场政策制度环境

我国对于服务业的发展在政策上还存在明显的束缚。例如，服务业用水、用电和用地政策与工业政策存在着巨大反差。生产性服务业的外向发展以及企业的做大、做强均离不开全面灵活的政策环境支持。因此政府需要在以下两方面作出更多努力：

一是加大市场政策支持力度，强化专业化服务企业的分工优势。政府要在战略上重视生产性服务业的发展，有计划地支持生产性服务行业。对重点行业实施税收优惠、贷款减贴息、行业协会扶持、政策导向倾斜等。尽快建立起一批具有核心竞争力的生产性服务企业。研发、设计、创意等技术服务企业可认定为高新技术企业，享受相应的高新技术企业优惠政策。经批准的中小企业信用担保、再担保机构从事担保业务的收入，享受营业税减免优惠。各级政府要建立生产性服务业发展专用基金体系，主要用于对影响大、带动作用强、具有示范效应的生产性服务业重点项目进行贴息或补助，重点扶持生产性服务业集聚区、现代物流、金融业、商务服务业、信息服务业等领域的重点项目建设，落实国家已出台的扶持现代物流业、科技服务业、软件产业、涉农服务业、金融业和新办服务业等的税收优惠政策。在国家税法允许范围内，实行鼓励生产性服务企业技术创新、支持生产性服务业重点领域发展的扶持政策。

二是合理地依托市场经济，积极完善市场化机制，有效推动我国《反垄断法》的实施，加快完成对垄断行业、企业的改革步伐。政府需要制定合理的产业组织政策，规范服务业市场竞争环境，在市场上建立起能保证各种经济主体公平竞争的机制，打破地方垄断、城乡垄断等非市场行为形成的不合理局面。进一步完善法律制度建设，促进生产性服务业的产权明确机制和法律保障机制，通过法律法规引导和管理好生产性服务业的发展，设立生产性服务企业创新基金，并对企业专利进行有效地知识产权保护，鼓励企业进行创新。

6.3.2 加快推进城市化进程，促进生产性服务业的合理布局

实证结果显示，城市化水平高低直接影响着生产性服务业的外向度。大城市是生产性服务业发展的集中地，拥有丰富的人力资源、资本以及信息方面的优势。生产性服务业在都市集聚能创造巨大的规模经济，使得生产和交易成本最小化。都市规模的扩大使生产性服务业在地域上容易集中，有关市场、技术以及其他与竞争有关的各种知识与信息会在都市内大量集聚，在都市内企业更加容易获得所需要的生产性服务（韩坚，2007）。

生产性服务业集聚在城市，更容易接近企业所希望聘雇的劳动力，而且这里有为其提供支撑的研究中心和大学，以及具有互补性的其他生产性服务业，还拥有广阔的市场需求。尤其是对生产性服务业也有较高要求的公司总部纷纷云集在城市，从而导致生产性服务业在企业管理、控制和空间协调等职能和价值链环节逐渐向大城市集聚。

随着城市化进程的推进，城市基础设施不断完善，必将加速生产性服务业的外向发展。城市交通运输等基础设施的发展、优化，促进了物流业的飞速发展，大量的现代物流配送中心围绕大城市进行布局建设；城市化的推进要求优化城市空间的功能布局，这将促使大城市服务功能尤其是商务服务功能的提升。因此金融保险、管理咨询、法律税务、信息通信等会迅速向城市核心区域即中央商务区集聚，并会加速落后产业向城市外围转移。一个城市中央商务区的规模、等级直接反映了该城市在所在区域、全国乃至全球城市体系中的地位和作用。城市化的推进，加快了中央商务区功能的演变与提升，尤其对处于商务功能升级、综合过程的中心大城市来说，对高级生产性服务业需求很大，这将吸引更大规模、更高等级的生产性服务业在中央商务区的集聚。

对此，政府需要采取相关策略给予支持：一是规划、建设城市总部经济区。引导大型国内外企业入驻，提升城市的区域化、全球化竞争力和影响力。

总部经济区在向外界输送各种商务服务支撑企业快速发展的同时将加大对生产性服务业的需求，进而促进、影响生产性服务业的外向发展。二是加大基础设施更新建设的力度。要创建良好的城市信息运行网络、交通运输网络，加强与其他区域城市间的信息沟通便捷性，提升网络环境的构建，为企业创造更加便捷的服务通道和平台。三是制定高端服务招商引资政策。引导高端服务机构入驻城市中央商务区，引进更多高新技术产业集聚、打造城市高新技术产业区及商务服务功能区。四是出台城市产业布局规划政策。引导城市产业转移、优化城市空间产业结构，为高新技术产业提供更优惠的政策而进一步淘汰落后产能的产业，并将劳动密集型制造业向城市外围转移。

一方面，当城市经济发展到一定程度后，城市逐渐走向国际化，带动生产性服务业的国际化进程。但另一方面，都市中心城区和郊区之间往往存在一定的障碍，致使郊区城市化水平相对较低。现阶段各地方政府致力于推进城市化进程中消除相关障碍的同时，应该尊重生产性服务业发展规律，防止单一的城市化推进模式，避免将过多注意力投向中心城区而忽略近郊区县的发展，致使郊区在城市化进程中落伍，甚至产生累积性因果循环效应。因而，在生产性服务业都市空间布局上，应考虑行业特性及集聚需要，可以将相关行业分散到郊区的主要交通节点上，与中心城区形成一定的功能分工，促使都市生产性服务业在全域范围内得到良性发展。

6.3.3 促进第二次产业的服务外包及转型升级，提高生产性服务流向其他服务部门的比例

生产性服务业是从制造业中逐步分离出来的，生产性服务业的产生和发展就是建立在成本优势基础上的专业化分工的深化以及企业外包活动的发展（吕政、刘勇等，2006）。依托我国产业结构升级转型过程中产生的生产性服务需求，促进生产性服务业与制造业的互动与融合。在低端制造业向高端制造业转型过程中，将伴随着对知识和技术密集、市场化、专业化的生产性服务的庞大需求。制造业产业链的延长、附加价值的增加、国际竞争能力的提升都需要生产性服务业的支持，这也为区域生产性服务业的发展提供了机遇。制造业企业将自身价值链的生产性服务环节外部化，外部化的业务逐渐形成独立的生产性服务业，相关生产性服务业行业的壮大反过来又将促进制造业服务需求的扩张。

生产性服务企业通过整合，不断提高服务供给能力，满足制造业企业的服

务需求。传统制造业转型升级有效带动生产性服务业的加速外向发展,则需要相关政策措施的支持。

(1) 发展区域大城市的特色服务业

各区域大城市要找准自身优劣、有效承接制造业转型升级所衍生出的庞大生产服务需求。如长三角地区大城市需要加速发展商务服务业、金融服务业和现代物流业;珠三角地区大城市要充分利用泛珠三角合作机制,进一步推进与制造业转型升级紧密相关的科研服务业、金融服务业、现代物流业的发展;东北地区的大城市要立足于老装备制造工业基地的现实,充分发展与技术改造相关的科研服务业。中西部地区的大城市则可以重点围绕交通运输业、科研教育服务业、现代涉农服务业等发展。要加速大城市生产性服务业的外向发展,需要引导制造业向各区域大城市周边集中布局,发挥制造业集聚效应,扩大对生产性服务业的有效需求,形成支撑产业发展的规模经济和范围经济效应。同时将有条件的副省级城市打造成生产性服务的聚集区,显著增强其产业组织、供应链管理、市场营销能力,提升其在全球生产网络和价值链中的位置,进而对国内经济和产业发展形成更强大的辐射带动效应。

(2) 推动制造业服务化趋势,创造广阔市场服务需求

随着服务业与制造业的相互融合和一体化,服务业与制造业的边界日益模糊,发达国家制造业中服务业增加值和人员比重逼近30%～40%。不少制造业公司开始以生产性服务为主要内容,像耐克等一批原来的制造业企业甚至完全放弃了原来的加工制造活动,专门从事产品研发和市场营销等高端生产性服务。对此要加速生产性服务业的外向发展,就有必要推动我国部分制造业企业的服务化趋势。一是大力发展信息产业,为制造业与服务业互动发展提供技术基础。二是赋予技术密集型生产性服务业企业与高技术制造企业同等待遇。应该把技术密集型生产性服务业和高技术制造业全部纳入高新技术产业的认定范畴,给这些产业研究开发税收和其他政策的支持,而且要根据现代生产性服务业研究开发的特点,给予更特殊的优惠政策,以加快我国现代生产性服务业发展速度。三是积极参与服务业全球化进程,走开放型经济之路,以开放促改革促创新促发展,通过开放和竞争达到利用后发性优势的目的,缩小与先行工业化国家的差距。

另外,生产性服务业的服务对象并不仅限于制造业企业,还包括农业和渔业企业、消费性服务企业、其他生产性服务业机构以及政府机构部门。根据发达国家商业服务企业的市场份额分布情况的经验数据以及闫小培、钟韵(2005) 等学者的研究,生产性服务业对政府部门、其他生产性服务业机构等

提供服务所占的比例几乎超过 60%。从另一个角度看，生产性服务业内部不同行业（企业）之间的相互服务将是生产性服务业的发展方向，这也是都市产业结构软化的内核与本质。

6.3.4 引导生产性服务业的合理投资，优化服务业内部结构

加大对生产性服务业的投资，一方面，有利于完善生产性服务业发展的基础设施，为生产性服务业的国际化提供基础支持。另一方面，有助于引进先进的知识和技术，促进生产性服务业内部产业结构优化升级，以适应国际化竞争的需要。

从发达国家生产性服务业发展历程看，其内部结构优化的经验主要有：一是制定促进生产性服务业发展的财政、税收、金融、保险、外汇等优惠政策。二是放宽对中小型企业、民营企业的信贷、融资外汇管理的限制，引导民营资本与国外资本向物流、金融、信息服务等行业的有效投资。三是强化企业科研投入、技术创新、人才开发等方面的政策支持。四是有选择地引进高附加价值的生产性服务业资本，逐步占领服务价值链的高端。

6.3.5 深化专业化与分工水平，提高竞争力

因数据原因，文中并未能证实专业化率对生产性服务业发展的作用。但从分工角度讲，经济增长的过程就是社会专业化分工的深化过程（杨格，1928）。专业化分工的存在使得产品的制造过程分解为不同的专业化环节。随着专业化分工不断细化和市场规模不断扩展，以及生产性服务业的效率提高，企业开始将原先内部化的生产性服务活动开始实现外包。

（1）加速发展生产性服务业外包

在经济全球化、社会分工日渐细化的今天，生产性服务外包正成为新一轮国际产业转移中的新亮点，也成为了生产性服务业向专业化发展和区域间分工协作的主要途径。服务外包可以使企业充分利用外部最优秀的专业化团队来承接其业务，从而使其专注核心业务，达到降低成本、提高效率、增强企业核心竞争力和对环境应变能力。

具体政策措施包括：一是工商企业主辅分离，实行专业化经营。鼓励工商企业实行主辅分离，将会计、审计、信息、物流、技术咨询和广告营销等非核心服务业务加以剥离。通过外包给不同的专业公司，以降低生产成本，提高生

产效率，从而提高制造业的竞争力以实行专业化经营，并对符合条件的企业提供相关扶持政策。企业要适应日趋激烈的国内国际竞争，就必须把资源配给到关乎未来发展的核心竞争力方面，集中力量提高核心竞争力，而将非核心业务外包。同时专业化分工可以降低交易成本，像商务、信息、物流等生产性服务业成为产业链之间衔接的润滑剂，有助于降低企业内外不同环节间的交易成本，加深产业链一体化程度。同时制造业企业通过外购更专业化、更有效率的中间服务，可以将自身的有限资源集中于关键领域，从而增强企业核心竞争力。

二是积极培育外包企业。特别是积极培育本土的外包企业，有效承接国内外生产性服务外包，是推动生产性服务业外向发展的重要力量。要提升本土企业服务外包水平，需积极引导外包企业加强专业人才引进和培养、提高技术服务水平、规范服务外包流程等，不断增强承接能力，逐步拓展承接国际服务外包的高端领域。同时学习和借鉴国际服务企业的先进技术和管理经验，逐步提升自身的自主创新能力，培育自主品牌。政府要支持服务外包企业加强市场营销，参加国内外重大展博会，开拓市场。同时完善支持政策，提升服务外包基地的承接能力和服务水平，增强外包基地的孵化和辐射功能。鼓励服务外包企业加大与国外高端服务供应商的合作水平，培育一批具备国际资质的服务外包企业。

三是加速服务外包向二线城市转移。为改善服务外包的经营环境，2006年国家商务部、信息产业部和科技部实施了旨在推动我国服务外包产业发展的"千百十工程"，该计划为促进服务外包产业在我国大城市的快速发展提供了政策支持。国内服务业外包市场发展非常快，将形成华北以北京、天津为主，华东以上海、杭州为主，华南以广州、深圳为主，东北以大连和沈阳为主，华中以长沙、武汉为主，西南以成都为主，西北以西安为主的服务外包的区域分布格局。但是当前软件和信息服务外包产业等正进入迅速成长期，一线城市受人才短缺、成本上升因素的影响，已很难满足整个产业发展所需的人才资源和成本优势。应加速向西安、长沙、成都、天津、济南等具有丰富人力资源、比较优良的基础设施、以及富有竞争力的成本结构的二线城市转移。与此同时，二线城市也应该制定更多优惠政策加速吸引服务外包产业的转移。

（2）加强内部分工与合作

生产性服务业的迅速发展，对人才、科技、资金、政策等各方面需求很大，实现企业、政府、高校及科研所等的充分协作，是生产性服务业外向发展的重要保障。专业化分工的细化，要求对企业生产运营流程进行再造，关键就在于专业技术的进步和高素质专业人才队伍。高校及相关科研院所是大量高素质人才输出的源头，同时也是科研创新的基地，对此应该加大企业、政府、高校之间的联系。

一是加大校企合作力度。企业与高校及科研机构合作，主要在于合作进行科技创新研究以及应用性人才的培养。要鼓励企业在大学与研究机构设立创新中心或孵化器，提供中介企业技术知识与咨询服务，建立全国网络。对于产业技术推动计划提供经费辅助，或采用技术发展贷款制度资助风险性新产品开发。在人才培养的合作过程中，要注重理论与实践的有效结合。一方面企业选派有潜力的员工到高校接受专业化的理论知识培训，使其与实际操作经验相结合，提高自身的理论素养，以此指导工作的开展。另一方面，学校派相关专业的学生到对口企业实习，学习实际操作经验，使其理论与实践相结合，明确以后的学习重点与方向。提高自身的实际动手能力和融入社会的能力。

二是引导政府对科技创新的资金和政策支持。引导政府为生产性服务企业的发展提供各种优惠政策及资金支持，同时建立覆盖更全面的科研创新基金体系以鼓励科技创新。通过政府资金及政策支持，鼓励更多中小企业自主开发新技术，设计新产品。鼓励企业加大同高校及相关科研机构的科技合作研发力度，将科技创新成果转化为现实生产力。

引导政府在完善相关法律、法规的基础上，加大知识产权的保护力度，为自主创新提供制度性保障。拥有自主知识产权才能成为加快经济发展的推动力，增加知识产权总量、提高原创性知识产权质量，加强知识产权保护，促进具有自主知识产权的高新技术产业的形成和发展，提升企业的创新能力和综合竞争力，从而不断拥有持续的竞争优势。

7 成都市生产性服务业发展个案分析

随着服务经济时代的到来,生产性服务业在整个产业体系中的重要性的不断提高,对提升地区的综合服务功能和增强区域综合竞争力的作用也不断增强,并将逐渐成为区域竞争的焦点和全球价值链中的主要增值点。在这个过程中,生产性服务业与其所服务的产业之间的关系也发生了变化,它不再是被动地服从和服务于其他产业,其主动性、引领性逐渐凸显出来。在发达国家,生产性服务业已形成了一个完整的产业链,这条产业链为企业提供了包括上游(如可行性研究、产品立项、产品概念设计、市场调查与研究、风险资本获取等)、中游(如质量控制、人事管理、财务会计咨询、信息提供等)和下游(如广告、产品配送、产品营销与服务等)全过程的支持。换句话说,生产性服务业贯穿于生产、流通、分配、消费等社会再生产各产业链环节中。这条完整的产业链已经成为发达国家竞争力的软环境,可以说,生产性服务业已成为市场资源强大的调配器①。

在成都,生产性服务业也逐渐成为其经济发展的重要增长点。2010年,全市生产性服务业增加值达到1 344.4亿元,占全市国内生产总值的24.2%,从业人员也达到100.5万人。从成都市整个"十一五"期间看,全市国内生产总值年均增长18.5%,第三次产业增加值年均增长18.1%,而生产性服务业增加值年均增长20.5%,高于国内生产总值增速和第三次产业的经济发展速度②。作为为第一次、第二次、第三次产业提供中间服务的行业,生产性服务业具有知识密集、产出附加值高等特性,在成都经济发展中扮演着越来越重要

---

① 韩晶,李沁. 世界生产性服务业发展的新趋势及我国的战略对策 [J]. 东南亚纵横,2008 (4): 86 - 89.

② 转引自:四川新闻网,http://scwx.newssc.org/system/2012/04/19/013504636.shtml

的角色。优先发展生产性服务业，使其成为价值链其他产业环节提升和产业升级的先导产业，是成都市对生产性服务业发展的定位要求。生产性服务业将是促进成都产业结构调整和产业能级提升的重要突破口。

随着生产性服务业的不断发展壮大，生产制造环节上的产业逐渐由中心城市向周边区域搬移，生产性服务业成为都市经济的支柱产业也是必然趋势。西方发达国家的大都市早已经历了这个阶段。1987年，伦敦的生产性服务业比重就超过了制造业比重；1996年，纽约的生产性服务业从业人员已经占到全市从业总人数的56.5%[1]。随着我国经济增长方式的转变，产业结构的调整以及产业的升级换代，生产性服务业成为都市的支柱产业也只是一个时间问题。在未来的地域产业竞争中，哪个城市能够率先科学定位本市的生产性服务业，并着力实施相关政策进行大力发展，那么它就能先人一步占据有利的地位。

7.1 成都市服务业的总体状况

从总量上看，1990年成都市服务业增加值为76.46亿元，到1999年突破500亿元，至2006年增加到1 343.73亿元。从增速上看，1990—1995年服务业年均增速为17.3%，1996—2000年年均增速为11.8%，2001—2006年继续稳定在11.7%的年均增长幅度[2]。

从产出结构看，2008年占服务业增加值比重最大的前5个行业分别是批发和零售业、房地产业、交通运输仓储及邮政业、金融业、住宿和餐饮业，这5个行业的增加值占到全市服务业增加值的58%。从就业结构看，49%的从业人员集中在批发零售业和住宿餐饮业[3]。

---

[1] 转引自：叶振宇，宋洁尘. 国际城市生产性服务业的发展经验及其对滨海新区的启示[J]. 城市，2008 (9)：17.

[2] 本章关于成都市的部分数据、资料转引自：《成都发展现代服务业调研报告》、《成都市服务业内部结构状况、问题与主导产业优势建立研究》（李霞、汪欢欢）、《成都市服务业主导产业的测定与对策研究》（成都市第一次经济普查研究课题组）、《成都市生产性服务业发展研究》（张颖聪、张若倩）等研究报告。

[3] 资料来源：《成都统计年鉴2009》。

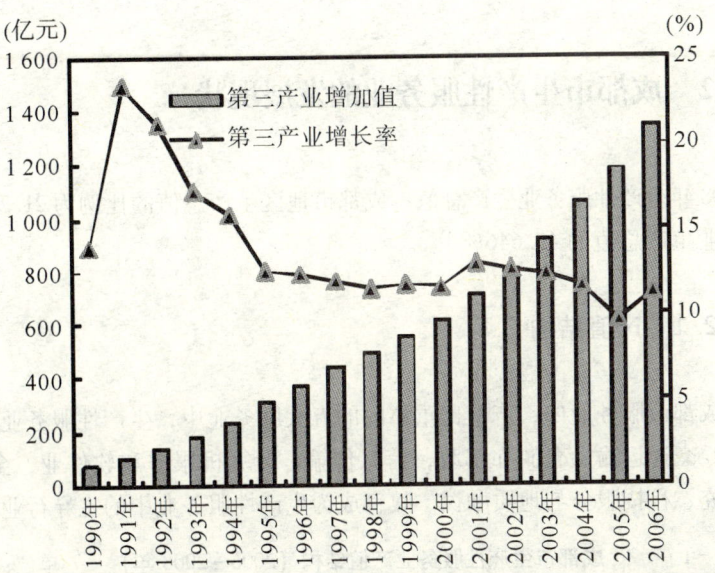

图7-1 1990—2006年成都市服务业增加值（左）和增长率（右）变化情况
注：数据来源于《成都发展现代服务业调研报告》

从服务业增加值的空间分布看，2008年中心城区增加值占成都市服务业增加值的比重达到65％，排在最后的6个区（市）县的服务业增加值占成都市服务业增加值的比重不到10％。

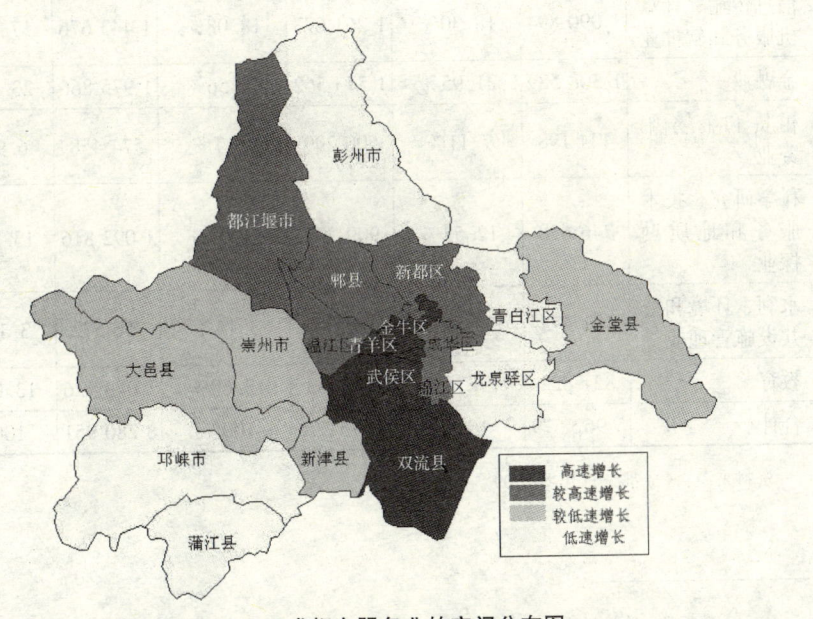

图7-2 成都市服务业的空间分布图

7.2 成都市生产性服务业的发展现状

2008年生产性服务业生产总值占成都市地区生产总值的比例为21.2278%，占服务业生产总值的45.646%[①]。

7.2.1 产值结构

在成都市服务业中，产值比重靠前的五大服务业中，生产性服务业占了三大行业。交通运输、仓储和邮政，信息传输、计算机服务和软件业，金融业，科学研究、科技服务与地质勘探、教育成为生产性服务业中的主导行业。

表7-1　成都市生产性服务业产值结构（2006—2008年）　　单位：万元

生产性服务业行业	2006年 生产总值	2006年 占生产性服务业比重	2007年 生产总值	2007年 占生产性服务业比重	2008年 生产总值	2008年 占生产性服务业比重
交通运输、仓储和邮政业	1 388 943	23.29%	1 564 360	22.43%	1 859 137	22.45%
信息传输、计算机服务和软件业	1 090 894	18.30%	1 261 073	18.08%	1 443 676	17.43%
金融业	1 308 589	21.95%	1 573 562	22.56%	1 975 866	23.86%
租赁和商务服务业	424 198	7.11%	500 299	7.17%	574 458	6.94%
科学研究、技术服务和地质勘探业	746 658	12.52%	909 205	13.03%	1 092 816	13.20%
水利、环境和公共设施管理业	181 475	3.04%	218 696	3.14%	256 572	3.10%
教育	821 822	13.78%	948 383	13.60%	1 078 426	13.02%
合计	5 962 579	100%	6 975 578	100%	8 280 951	100%

资料来源：《成都统计年鉴2009》

---

① 资料来源：《成都统计年鉴2009》。

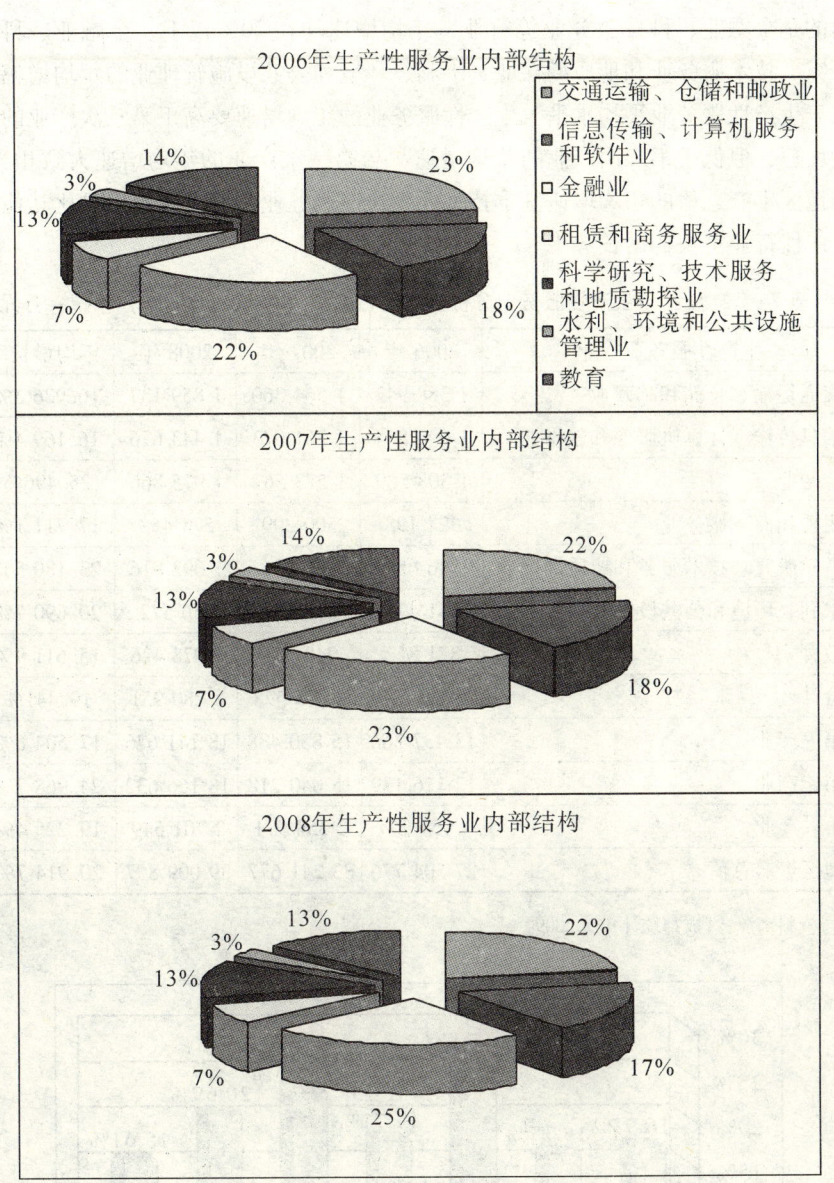

图 7-3 成都市服务业内部结构（2006—2008 年）

7.2.2 产值增长率

从近年来的增长情况上看，成都市生产性服务业成长性都比较好，比较突

7 成都市生产性服务业发展个案分析 | 171

出的是金融业、科技服务业等行业,年均增速均在20%以上。金融业、科学研究、技术服务业和地质勘探业、水利、环境和公共设施管理业的年均增幅要高于生产性服务业平均水平。生产性服务业的年均增速要高于第三次产业的年均增速,但低于第二次产业的年均增速,与第一次产业的年均增速大致相当,与地区生产总值的年均增速基本持平。生产性服务业并没有表现出要比其他非生产性行业更快的增长势头。

表7-2 成都市生产性服务业分行业增加值数据(2006—2008年) 单位:万元

生产性服务业行业	2006年	2007年	2008年	年均增长率
交通运输、仓储和邮政业	1 388 943	1 564 360	1 859 137	16.926 3%
信息传输、计算机服务和软件业	1 090 894	1 261 073	1 443 676	16.169 4%
金融业	1 308 589	1 573 562	1 975 866	25.496%
租赁和商务服务业	424 198	500 299	574 458	17.711 1%
科学研究、技术服务和地质勘探业	746 658	909 205	1 092 816	23.180 5%
水利、环境和公共设施管理业	181 475	218 696	256 572	20.690 7%
教育	821 822	948 383	1 078 426	15.611 9%
合计	5 962 579	6 975 578	8 280 951	19.441%
第三产业	13 437 366	15 850 488	18 141 676	17.504 6%
第二产业	12 116 139	15 040 218	18 166 632	24.968 7%
第一产业	1 951 271	2 350 971	2 701 549	19.225 4%
地区生产总值	27 504 776	33 241 677	39 009 857	20.914 7%

资料来源:《成都统计年鉴2009》

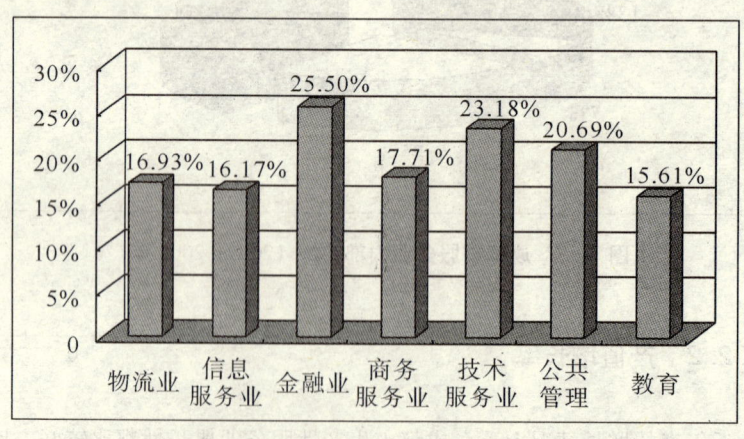

图7-4 成都市生产性服务业分行业平均增速(2006—2008年)

7.2.3 就业结构

一般而言,服务产业往往是劳动力密集或者知识密集型产业,是吸纳就业特别是新增劳动力的主要载体。2008年年末成都市服务行业共有316.04万从业人员。生产性服务业占服务业从业人员的28.102 3%。2008年年末成都市共有从业人员704.49万人,生产性服务业占全部从业人员的12.566 5%。

表7-3 2008年成都市生产性服务业就业情况(万人)

生产性服务业行业	就业人数	占生产性服务业比重
交通运输、仓储和邮政业	26.50	29.93%
信息传输、计算机服务和软件业	8.12	9.17%
金融业	4.50	5.08%
租赁和商务服务业	24.94	28.17%
科学研究、技术服务和地质勘探业	6.33	7.15%
水利、环境和公共设施管理业	2.33	2.63%
教育	15.81	17.86%
合计	88.53	100%

资料来源:《成都统计年鉴2009》

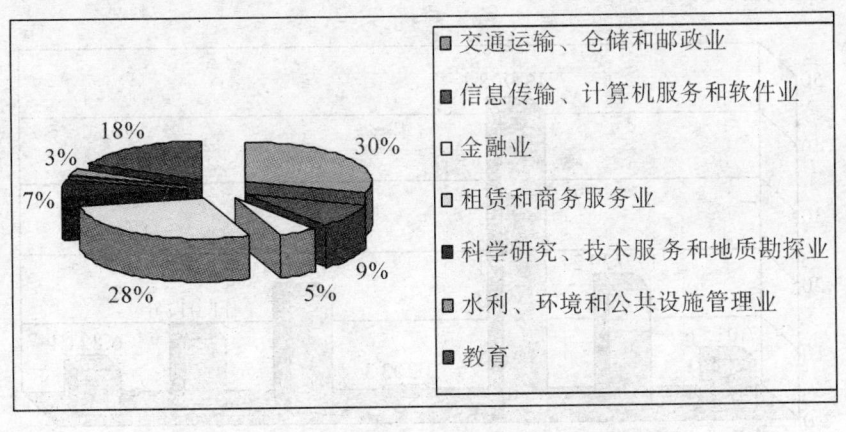

图7-5 2008年成都市生产性服务业内部就业结构

7.2.4 行业生产能力分析

从人均生产总值可以看出，成都市生产性服务业的生产能力最为突出，人均生产总值高于服务业人均生产总值，也高于第二次、第一次产业人均生产总值，具有较强的发展能力。从生产性服务业内部看，金融业的劳动生产率最高，达到43.98万元/人，最低为租赁与商务服务业。

表7-4　　　　2008年成都市生产性服务业各行业生产能力　　　　单位：万元

生产性服务业行业	人均生产总值
交通运输、仓储和邮政业	7.015 6
信息传输、计算机服务和软件业	17.779 2
金融业	43.908 1
租赁和商务服务业	2.303 3
科学研究、技术服务和地质勘探业	17.264 0
水利、环境和公共设施管理业	11.011 6
教育	6.821 1
上述全部生产性服务行业	9.353 8
服务业	5.740 3
第二次产业	8.443 7
第一次产业	1.558 8
全部行业	5.537 3

资料来源：《成都统计年鉴2009》

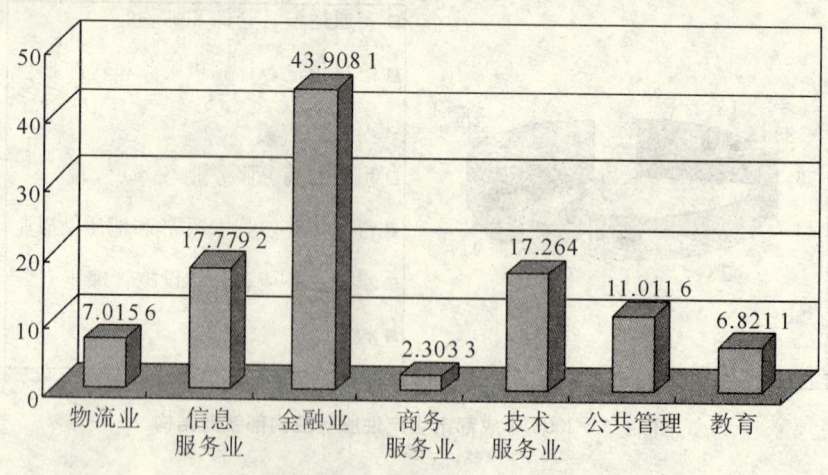

图7-6　2008年成都市生产性服务业内部行业生产力比较（万元）

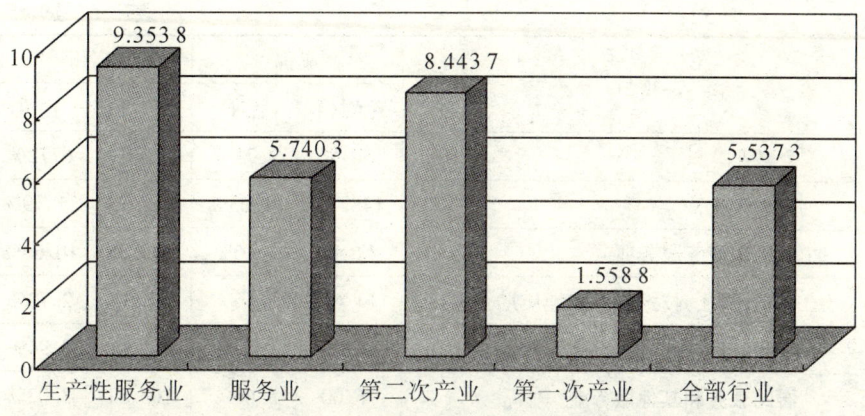

图 7-7 2008 年成都市各产业之间生产力比较（万元）

7.3 成都市生产性服务业存在的问题

7.3.1 总量较小

在 15 个副省级城市中，第三次产业增加值超过 1 000 亿元的副省级城市有 11 个，成都市排在第 5 位，分别比地区生产总值和第二次产业增加值的排名靠前 2 位和 3 位。从第三次产业占地区生产总值的比重来看，成都排在第 4 位，产业结构高度化比较靠前，但成都市第三次产业的人均产值过低，仅排在第 12 位，这说明成都市服务产业尚处于粗放型的发展阶段，产出效率偏低。与广州等发达城市比较，成都生产性服务业发展总体不足，差距比较明显。

表 7-5　　成都与广州服务业内部结构比较（2006 年）　　单位：亿元

项目	成都 绝对值	成都 比重	广州 绝对值	广州 比重
第三次产业	1 343.74	100%	3 498.71	100%
交通运输、仓储和邮政业	138.89	10.34%	663.69	18.97%
信息传输、计算机服务和软件业	109.09	8.12%	264.02	7.55%
批发和零售业	242.91	18.08%	590.74	16.88%
住宿和餐饮业	119.03	8.86%	153.73	4.39%

表7-5(续)

项目	成都 绝对值	成都 比重	广州 绝对值	广州 比重
金融业	130.86	9.74%	235.12	6.72%
房地产业	148.15	11.03%	412.43	11.79%
租赁和商务服务业	42.42	3.16%	372.89	10.66%
科学研究、技术服务和地质勘查业	74.67	5.56%	95.32	2.72%
水利、环境和公共设施管理业	18.15	1.35%	32.81	0.94%
居民服务和其他服务业	76.00	5.66%	105.51	3.02%
教育	82.18	6.12%	181.14	5.18%
卫生、社会保障和社会福利业	35.77	2.66%	100.16	2.86%
文化、体育和娱乐业	40.73	3.03%	80.8	2.31%
公共管理和社会组织	84.90	6.32%	210.37	6.01%

资料来源：《成都统计年鉴2007》、《广州统计年鉴2007年》。

7.3.2 结构水平不高

与其他城市比较，成都市生产性服务业发展水平滞后。2006年成都市生产性服务业占服务业总量的36.91%，在城市排名中位置靠后。其中，交通运输、仓储和邮政业占服务业比重为10.3%，低于重庆、武汉、广州等城市；租赁和商务服务业占服务业比重仅为3.2%，远远低于广州的10.7%、北京的7.4%、上海的6.3%，企业规模普遍偏小，专业化和国际化水平低；金融业占服务业的比重为9.7%，低于北京、上海、深圳、杭州、宁波、西安等城市，目前全市金融机构总数不到深圳的1/3。

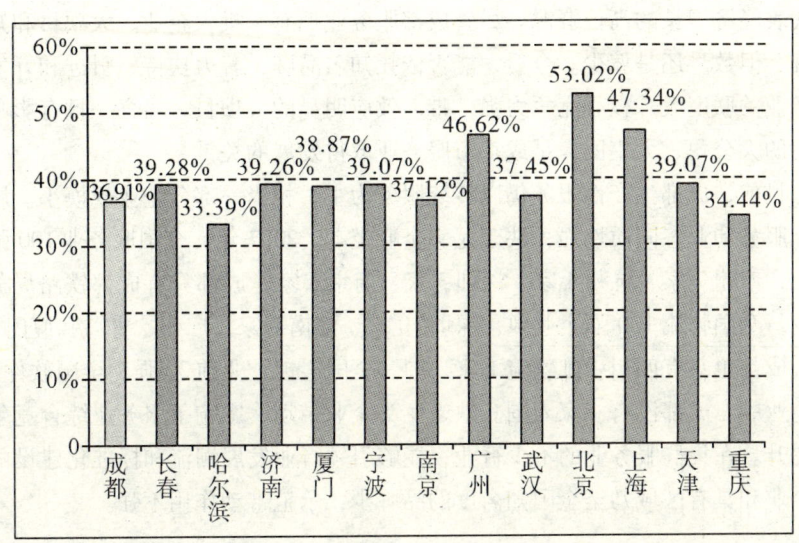

图 7-8 2006 年各城市生产性服务业占全市服务业比重图

注：依据国家"十一五"规划和《国务院关于加快发展服务业的若干意见》，这里所指的生产性服务业主要包括国民经济核算体系中的交通运输、仓储和邮政业，信息传输、计算机服务和软件业，金融保险业，租赁和商务服务业，科学研究、技术服务和地质勘查业等。

从内部结构看，一是金融业发展缓慢。2000 年以来金融业年均增长 9.2%，2006 年实现增加值 130.9 亿元，仅占地区生产总值比重的 4.8%，低于深圳、杭州、宁波、西安等城市，全市有银行 30 家、保险公司 37 家、证券公司 14 家，金融机构数量不到深圳的 1/3；二是科技、信息服务水平不高。2006 年科技服务业实现增加值 74.7 亿元，占地区生产总值比重的 2.7%，科技竞争力排名在武汉、西安、重庆等城市之后，信息服务业实现总产值 276.4 亿元，只占深圳和广州总产值的 23.7% 和 41.3%；三是文化创意产业发展滞后。2006 年全市文化产业实现增加值 91 亿元，占地区生产总值的比重为 3.3%，仅为长沙和深圳文化产业增加值的 53% 和 24%；四是商务业态亟待提升。法律、会计、咨询等中介组织管理不够规范，规模普遍较小，专业化和国际化水平低，国际知名的知识产权、公共关系、产权交易等高端服务业企业少，物流业基础设施建设滞后，会展业缺乏在国内外有影响力的品牌。

7.3.3 龙头企业少

企业是推动产业发展的基本单元，项目是推动经济发展的主要载体，品牌是代表经济增长的高位资源。尽管成都服务业拥有一批大企业、大项目和知名品牌，但数量还是偏少。今后，能否依托知名品牌，着力扶持、引进和开发一批产业关联度大、核心竞争力强、带动效应明显的大项目，培育一批有影响有实力的大公司、大集团，是成都市服务业取得发展的关键。

目前，成都生产性服务仍以传统服务为主，相当一部分企业规模小、层次低，服务和业态同质性强，缺乏龙头企业带动。2007年，全国服务业100强企业中，广州7家、杭州4家、深圳3家、南京3家，成都只有成都铁路局1家入围。全国物流100强企业中，深圳10家、济南7家，广州、青岛和厦门各6家，成都也只有四川中邮物流1家入围。全国连锁企业前30强和全国软件100强企业中，成都没有一家入围。缺乏龙头企业带动，影响了服务业综合竞争力的提升。在集群服务业的不少行业，能够引领行业发展潮流和标准化建设的领军企业和具有区域乃至全国知名度的品牌少，示范带动作用不强。

7.3.4　本地供给有限

现有生产性服务业无法满足本地需求。如中小企业融资困难，会展规模小，影响力及辐射范围不足，咨询业和培训服务滞后。特别是围绕企业资本运营提供综合金融服务的机构，如投融资咨询与管理、风险投资与理财，应对国际贸易摩擦、争取国际机构认证、开拓国际融资渠道的服务业不足。企业税务咨询与策划服务不足。很多高标准生产性服务供给需要由其他城市如北京、上海提供。生产性服务机构提供的服务成本高、质量低，从而降低了企业对商务服务、公共服务、会展服务的需求，企业发展的成本、困难、风险难以化解，妨碍了企业对生产性服务潜在需求向现实需求转化。

7.3.5　集群效应尚未形成

从服务业增加值的空间分布来看，2008年五个中心城区服务业增加值占到成都市服务业增加值的65%，而排在最后的6个区（市）县的服务业增加值占成都市服务业增加值的比重不到10%，这充分说明，成都市服务产业的极化效应很强。产业集聚的合理解释在于资源共享、知识外溢和专业化分工所带来的规模收益递增，当服务业在地域上集中并以大都市的形式出现时，服务业的各行业以及各企业能够共享收益递增带来的利益，从而使服务业获得更快的增长。当极化效应达到一定程度时，如果原有的生产区域不能保持收益递增的优势，产业的空间扩散效应就必然发生。

但从成都服务产业从空间的分布形态来看，服务产业的扩散效应并没有太多地体现出来。中心城区空间资源配置无序，绝大部分服务行业还未形成产业集群优势和整体竞争力、辐射力，造成服务业有效产出不高，经济效益也难以提高。各区（市）县服务业特色不明显，没有形成差异化发展和错位竞争的态势，影响到全市服务业整体发展。这从另一组数据也可以看出：五城区的服务业增加值占地区生产总值的比重都超过50%，青羊区甚至达到70%以上，但是在郊县和郊区中，除都江堰和双流以外，其他县区的服务业增加值占地区生产总值的比重都在40%以下。一方面五城区的服务产业比重与发达国家相差不远，而另一方面郊县40%的比重也仅仅是一个发展中国家服务产业发展的常态，巨大的反差反映出成都市对五城区资源的过度聚集。

7.3.6 基础设施与公共服务平台建设滞后

成都市本土企业多为中小企业，企业对生产性服务的需求很难通过企业内部来解决，因此，面向以中小企业为主的产业集群加强生产性服务公共服务平台建设，对于满足企业特别是中小企业的生产性服务业需求，具有非常重要的现实意义。在科技服务供给中，面向中小企业共性技术需求的创新平台建设滞后。为出口企业服务的国际物流公共平台建设滞后，这成为了物流业发展的重要瓶颈。

在生产性服务业成长发展过程中，信息化水平以及相关基础设施建设状况，对于生产性服务业的现实发展水平、生产性服务业的服务质量、生产性服务业的增值能力以及生产性服务业的未来发展能力都会产生指数性质的深刻影响。这些因素还会直接影响到生产性服务业的供给成本，也会影响生产性服务业可能面临的风险，影响相关利益者增加生产性服务供给的积极性。因此生产性服务业的信息化水平亟待提高，基础设施建设亟待加强。如物流信息系统，尚未建立，物流信息化程度低，妨碍了传统货运业向物流业转型。

在可比较的范围内，成都市生产性服务产业整体系统规划尚需强化，空间布局不甚合理，还处于粗放型发展阶段，传统服务产业居于主导地位，现代服务业发展不快，整体竞争力不强。

7.4 成都市生产性服务业发展的机遇

7.4.1 需求结构升级带动产业结构升级

需求结构是按照人们需求等级的先后次序排列的有机构成，它取决于收入水平、分配状况及不同商品的比较价格，其中起关键作用的是收入水平。当一个社会收入水平比较低时，人们最主要的需求是满足温饱，此时对食品的需求最大；随着收入提高，人们开始追求便利和功能，此时对耐用消费品的需求增加；当收入水平进一步提高，人们越来越追求多样化的服务。自20世纪60年代以来，世界主要发达国家经济重心开始转向服务业，服务业在就业和国内生产总值中的比重不断加大，全球产业结构呈现出由"工业型经济"向"服务型经济"转变的总趋势。钱纳里、艾金通和希姆斯产值结构模式揭示了人均国民生产总值与服务业比重之间的对应关系，即随着人均国民收入的增加，服务业占国民经济中的比重会逐渐上升。把1978—2006年成都市服务业占国内生产总值的比重与国民收入排列在一起也发现同样的规律。1978年，成都市人均GDP为57美元，服务业占GDP比重为20.91%；2006年人均GDP达到3196美元，服务业占GDP的比重也上升到了48.85%。

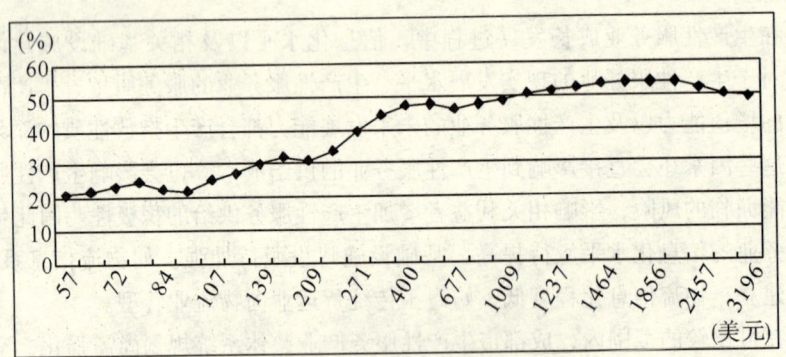

图7-9 成都第三产业比重与国民收入

资料来源：根据成都市历年统计年鉴整理；其中美元兑换人民币的汇率以2006年的7.8元人民币/美元为基准。

2006年，成都城市居民人均可支配收入达到12 789元（按照当年的外汇牌价，约为1640美元），同时城镇居民的恩格尔系数下降为33.9%，接近于富裕水平，社会的需求结构将日渐以休闲消费、文化消费、体验消费和创意消费为方向，消费结构向服务领域转移和拓展成为推动成都市服务业发展的根本动因。

7.4.2 资源不断集聚，比较优势逐渐形成

服务业发展主要受人力资源、资金数量和投向、交通设施和通信服务、技术进步等因素影响，而受自然资源的限制相对较小。

2006年底，成都全市共有各类人才166.63万人，其中，党政人才7.38万人，专业技术人才75.18万人，经营管理人才12.29万人，技能人才51.98万人，农村实用人才19.80万人。按产业来分，专业技术人才在第一次、第二次、第三次产业分布比重分别为3.93%、28.98%、67.09%。2006年，成都市人才总量比2005年增长7.42%，人才增长速度连续三年保持在7%以上，持续不断增长的人才储备为服务业发展提供了最有价值的资源。

2006年，成都市仅国有商业银行的存款余额就达到3 197.57亿元，贷款余额2 172.24亿元，年末的存款余额超过当年的地区生产总值。从全国横向比较看，2005年成都资本竞争力排名第七。充足的资金来源和可靠的流向为直接经营货币的金融业和依靠产业资本的旅游业和房地产业等产业发展提供了强大的发展支撑。

另外，便捷的交通设施和通信服务是服务业发展的基础性保障。根据相关规划资料，成都市的交通运输基础设施建设将分别从铁路、航空和公路交通三个方面齐头并进。成都将通过成渝北铁路建设、沪汉蓉铁路建设、蓉筑穗铁路建设、西南出海铁路建设、西北出境铁路建设，以及成都铁路枢纽北编组站和集装箱中心站建设，密切加强成都与全国及世界各国的交通联系，增强成都在西部以及全国铁路运输中的地位和作用。在航空运输方面，成都还将通过双流国际机场第二跑道以及第二机场及相关配套设施建设，大幅度增加成都市国内外直达航线的容量，将双流国际机场建设成为我国中西部地区的枢纽机场。在成都交通运输基础设施规划中，还将修建成都第二绕城线，还将从事川西旅游环线成都段建设，将进行成彭高速公路延伸段以及成温邛高速公路延伸段项目建设，从而在成都市市域内形成"三环加九射"的高速公路网络（"三环"是指绕城高速公路、第二绕城高速公路、川西旅游环线高速公路，"九射"是指成彭、成绵、成灌、成乐、成温邛、成渝、成雅、成南以及机场高速公路）。完善的交通网络和通信服务将极大地促进货物、信息和人员的流动，从而加快立足成都、辐射中西部、面向全球的大服务业网络系统建设。

7.4.3 国家和省内的区域功能定位

区域的产业定位是基于要素禀赋所进行的专业化分工。将服务业的大力发展作为成都市产业结构合理化和高度化的必然要求也正是为了更有效地利用资源，更好地满足市场需求。

按照国家的宏观规划，资源环境承载能力较强、经济和人口聚集条件较好的区域，要扩大城市规模，承接限制开发区和禁止开发区的人口转移，逐步成为支撑区域经济社会发展和人口集聚的重要载体。成都作为"天府之国"，有着丰富的水资源和肥沃的土地，气候环境宜人。中国城市竞争力研究协会2006年12月发布的中国城市竞争力报告显示，2006年成都市在中国"十佳宜居城市"里排名第1位，首次超过杭州。经济发展指数、社会安全指数、风气文明指数、生活舒适指数、城市美誉度等各项指标都位居前列。成都是中国居住环境较好的城市之一，具有较大的人口承载能力，作为服务消费的人口因素必然会推动服务业的快速发展。

在四川省规划中，成都市的发展思路就是要充分发挥基础设施相对完善、城镇发展水平较高和经济技术实力较强的比较优势，以高新技术产业为主导，重点发展技术含量高的先进制造业和现代服务业，促进产业结构优化升级，保持较快的经济发展速度，发挥成都市在全省经济中的骨干和带动作用。并逐步形成以成都市为中心的包括德阳、绵阳等城市在内的成都平原城市群，进而发展成为中国中西部乃至全国范围内最强最大的经济密集区和人口密集区，从而将成都发展成为四川省参与全国区域竞争的龙头和主体。而成都市依据四川省政府的统一规划，提出着力打造"一枢纽、三中心、四基地"，围绕这样的定位，成都市的服务产业体系中必须明确一些核心优势产业来突出这样的城市定位，比如西部综合性商贸物流中心的定位使得成都市服务业中的物流、金融、商务等功能相应得到强化。

7.5 成都市生产性服务业的关键制约因素

7.5.1 区位上的劣势

成都与国内经济发展形势较好的长三角地区、珠三角地区和环渤海地区的距离都很远，难以充分享受到发达地区之间的经济交流、协作和互动效应。相应地，成都所在的四川省以及四川周边的云南、贵州、青海、西藏、甘肃、陕西等省（区）的经济都相对落后，成都与周边地区之间进行服务业交流的项目和规模都比较小。因此，成都在发展格局上很容易局限在低层次竞争，很难参与到国内和国际高端领域的竞争。

7.5.2 城市间竞争的加剧

为了提升城市的竞争力，成为中国中西部地区的龙头，成都、重庆、武汉和西安四个城市之间展开了激烈的竞争。国内多数大城市都提出发展总部经济的战略计划，而据《全国35个主要城市总部经济发展能力评价报告（2007）》，北京、上海、广州、深圳四个城市荣列中国城市总部经济发展能力第一能级，排在第五至第十名的城市分别是：南京、杭州、天津、成都、青岛和武汉，在相同的区域成都面临武汉的竞争[①]。在构建金融中心、交通枢纽以及引领西部开放方面成都又面临重庆的竞争。因此，近邻大城市对服务业资源的抢占和争夺成为成都市服务业发展的重要挑战。

7.5.3 政策上的制约

（1）政策虽好但难以落实

按照《国务院办公厅关于加快发展服务业若干政策措施的实施意见》，那些属于鼓励发展范畴的服务业在用地时应当适当给予优先考虑，在用水用电方面，其价格应当与工业价格同一，专门针对服务业发展的税收政策也要逐渐实行优惠政策，并扩大税收优惠适用范围。但是，对成都市生产性服务业的调查表明，成都市的生产性服务业在用地价格、用电价格方面通常要比工业行业高出许多。虽然在服务业用水、用气价格方面，成都市政府就可以出台政策，实现与工业同价，但是在生产性服务业用电方面要实现与工业行业的同价，还必须要省级政府出台相关政策才能实施，因此，生产性服务业电价优惠政策还难于落实。此外，税收优惠政策也不是成都市政府单方面就可以制定相关政策的，地税方面需要由省政府相关部门批准才能决定，国税方面则必须由中央政

---

① 参见：赵弘. 全国35个主要城市总部经济发展能力评价报告（2007）[R]//中国总部经济蓝皮书.

府相关部门批准才能出台税收优惠的文件。

(2) 政策创新相对滞后

由于税收优惠政策创新难以落实，生产性服务业企业所面对的税收负担明显较大，较重的税负主要表现在以下四个方面：一是生产性服务业企业需要面对重复征税问题。我国现行的营业税计税方法并不利于促进社会分工，因为分工越细，就意味着交易次数也就越多，企业就会面临多次缴税的困境，重复计税的问题就越明显，所承担的税负也就越重，这就直接制约着制造业等工业企业将各种生产性服务进行外包。目前物流企业为生产企业提供生产性物流服务，在税收优惠方面，只有公路运费和税收可以享受部分进项税抵扣，而海洋运输费用和税收部分却不能享受税收抵扣。二是对生产性服务企业的税费歧视。如果将物流企业与运输类企业进行比较就会发现，物流企业所承受的税收负担较之于运输企业的税收负担要明显偏高。就拿营业税来说，依照税法，如果是第三方物流企业，其面临的营业税是5%，而公路运输企业所承担的营业税税负仅仅为3%。仓储业务是物流业的基础性活动，仓储业务的盈利能力要远低于运输性业务，令人不解的是仓储业务的营业税税率却远高于运输业务的营业税税率，而且还不能享受进项税抵扣优惠。三是对从事高新技术服务的生产性服务企业的税收优惠欠公平。目前我国针对高新技术企业的所得税税收优惠的适用范围主要局限于高新技术应用领域的工业企业，获得高新技术企业需要的认定条件对于高新技术服务业企业来说确实比较困难。从事工业设计等活动的高科技生产性服务业是高新技术产业发展的关键环节，其作用重大，地位重要，但是这些高新技术服务企业却不能获得类似于高新技术制造企业的税收优惠。四是税收设计没有充分考虑生产性服务业的产业特点和发展要求。在税收优惠设计方面，没有充分考虑知识技术等非物质生产要素，而大多数生产性服务业都属于知识技术密集性产业，这就使得针对生产性服务业企业的所得税的标准扣除额要远低于实际所发生数量。比如，税收设计上，对劳动者人员培训费用的税前列支标准比例明显偏低，导致本该列入人员培训的费用支出不能全部扣除，增加了企业所得税负担。

7.5.4 融资上的制约

生产性服务企业的融资难问题比制造业更突出。根据调查，服务业融资难大致有以下几种原因，一是服务业以中小企业居多，在生产性服务业中，小型企业或微型企业比例更大，在现有的金融机构下，这些企业很难获得融资。二是金融机构对生产性服务企业的抵押贷款少。我国企业的银行贷款主要表现为抵押贷款而非信用贷款，而生产性服务业领域中的企业资产主要是无形资产，因此其可以抵押的有形资产少，获得银行贷款的数量自然也少。三是一些传统生产性服务业行业资本需求较多，制约其融资需求的满足。比如，在物流业和商贸行业，就存在投资规模比较大、投资周期较长而且回笼资本的周期也较长的特点。对于这样的生产性服务业企业，仅仅通过民间资本市场，难以正常地获得企业发展所需求的资金。还有一些生产性服务业行业存在资产流动性较强的特点，这些流动性较强的资产也难以通过银行资产抵押审核，也就难以在商业银行取得抵押贷款。

7.5.5 市场准入的制约

市场准入、标准化以及行政垄断问题严重。一是在物流服务业、会计服务业、法律服务业、咨询服务业等生产性服务业领域，存在进入门槛过低的问题，也存在服务的标准化程度过低的问题，这样的后果就是不少非专业人士都可以进入到这些原本非常专业化的生产性服务领域，导致生产性服务业服务质量良莠不齐，也导致这些行业竞争的无序，妨碍着生产性服务业的发展。二是在金融行业、通信行业和信息行业，存在着国有资本比例过高、一资独大的问题，还存在着比较突出的行政性垄断问题，从而导致这些生产性服务业市场准入门槛过高，其他资本难以进入，市场机制难以在这些领域有效发挥作用，从而阻碍这些生产性服务业的发展。原来由政府创建的一些商务服务和技术检测认证机构，表面上看似乎已经与原有行政部门脱离了关系，实则与其保持着千丝万缕或明或暗的关系，有的甚至依然保持着行政部门附属单位的角色。那些通过市场化方式成长起来的服务机构由于没有这层政府背景，确实很难进入这些利益颇丰的行业。在这些有政府介入较深的行业，存在竞争不足问题，容易造成服务不足和创新不够等不利影响。

有些中介服务业，其服务向产业化、市场化和社会化转变的步伐十分缓慢。比如，产权交易中介服务、技术交易中介服务、信息服务中介服务业，以及其他一些公共服务中介服务业，都存在产业化、市场化和社会化缓慢的问题。本来可以和应当实行市场化经营的活动长期以来被作为公益性事业由政府来提供。可见，政府对自身职能定位不准也是生产性服务难以产业化、市场化和社会化的重要原因。政府职能的越位行为其实就是对生产性服务业行业进入的一种行政性限制，限制了民间资本的市场进入，也限制了这些生产性服务业行业的市场竞争机制的培育和发展。在目前的成都市，公共技术服务平台总数的 25% 是由政府部门设立和负责运行的。这些由政府出资设立的公共技术平台中的一部分属于行政事业编制，并不是自主经营、自负盈亏和独立核算的市场竞争主体。这样的公共技术服务企业可以凭借其特殊的甚至垄断性的供给地位为自己争取特殊利益，各种形式的寻租现象也应运而生。

7.5.6 体制的制约

在诸多制约生产性服务业发展的因素中，管理体制是阻碍生产性服务业发展的重要因素。当前，我国生产性服务业管理体制上的根本问题是管理体制不顺问题，该问题衍生了生产性服务业管理体制的系列问题。生产性服务业是一个涉及行业门类多、横跨产业领域广的范畴，而且，生产性服务业的边界还远没有固化，新的生产性服务业业态以及新的经营模式不断出现，不同生产性服务业的产业融合现象也在不断上演。生产性服务业的这种现实特点也给该行业的政府公共管理活动带来了困难。政府对生产性服务业的公共管理处于明显的滞后状态，政府公共管理的交叉管理现象以及缺位现象就是其表征。对生产性服务业的多部门交叉管理容易导致公共管理的条块分割，从而不利于行业内和行业间的生产要素流动以及分工协作关系的发展，降低了资源配置效率，增加了运营成本。比如会计服务业，与其相关的监督管理部门就有财政部门、审计部门、税务部门等公共管理部门，这些公共管理部门各司其职，单独或者一起对那些准备进入会计行业的主体进行市场准入资格认定。比如基建工程的造价资格的审核就需要财政、审计和建筑管理部门共同认定。而对于那些新兴的中介服务业，却缺乏相应的公共管理部门来对其监管和提供服务。生产性服务业管理体制的不顺直接影响到相关管理部门对生产性服务业进行整体性规划和整合，也缺乏对企业发展的引导和系统的对策，这种状况的结果就是政府对生产性服务业无法形成一个统一、协调、高效的生产性服务业监督管理体系，也不利于政府对生产性服务业的各种支持政策形成整体合力，严重影响了各种支持政策的实际效果。生产性服务业公共管理体制的不顺使生产性服务业发展表现为一盘散沙，没有明确的发展方向，还阻碍了生产性服务业的基础设施建设和信息化进程，也导致盲目投资、重复建设现象严重，市场布局不合理。

政府对生产性服务业管理体制的不顺不仅表现在同一级政府的不同管理部门之间，也表现在各级管理部门之间的衔接体制不顺畅方面。从中央政府到省、市等地方政府的生产性服务业管理机构设置都各有差异，相互之间难以开展有效的对接，上一级政府制定的政策难以通过下一级归口部门有效推进和实施，一些政策于是仅仅停留在文件上，无法切实贯彻。越往下级，地方政府的生产性服务业管理职能就越是表现出兼职兼管性质，无法在组织人员上保障管理体制的到位。

上述生产性服务业公共管理体制的不足，在成都市生产性服务业公共管理体制中同样存在。

7.6 发展生产性服务业的主要措施

7.6.1 推进生产性服务业集聚区规划建设

加快制定成都市生产性服务业"十二五"发展规划，要明确成都市"十二五"时期生产性服务业发展的战略定位和战略任务，要清晰地确定成都市"十二五"期间生产性服务业发展的重点领域、产业分布和城乡区域布局，要进一步细化成都市生产性服务业发展的年度目标以及阶段性实施步骤，还要围绕重点领域构建成都市生产性服务业发展的支撑体系和保障体系[1]。要加强政府对生产性服务业的规划职能，通过科学合理和适当超前的规划来引导和促进成都市生产性服务业的合理有序发展[2]。

优化生产性服务业的空间布局，促进集群簇群发展。要遵循生产性服务业的集群化发展规律，要遵循生产性服务业集群与周边经济的辐射带动关系，科学合理地对成都市生产性服务业布局进行地域空间规划，并且要对不同区域的生产性服务业的功能进行明晰和细化。要出台相应的地域生产性服务业功能定位政策加以指导，要加强对不同生产性服务业区域发展规划指导与协调。应当将生产性服务业集聚区域的确定与整个成都市区域功能分工规划密切结合，要实现生产性服务业集聚区域与其他城市功能区域的适当分开而又能有机耦合，从而能够更好地服务于其他行业和其他产业，也能更方便地得到其他行业和产业的支持，实现各产业、各行业的相生相伴。此外，还应对生产性服务业集聚

---

[1] 罗松山. 加快生产性服务业发展的投资战略 [OL]. http://www.chinareform.org.cn/Economy/consume/Forward/201010/t20101009_45685.htm.

[2] 罗松山. 如何加快生产性服务业发展 [N]. 中国财经报，2010 - 07 - 20.

区给予与工业开发区相同的政策扶持①。

无论是新地理经济学中的地域空间集聚经济理论还是以竞争优势研究著称的波特（Porter）的"钻石模型"理论，都十分重视产业集聚所带来的整体竞争优势。从产业特征角度看，生产性服务业属于比其他产业更加具有集聚效应的经济，它更加适合集群式发展，更加适合与其他产业相依相随。尽管生产性服务业企业天生就具有扎堆求生存和发展的倾向，但是要实现生产性服务业的顺利集聚，仍然离不开各级政府通过集聚规划等措施对其加以推进，为其创造良好的社会环境和产业环境。要积极引导更多的具有协同效应和学习效应的产业在一定区域集聚，从而实现各种产业的共同发展。另外，在推进生产性服务业集聚区规划的建设中，应当充分注意以下几方面：①要与成都市的城市整体规划保持一致，要在充分考虑城市建设、交通、居住、环境以及社会经济发展趋势等各种因素的基础上，实现对生产性服务业的科学规划，合理布局，有重点有层次地向前推进。②充分发挥地方政府在规划、建设和管理等方面的主导作用，根据区域的功能定位和行业重点有序推进。③政府应当重视对生产性服务业的整体规划。要重视通过城市地域功能规划来推动生产性服务业集聚。要重视运用税收优惠等财政政策予以支持。要帮助知名生产性服务业企业实现区域性集聚。在实施过程中，要善于发挥市场机制的资源配置功能，通过市场机制引导区域内和区域间生产性服务业的良性竞争②。

7.6.2 通过城市化和工业化促进生产性服务业的发展

前述模型分析指出，城市是生产性服务业发展的集中地，城市化水平高低直接影响着生产性服务业的发展水平。大都市具有丰富的人力资源和前后向的联系机会。生产性服务业在城市集聚并且创造巨大的规模经济，使得生产和交易成本最小化。城市规模的扩大使生产性服务业在地域上容易集中，有关市场的、技术的以及其他与竞争有关的各种知识与信息会在城市内大量集聚，在城市内企业更加容易获得所需要的生产性服务（韩坚，2007）。生产性服务业集聚在城市中更容易接近合格的劳动力、研究中心和大学、互补性的生产性服务业和更大的市场，尤其是对生产性服务业有较高要求的公司总部纷纷云集在城

---

① 罗松山. 把握生产性服务业发展的投资机会 [N]. 中国经济导报，2010-4-27.
② 刘须奎，李树英，张静. 发达国家发展生产性服务业的政策措施及对我国的启示 [J]. 中国市场，2011（28）.

市,从而导致生产性服务业如企业管理、控制和空间协调等职能和价值链环节逐渐向大都市集聚。当都市经济发展到一定程度后,都市逐渐走向国际化,带动生产性服务业的国际化进程。并且,在城市发展过程中,生产性服务业不断发挥其巨大的推动作用,促进城市化进程的同时也促进自身的国际化进程。

7.6.3 构建与制造业的互动发展机制

促进制造业企业生产性服务活动分离。成都市政府应当集中抓好146家行业龙头企业的生产性服务业的分离和外部化发展,应当加强企业的物资仓储活动的分离和外部化,应当有序开展企业研发设计的外部化,应当将更多企业的售后服务外部化和集中化,应当推动企业融资服务的外部化。要抓好生产性服务业集聚区基础设施和配套设施建设,并积极探索通过生产性服务业集群发展来推动产业集群的生产性服务业的分离和外部化。生产性服务业的分离应当有序展开,先从个别企业开始,在总结经验的基础上普及推广,实现生产性服务业的行业分离和外部化。

一些传统制造企业应当积极发展各类和自己产品相关的服务业,向服务业渗透和转型。不少制造业内部从事非制造职能的人数比例越来越高,白领比重甚至超过蓝领。一些制造业企业从销售产品发展成为提供服务和成套解决方案的服务性企业。在当今社会,消费者更加注重消费产品的个性化,以及产品使用的便利性,服务的附加价值增大。作业领域从制造业延伸到服务业,服务业成为新的增长点和利润来源,从制造企业转型为服务提供商。伴随着人力成本的不断上升,许多国际知名大型制造企业积极进行产业重组,将制造业剥离出去,将企业经营重心向提供流程控制、产品研发、市场营销、客户管理、品牌维护、现代物流等生产性服务转变,从制造业彻底转型为服务提供商。

生产性服务业的发展要契合制造业的发展,促成制造业从成都制造向成都创造转变。强化生产性服务业对制造业的推动,将生产性服务业的发展集中于研发设计、市场拓展、品牌运作的技术服务平台,集中于物流、贸易、金融、会展等公共服务平台。由科技研发引领、营销品牌保障、金融、信息技术、物流等润滑剂,推动制造业的升级。制造业的创造是制造业与生产性服务业的高度融合的成果[①]。

---

① 汪建新. 基于产业升级的生产性服务业的区位选择研究——以上海为例 [J]. 理论与改革, 2009 (2).

要积极承接生产性服务业外包业务。生产性服务业正成为我国承接国际产业转移的新兴重要领域,生产性服务业国际外包转移加速,服务外包发展潜力巨大。研究制定生产性服务业外包发展规划,对软件产业、动漫游戏、文博创意、信息咨询、金融保险等外包行业的空间布局和建设进行科学规划。鼓励跨国公司在成都市设立地区总部、研发中心、区域性运营中心、出口采购中心。要努力拓展生产性服务业外包空间。服务外包从劳动力密集型、低附加值型向知识密集型和高附加值型服务业延伸,信息技术服务、金融服务、设计、财务管理、会计服务、售后服务、人力资源管理、信用卡处理、呼叫、物流等都走向了外包,服务业外商直接投资不断增长。可以建立推进全市生产性服务业出口促进体系,组织成员企业承接海外订单,积极承接跨国公司的外包服务项目,开拓海外市场。

7.6.4 建立公开透明、平等规范的市场准入制度

对不同生产性服务业的进入门槛进行研究,制定各生产性服务业进入的合理条件,要适当降低部分生产性服务业注册资本的最低限额,放宽生产性服务业准入条件。

要建立公开平等的市场准入制度,打破行业的行政性垄断。针对目前存在的部分生产性服务行业行政性垄断严重,针对民间资本的市场准入过严等问题,政府应当及时出台松紧适度、规范透明、公平公正的行业准入标准以及相应政策,及时清理那些已经过时的对生产性服务业发展起妨碍作用的法规和政策。要逐渐提高生产性服务业各行业各环节的市场化程度。

要大力发展民营生产性服务业。要深化民间资本参与生产性服务业的深度与广度,提高生产性服务业中民间资本的比例。除了个别关系国计民生的特殊生产性服务业领域,其余生产性服务业行业应当对民营资本实行充分的开放,特别是要对国内民族资本实行充分的开放,取缔那些有碍于民营企业的歧视性政策。理想的做法就是要给予民营资本同国有资本平等的国民待遇和市场地位。要积极吸引民营资本进入到生产性服务业领域,要通过引进民营资本实现生产性服务业投资主体的多元化。要实现生产性服务业的市场化、公开化和多元化就离不开对部分原有生产性服务业行业的组织体制进行改革,特别是要对那些政府管得过多、过严的具有行政垄断性质的行业进行产业组织体制的改革。要加快对交通、电信、金融等垄断性服务行业的改革步伐,放宽市场准入,引导民间资本参与国有企业改组改造,推进生产性服务业的资源配置由政

府为主向市场为主的转变。通过市场主体的多元化引入竞争机制,降低生产性服务业的供给成本和扩大市场供给。

7.6.5 加强生产性服务业要素支持

加强生产性服务业要素支持主要包括两方面的内容:

一是提高人才培养和技术创新能力。生产性服务人员的知识储备、专业化水平对生产性服务业的发展起着决定性作用。建立多层次的生产性服务业人才培训体系,为生产性服务业发展提供大量专业人才。要加强对省内特别是成都市内高等院校以及高职院校与生产性服务业相关专业学科建设的支撑力度。推动这些专业所属高校与成都市的合作共建工作。在高校扩大生产性服务业专业研究生教育规模,加快那些还没有研究生招生专业的建设,尽快达到研究生招收条件,加快生产性服务业高端人才培养。加强对高等院校和职业院校生产性服务业通用人才培养与培训的财政资金支持与基础设施建设支持。加强生产性服务业人才教育实习基地建设,实现实习基地的校、企与政府三方合作共建,加快生产性服务业技能型人才的培养。制定优惠政策,积极引进国外优秀的生产性服务业人才。

在OECD组织内部各国的服务业中,研究开发业、电信行业、商务服务业、邮政行业、计算机相关服务业的研发密集度[①]一般大于6%。研发投入对于这些生产性服务业的发展至关重要,为此,需要加快建立以企业为主体的技术研发和创新体系的培育,实现生产性服务业领域的技术创新的相关政策以及支持措施的根本突破。要建设起成都市的生产性服务业技术创新体系,增加财政资金的科技创新投入和创新源头孵化建设。要增强行业自主创新能力,提升生产性服务业的核心竞争能力。要健全企业技术创新机制,形成有利于企业积极从事技术创新的内部投资机制,鼓励生产性服务企业增加科技投入。积极为企业与各类研究院所机构的合作牵线搭桥,帮助其协调和推动高校研究机构与企业合作组建各种形式的技术创新战略联盟,促进技术创新和技术转化和应用。要支持和帮助企业和科研院所积极申报知识产权和专利,争取在生产性服务业的不同领域里形成具有自主知识产权的核心专利和技术标准,进而增强成都市生产性服务业的竞争优势[②]。增强企业技术集成能力和技术产业化转化能

---

① 即研发支出占增加值的比重。
② 王静. 我国生产性服务业国际竞争力问题研究 [D]. 厦门:厦门大学,2008.

力，促进各种形式的知识和技术以各种途径和渠道流动和转移，促进知识产权和专利技术市场发展[1]。加快成都市经济的信息化建设，通过整体经济的信息化建设推动、带动成都市生产性服务业发展。要对那些技术含量高、附加值高以及市场潜力大的龙头生产性服务企业进行重点扶持，鼓励这些生产性服务企业以商标、专利等为纽带进行区域内以及跨区域跨行业的兼并重组活动。

二是加大生产性服务业的投资。放宽对中小型企业、民营企业的信贷、融资、外汇管理的限制。积极发展信用担保机构，为生产性服务业企业承接大型国际项目解决资金需要。政府应当加大对生产性服务业的投资，积极完善生产性服务业发展的基础设施，为生产性服务业的国际化提供基础支持[2]。要完善生产性服务业风险投资。在信息相关服务业、科学研究事业的发展中，风险投资的作用极其重要。2001年加拿大71%的风险投资投向了信息技术部门，其中通信和网络业占全部风险投资的28%，处于第一位，软件业和生命科学研究业分别占了17%，并列第二[3]。我国生产性服务业发展同样需要风险投资。成都市政府应当出台系统的政策对风险投资予以鼓励，如颁布《创业投资企业管理办法》。

7.6.6 加大政策扶持力度

增加财政性资金在生产性服务业领域的投入，加强对发展规划中的重点行业、重点区域、重点项目的财政资金投入。进一步推进生产性服务业服务价格体系的改革，要尽快实现生产性服务业各种投入要素与工业企业投入要价格同一，特别是要实现服务业与工业企业在用电、用水、用气方面的同价，也要实现二者在用地等方面的平等待遇。要积极安排财政预算资金，支持科学研究、技术服务关键领域和薄弱环节的发展，提高关键领域和薄弱环节的自主创新能力。推动其他产业的集群式发展和产业园区化发展，进而推动与这些产业配套的生产性服务发展。引导和鼓励金融机构对符合国家产业政策的服务业企业给予信贷支持，支持中小企业通过资本市场进行融资[4]。要增加生产性服务业的

---

[1] 范柏乃，褚立波. 加快我国生产性服务业发展，努力提升自主创新能力 [J]. 上海企业，2009 (6).

[2] 余琼蕾. 现代生产性服务业在金融危机形势下的现状及对策探讨 [J]. 当代经济管理，2009 (11).

[3] Baygan, Gunseli. Venture Capital Policy Review: Canada [R/OL]. STI Working Paper, 2003-04，OECD, Paris. http://www.oecd.org/dataoecd/41/55/2491269.pdf.

[4] 黄前柏. 培育生产性服务业 [J]. 新理财（政府理财），2010 (8).

用地比例，给予相应的土地优惠。要加快对生产性服务业收费的清理工作，对不符合生产性服务业发展要求的收费要废除。

税收优惠应当采取多种多样的方式，应当实行多主体、多税种、多指向的税收优惠组合模式，从而形成系统而全面的税收优惠体系。加强风险投资的税收优惠，可以对从事风险投资的企业提供公司所得税、个人所得税、证券交易税、资本利得税等各税种方面的税收优惠。税收优惠的方式也应当多样化，可以采取税收抵免方式，也可以采取税收扣除方式，还可以采取税收豁免方式。税收优惠的主体也应当多元化，既可以是从事风险投资的企业主体，也可以是从事风险投资的个人投资者。优惠指向也应当多元化，既可以指向所有的风险投资，也可以指向特定来源、特定投向的风险投资。可见，为了促进生产性服务业的发展，在税种优惠和优惠方式的选择方面，在优惠指向方面都还有很多事情要做[1]。

此外，还要优化税收政策，鼓励研发投入，延长税收优惠向未来结转的期限。对于承担风险能力低的小企业，不论其亏损与否，对其技术开发费用均应给予当期退税。对于一些比较特殊的技术开发费用，应根据行业和企业实际情况确定单独的加成扣除比例。

优化税收政策还应当体现在生产性服务业的供给价格方面，从而降低生产性服务业的市场供给价格。目前，生产性服务业提供的服务还不属于增值税抵扣范围，当制造业企业购进生产性服务作为企业中间投入时，无法对其中所含的流转税进行抵扣，从而加大了制造业外购服务的成本，不利于制造业中的生产性服务业外部化，不利于生产性服务业市场的扩展。政府部门应当增大增值税的课税范围，将生产性服务业纳入流转税，在企业购进时能够进行抵扣，从而降低企业外购生产性服务业的价格。

---

[1] 李文. 鼓励我国生产性服务业发展的税收政策研究 [J]. 税务与经济，2008 (3).

参考文献

1. Galbraith, J. K. The New Industrial State [M]. Boston: Houghton - Mifflin, 1967.

2. Baumol, W. J. Macroecnomics of Unbalanced Growth: the Anatomy of Urban Crisis [J]. American Economic Review, 1967, 57 (3): 415 - 426.

3. Nordhaus, W. D. Baumol's Disease: A Macroeconomic Perspective [C]. NBER Working Paper 12218.

4. Oulton, N. Must the growth Rate decline? Baumol's Unbalanced Growth Revisited [J]. Oxford Economic Papers, 2001, 53 (4): 605 - 627.

5. Sasaki, H. The Rise of Service Employment and Its Impact on Aggregate Productivity Growth [J]. Structural Change and Economic Dynamics, 2007, 18 (4): 438 - 459.

6. Clemes, M. D., Gani A. Servises and Economic Growth in ASEAN Economics [R]. ASEAN Economic Bulletin, Thursday, August, 2002.

7. Herbert G. Grubel, Michael A. Walker. Service Industry Growth: Cause and Effects [M]. Fraser Institute 1989: 279.

8. Hansen. N. Do Producer Services Include Regional Economic Development? [J]. Journal of Regional Science, 1990 (4).

9. Coffey. W. J., Bailly. A. S. Producer Services and Flexible Production: An Exploratory Analysis [J]. Growth & Change, 1991 (1).

10. Beyers, W B. Producer services [J]. Progress in Human Geography, 1993, 22 (2): 12 - 18.

11. Daniels. P. W. Producer Services Research in the United Kingdom [J]. Professional Geographer, 1995 (1).

12. Harrington. J. W. Producer Services Research in U.S. Regional Studies [J].

Professional Geographer, 1995.

13. Coffey. J. Producer Services in Canada [J]. Professional Geographer, 1995 (1).

14. Saskia Sassen. The Global City: New York, London, Tokyo [M] Princeton University Press. 2001

15. Jaume Puig - Junoy. Partitioning Input Cost Efficiency into its Allocative and Technical Components: An Empirical DEA Application to Hospital [J]. Socia - Economic Planning Science, 2000 (34): 199-218.

16. Porter M. Clusters and the New Econonics of Competition. Harvard Business Review, 1998, 76 (6): 77-90.

17. Browning. C., Singelman. J. The Emergence of A Service Society [M]. Springfield, 1975.

18. Howells. D., Green. R. Location, Technology and Industrial Organization in UK Services [J]. Progress in Planning, 1986 (2).

19. Marshall. N., Wood. P. Services and Space: Key Aspects of Urban and Regional Development [M]. Harlow: Longman 1995.

20. Mulder. N., Montout. S., Lopes. L. P. Brazil and Mexico's Manufacturing Performance in International Perspective 1970 - 1999 [J]. CEPII Research Center, 2002 (5).

21. Harringne W. Empirical Research on Producer Service Growth and Regional [J]. Professional Geographer, 1995, 47 (1).

22. Caniels, M C. Knowledge Spillovers and Economic Growth. Edward Elgar, Cheltenham, 2000.

23. Markusen James R. Trade in Producer Services and in Other Specialized Intermediate Inputs [J]. American Economic Review, 1989 (3): 85-95.

24. Wieslaw. Z., Michalak, Kenneth, J., Fairbaim. The Location of Producer Services in Edmonton. The Canadian Geographer, 1993 (37): 2-16.

25. Shearmur. R., Alvergne. C. Intrametropolitan Patterns of High - order Business Service Location: A Comparative Study of Seventeen Sectors in Ile-de-France [J]. Urban Studies, 2002, 39 (7): 1143-1163.

26. Gad G. Office Location Dynamics in Toronto: Suburbanization and Central District Specialization [J]. Urban Geography, 1985 (6): 331-351.

27. Illeris S. The Service Economy: A Geography Approach [M]. Chichester: John Wiley & Sons, 1996.

28. Andersson. M. Co-location and Manufacturing and Producer Services: A Simultaneous Equation Approach [R]. Working Paper, 2004. 136 – 151.

29. Raff. H, Ruhr. M. Foreign Direct Investment in Producer Services: Theory and Empirical Evidence [J]. Applied Economics Quarterly, 2007, 53 (3): 299 – 321.

30. Illeris E. The Nordic Countries: High Quality Services in a Low Density Environment [J]. Progress in Planning, 1995, 43 (3).

31. Horwood. E. M., Boyce. R. R. Studies of the Central Business District and Urban freeway Development [M]. Seattle: University of Washington Press, 1959.

32. 张文忠. 大城市服务业区位理论及其实证研究 [J]. 中国地理, 1999 (11).

33. 陶纪明. 服务业的内涵及经济学特征分析 [J]. 社会科学, 2007 (1).

34. 李江帆. 中国第三产业的战略地位与发展方向 [J]. 财贸经济, 2004 (1).

35. 杨翠兰. 关于现代服务业内涵的理论思考——对传统"服务"理论的反思 [J]. 商场现代化, 2005 (449).

36. 李志平, 白庆华. 论现代服务业的内涵及其发展趋势 [J]. 市场经纬, 2006 (22).

37. 郑吉昌, 夏晴. 论新型工业化和现代服务业的互动发展 [J]. 社会学, 2004 (6).

38. 来有为. 当前我国应大力发展现代服务业 [J]. 改革, 2004 (5).

39. 刘重. 论现代服务业的理论内涵与发展环境 [J]. 理论与现代化, 2005 (6).

40. 刘重. 现代生产性服务业与经济增长 [J]. 国民经济管理, 2006 (9).

41. 赵群毅, 周一星. 生产性服务业的地理学研究进展 [J]. 地理与地理信息科学, 2005 (6).

42. 甄峰, 顾朝林, 朱传耿. 西方生产性服务业研究述评 [J]. 南京大学学报: 哲学、人文科学、社会科学, 2001 (3).

43. 王敬荣. 国内外生产性服务业研究述评 [J]. 商场现代化, 2006 (488).

44. 刘志彪. 论以生产性服务业为主导的现代经济增长 [J]. 国民经济管理, 2001 (1).

45. 钟韵, 闫小培. 我国生产性服务业与经济发展关系研究 [J]. 人文地理, 2003 (5).

46. 郑吉昌. 生产性服务业与现代经济增长 [J]. 浙江树人大学学报, 2005 (1).

47. 张亚彬, 刘靓君. 生产性服务业对我国经济增长的影响研究：基于东、中、西部面板数据的实证分析 [J]. 世界经济与政治论坛, 2008 (4).

48. 吕政, 刘勇, 王勤. 中国生产性服务业发展的战略选择——基于产业互动的视角 [J]. 中国工业经济, 2006 年 8 期。

49. 傅小波. 发达国家生产性服务业发展的主要经验 [J]. 今日浙江, 2008 年 18 期。

50. 梁琦. 知识溢出的空间局限性与集聚 [J]. 科学学研究, 2004 (1).

51. 范秀成, 王莹. 生产性服务业区位模式选择的国际比较 [J]. 国际经贸探索, 2007 (5).

52. 刘绍坚. 生产性服务业发展趋势及北京的发展路径选择, 财贸经济, 2007 (4).

53. 张自然. 中国生产性服务业技术效率分析 [J]. 贵州财经学院学报, 2012 (3).

54. 赵群毅, 谢从朴, 等. 北京都市区生产者服务业地域结构 [J]. 地理研究, 2009 (5).

55. 赵群毅, 周一星. 西方生产者服务业空间结构研究及其启示 [J]. 城市规划学刊, 2007 (1).

56. 陈殷, 李金勇. 生产性服务业区位模式及其影响机制研究 [J]. 上海经济研究, 2004 (7).

57. 江小涓, 李辉. 服务业与中国经济：相关性和加快增长的潜力 [J]. 经济研究, 2004 (1).

58. 刘颖琦, 李学伟, 李雪梅. 基于钻石理论的主导产业选择模型的演技 [J]. 中国软科学, 2006 (1).

59. 党耀国, 刘思峰. 区域主导产业选择评价指标体系选择与数学模型 [J]. 经济经纬, 2004 (6).

60. 傅京燕. 国际生产性服务业的发展趋势及我国对策 [J]. 环球瞭望, 2008 (3).

61. 吴学花. 论生产性服务业与制造业的互动发展 [J]. 济南大学学报, 2007 (4).

62. 植草益. 信息通讯业的产业融合 [J]. 中国工业经济, 2001 (2).

63. 程大中. 中国生产者服务业的增长、结构变化及其影响：基于投入—产出法的分析 [J]. 财贸经济, 2006 (10).

64. 李友俊, 郭泽斌. 大庆生产性服务业发展存在问题及对策 [J]. 商场现代化, 2009 (3).

65. 韩坚. 中国生产性服务业的影响因素及对策分析 [J]. 贵州社会科学, 2007 (12).

66. 刘志彪. 论现代生产者服务业发展的基本规律 [J]. 中国经济问题, 2006 (6).

67. 龙筱刚. 加快生产性服务业与制造业互动发展研究 [J]. 价格月刊, 2009 (3).

68. 路红艳. 大力发展生产性服务业促进我国产业结构优化升级 [J]. 产经论坛, 2008 (2、3)

69. 杨玉英. 对我国加快发展生产性服务业意义的再认识 [J]. 宏观经济管理, 2009 (3).

70. 朱胜勇. 发达国家生产性服务业发展的影响因素 [J]. 城市问题, 2009 (7).

71. 姜长云. 发展面向产业集群的生产性服务业 [J]. 宏观经济管理, 2009 (4).

72. 龙枚梅. 成都市生产性服务业发展研究 [J]. 金卡工程, 2009 (6).

73. 徐佩玉. 发展生产性服务业存在的问题与对策 [J]. 东岳论坛, 2009 (12).

74. 赵弘. 全球生产性服务业的发展特点、趋势及经验借鉴 [J]. 福建论坛: 人文社会科学版, 2009 (9).

75. 甘小立. 生产性服务业的发展与我国比较优势的动态提升 [J]. 山西财政税务专科学校学报, 2009 (2).

76. 但斌, 等. 生产性服务业的集成化发展战略与实施策略 [J]. 科技进步与对策, 2008 (2).

77. 唐国兴, 等. 生产性服务与制造业互动发展研究 [J]. 山西财经大学学报, 2009 (1).

78. 韩明华. 生产性服务业的集聚化发展研究 [J]. 科技与管理,

2009 (6).

79. 顾乃华. 生产性服务业发展趋势及其内在机制 [J]. 财经论丛, 2008 (2).

80. 罗松山. 加快生产性服务业发展的投资战略 [J]. 中国经贸导刊, 2009 (20).

81. 范伯乃, 褚立波. 加快我国生产性服务业发展, 努力提高创新能力 [J]. 上海企业, 2009 (6).

82. 李文. 鼓励我国生产性服务业发展的税收政策研究 [J]. 税务与经济, 2008 (3).

83. 余琼蕾. 金融危机背景下现代生产性服务业发展的对策思考 [J]. 农村经济与科技, 2009 (3).

84. 王友军. 关于加快发展生产性服务业的思考 [J]. 山东理工大学学报: 社会科学版, 2009 (1).

85. 马海倩, 等. 上海发展生产性服务业与制造业外包问题研究 [J]. 科学发展, 2009 (8).

86. 姜长云. 集群服务业: 发展中的问题、制约与启示 [J]. 经济与管理研究, 2009 (1).

87. 张世贤. 工业投资效率与产业结构变动的实证研究——兼与郭克莎博士商榷 [J]. 管理世界, 2000 (5).

88. 陈宪, 黄建锋. 分工、互动与融合: 服务业与制造业关系演进的实证研究 [J]. 中国软科学, 2004 (10).

89. 顾乃华. 我国服务业对工业发展外溢效应的理论和实证分析 [J]. 统计研究, 2005 (12).

90. 顾乃华, 毕斗斗, 任旺兵. 生产性服务业与制造业互动发展: 文献综述 [J]. 经济学家, 2006 (6).

91. 高运胜. 生产性服务业集聚影响要素分析 [J]. 消费导刊·理论版, 2008 (10).

92. 刘顺忠. 对创新系统中知识密集型服务业的研究 [J]. 科学学和科学技术管理, 2005 (3).

93. 秦远建, 代文. 基于产业集群的现代服务业发展模式研究 [J]. 科技进步与对策, 2006 (3).

94. 刘淇. 大力发展生产性服务业 [J]. 前线, 2007 (9).

95. 杨宾. 推进产业结构调整加快生产性服务业发展 [J]. 前线,

2007 (9).

96. 袁少锋, 郭涌, 高晓峰. 我国生产性服务业发展现状及对策建议 [J]. 经济论坛, 2007 (16).

97. 陈宇先. 生产性服务业的现状、问题及发展趋势 [J]. 上海商业, 2007 (9).

98. 王晓玉. 国外生产性服务业集聚研究述评 [J]. 当代财经, 2006 (3).

99. 韩坚, 宋言奇. 生产性服务业的演进过程及启示 [J]. 社会科学家, 2007 (5).

100. 阿林·杨格. 报酬递增与经济进步 [J]. 贾根良, 译. 经济社会体制比较, 1996 (2).

101. 顾乃华, 毕斗斗, 任旺兵. 中国转型期生产型服务业发展与制造业竞争力关系研究 [J]. 中国工业经济, 2006 (9).

102. 李江帆, 毕斗斗. 国外生产服务业研究述评 [J]. 外国经济与管理, 2004 (11).

103. 任迎伟, 胡国平. 城乡统筹中产业互动研究 [J]. 中国工业经济, 2008 (8).

104. 张世贤. 工业投资效率与产业结构变动的实证研究 [J]. 管理世界, 2000 (5).

105. 路红艳. 国外生产性服务业与制造业的关联性研究综述 [J]. 国外经济管理, 2007 (4).

106. 洪银兴. 城市功能意义的城市化及其产业支持 [J]. 经济学家, 2003 (2).

107. 朱英明. 产业集聚研究述评 [J]. 经济评论, 2003 (3).

108. 叶振宇, 宋洁尘. 国际城市生产性服务业的发展经验及其对滨海新区的启示 [J]. 城市, 2008 (9).

109. 包晓雯, 曾刚. 北美大都市区生产性服务业区位研究述评 [J]. 城市问题, 2008 (12).

110. 杨怀宇. 生产性服务业与中心城市经济功能提升研究 [D]. 成都: 四川大学, 2007.

111. 李金勇. 上海生产性服务业发展研究 [D]. 上海: 复旦大学, 2005.

112. 方远平, 闫小培. 大都市服务业区位理论与实证研究 [M]. 北京: 商务印书馆, 2008.

113. 陈栋生. 区域经济学 [M]. 郑州：河南人民出版社，1993.

114. 杨公仆，夏大慰，龚仰军. 产业经济学教程 [M]. 上海：上海财经大学出版社，2007.

115. 王俊豪. 现代产业经济学 [M]. 杭州：浙江人民出版社，2003.

116. 原毅军. 面向全球市场的中国服务业发展 [M]. 大连：大连理工大学出版社，2008.

117. 江曼琦. 城市空间结构优化的经济分析 [M]. 北京：人民出版社，2001.

118. 罗斯托. 经济成长的阶段 [M]. 国际关系研究所编辑室，译. 北京：商务印书馆，1962.

119. 丝奇雅·沙森. 全球城市：纽约、伦敦、东京 [M]. 周振华，译. 上海：上海社会科学院出版社，2004.

120. 迈克尔·波特. 国家竞争优势 [M]. 李明轩，等，译. 北京：华夏出版社，2002.

121. 施蒂格勒. 施蒂格勒论文精粹 [M]. 吴珠华，译. 北京：商务印书馆，1999.

122. 威廉姆森. 资本主义经济制度 [M]. 段毅才，等，译. 北京：商务印书馆，2002.

123. 钟韵. 区域中心城市与生产性服务业发展 [M]. 北京：商务印书馆，2007.

124. 藤田昌久，保罗·克鲁格曼，等. 空间经济学——城市、区域与国际贸易 [M]. 梁琦，译. 北京：中国人民大学出版社，2005.

125. 保罗·克鲁格曼. 地理和贸易 [M]. 北京：北京大学出版社，2000.

126. 李霞，汪欢欢. 成都市服务业内部结构状况、问题与主导产业优势建立研究 [R]. 成都：成都市经济信息中心.

127. 成都市第一次经济普查研究课题组. 成都市服务业主导产业的测定与对策研究 [R].

128. 张颖聪，张若倩. 成都市生产性服务业发展研究 [R]. 成都：成都市经济信息中心、成都市经济发展研究院.

129. 北京市规划委员会. 北京市生产性服务业发展研究报告 [R]. 北京：2009.

后 记

本书是我在西南财经大学攻读产业经济学的博士论文。

时光荏苒,光阴如箭,五年仿佛白驹过隙,但每每回想起收到博士研究生录取通知书,看到"严谨、勤俭、求实、开拓"八字校训时的心情,心潮依旧澎湃起伏。

在西南财经大学求学的五年,正是我工作环境不断发生变化的五年。一边是学业的压力,一边是工作的挑战,常使我有一种精疲力竭的感觉。能够坚持走到今天,在学业上小有收获,顺利完成毕业论文,内心深知,这背后凝聚着多少单位、良师、益友与家人的关心、呵护与支持,值得我去一一感谢。

首先,要感谢我的导师李一鸣教授和师母汪天玲老师。他们的真诚与鼓励,坚定了我求学的信心。作为"李树"下的一员,我深感温暖与荣幸。一鸣老师待人谦和、治学严谨,授课深入浅出,学术研究既具前瞻视野,又能立足当下,予我教益良多。对于我的论文,一鸣老师从选题、构思、完成写作大纲、提炼创新点及至最后定稿,都倾注了大量的心血,给予了细心的指导。老师的人品与学识,是我终生的榜样。

其次,我要深深感谢产业经济研究所赵国良教授、李永禄教授、郭元晞教授、赵振铣教授、何永芳教授、白云升教授等对我学业和论文上的指导与帮助。感谢所有在我求学过程中授业于我的老师,你们的传道、授业与解惑,让我更加深刻懂得了"经世济民、孜孜以求"的西财精神。

感谢好友马荣敏博士、黄昭昭博士、胡国平博士、罗蓉博士等在我求学及论文写作期间给予我的大力支持和无私帮助,使我在艰难的求学生涯中能够顺利前行。

感谢所有参考文献的作者,他们的研究成果给予我极大的帮助和启迪。

感谢西南财经大学出版社李玉斗副社长和各位编辑老师,在他们的精心雕琢下,拙作才有幸得以付梓。

感谢父母将我养育成人,并一直鼓励我追求学业;感谢我的爱人蒲琳,这些年独自承担家务，默默付出，与我共担风雨，共享喜悦——这篇论文的荣誉，应该有你的一半；我更要将此博士论文献给我可爱的儿子，希望他看到爸爸的努力与艰辛、付出与收获，在今后的人生道路上，也能一步步实现自己的目标与理想。

当前，服务业已发展为世界经济中增长幅度较快的行业，成为了现代经济的重要组成部分。发达国家的服务业产值已占到国内生产总值的60%左右，美国、欧盟甚至达到75%以上，其中生产性服务业的增长更是超出服务业的平均增长水平。我国正处于工业主导地位下降、服务业逐渐占主导甚至起支配作用的转型期。打造都市生产性服务业发展的高地，将有助于我国在全球服务业竞争中处于有利地位，同时对我国经济增长方式转变、经济结构调整等改革也将起到积极的助推和示范作用。

都市生产性服务业发展是整个区域经济结构形成与演变过程中的复杂问题。本书主要是在对生产性服务业发展的影响因素、发展动力等分析基础上，探索了都市生产性服务业发展的内在机理，尝试性地构建了都市生产性服务业外向发展模型，并进行了面板数据验证和个案研究，期望找到都市生产性服务业发展的主要着力点，加快我国都市生产性服务业的发展进程。但由于时间、精力以及个人知识、能力所限，本书对都市区内部生产性服务业空间结构、生产性服务业与国际城市的互动关系、都市生产性服务业发展中市场和政府的关系处理等问题尚未较多涉及，这些也成为了本人今后继续努力学习、深入研究的方向和内容。

当前，我所工作与生活的城市——成都，作为西部特大中心城市，正提出要打造国家的现代服务业中心城市，积极发展以总部经济、金融服务、电子商务、科技研发、现代物流、信息技术、会展经济为主要内容的生产性服务业，对于引领和加速三次产业高端发展，提升城市功能，形成"成都服务+周边制造"、"成都总部+全球市场"的产业格局，具有十分重要的意义。我相信，随着新一轮国际科技创新浪潮的兴起与国际间产业转移和合作的加剧，随着中国工业化、信息化、城镇化、农业现代化的加快发展，中国的生产性服务业必然会在以北京、上海、广州、成都为代表的这样一批区域性中心城市迎来一个新的机遇期与发展高潮。作为一个理论研究者和区域经济的管理者，我为生逢这个伟大的时代感到庆幸，为这个城市感到自豪！

刘晓博
2013年6月于锦水之畔